**NomosBibliothek**

Die Lehrbuchreihe bietet Studierenden der Sozial- und Geisteswissenschaften ausgezeichnete Einführungen in die jeweilige Fachdisziplin. Klar strukturiert und in verständlicher Sprache vermitteln die Bände grundlegende Fachinhalte und fundiertes Expertenwissen. Sie sind ideal geeignet zum Einstieg in das Studium und zur sicheren Prüfungsvorbereitung – ein unentbehrliches Handwerkszeug für alle angehenden Sozial- und Geisteswissenschaftler:innen.

Gerd B. Achenbach

# Philosophie der Philosophischen Praxis

Einführung

**Die Deutsche Nationalbibliothek** verzeichnet diese Publikation in der Deutschen Nationalbibliografie; detaillierte bibliografische Daten sind im Internet über http://dnb.d-nb.de abrufbar.

ISBN 978-3-7560-0729-5 (Print)
ISBN 978-3-7489-4319-8 (ePDF)

Onlineversion
Nomos eLibrary

1. Auflage 2023
© Nomos Verlagsgesellschaft, Baden-Baden 2023. Gesamtverantwortung für Druck und Herstellung bei der Nomos Verlagsgesellschaft mbH & Co. KG. Alle Rechte, auch die des Nachdrucks von Auszügen, der fotomechanischen Wiedergabe und der Übersetzung, vorbehalten. Gedruckt auf alterungsbeständigem Papier.

*Für Laura*

## Präludium: Zur Philosophie Philosophischer Praxis

Mit bedenklicher Beharrlichkeit melden sich hier und da Stimmen zu Wort, die eine „Theorie der Philosophischen Praxis" fordern. Und ich habe mir angewöhnt, solche Stimmen mit der selben Beharrlichkeit zu überhören. Was sollen wir auch dazu sagen, wenn vorgebildete Menschen – *nota bene*: ihre Vorbildung ist ihr Problem –, wenn also wissenschaftlich antrainierte Menschen meinen, sie könnten doch wohl nicht wissen, was das ist: eine Philosophische Praxis, solange sie die „Theorie" dazu nicht haben? Diese unglücklichen Freunde der Theorie sind wie einer, der sich in schönster Landschaft befindet, sich umsieht und dann erklärt, er sehe nichts, weil er die Landkarte nicht zur Hand habe.

Doch vielleicht deuten wir solche Beharrlichkeit angemessener als die zeitgemäße Herrschaft des Algorithmus über die Köpfe, sofern er nicht *in* ihnen längst sein Regiment antrat? Da gilt: Man „versteht" nur, sofern man das Schema kennt, nach dem Prozesse verlaufen. Das vielsagend passende Analogon dazu: Verfahrenstechnik.

Doch ich hätte Lust, nun meinerseits jene Frager zu befragen: Hat wohl einer von jenen, die da nach einer „Theorie" Philosophischer Praxis rufen, schon einmal von einer „Theorie der Philosophie" gehört? Wohl kaum, möchte ich hoffen. Falls aber doch – schließlich liest man so allerlei –, hätte der Betreffende (besser vielleicht: „Betroffene"?) gut daran getan, einen solchen „Beitrag zur Forschung" in den staubigen Regalen der Bibliotheken zu belassen, wo er lagert, ohne zu schaden.

Nein – in den Sphären der Philosophie galt seit jeher: Der Philosoph denkt und bedenkt zugleich sein Denken, sowie in *seinem* die Möglichkeit *des* Denkens überhaupt. So bedarf er nicht nur der anweisenden Schablone nicht – die den theoretisch gelenkten Menschen in der vorbezeichneten Bahn hält –, vielmehr legte sie sich ihm auf als Joch und er empfände sich wie in Fesseln gelegt, an Haupt und Gliedern gebunden. Um einen Leitbegriff der philosophischen Überlieferung nicht zu scheuen: Wo sich andere am Gängelbande einer ausgewählten Theorie, der man beitrat, in Sicherheit und Obhut wähnen – denn dort halten sie Schritt und gehen bei Fuß –, bemerkte der Philosoph den Verlust seiner *Freiheit*, ohne die sich Denken an bloßen Richtigkeiten verbraucht, bis es endlich in Routinen verkommt und verkümmert.

Um bei Gelegenheit einem verbreiteten Mißverständnis vorzubeugen: Nicht allein, womöglich nicht einmal in erster Linie, ist, was er „denkt", Sache des Philosophen, sondern seine Bestimmung ist, *nachzudenken, nachdenklich zu werden*, mit altfränkischem Begriff: *sich* zu *besinnen*, was der *Besonnenheit* nachhilft. In solcher Verfassung legt er wenn möglich verschüttete Gedanken frei, und versiegtem Denken eröffnet er neue Wege, damit es noch einmal in Fluß gerate.

## Präludium: Zur Philosophie Philosophischer Praxis

Und mehr: selbst solch ein Denken in weitestem Umfang genommen ist nicht das eingehegte Revier, in das der Philosoph sich sperren ließe. Vielmehr gilt: Er empfindet, fühlt, schaut, spürt, ahnt, sieht kommen, argwöhnt und glaubt, fürchtet sich, bangt und hofft; erinnert sich, wo vergessen, macht aufmerksam, wo übersehen wird; insistiert, wo andere „schon weiter sind"; stört mit Fragen, wo man die Antwort schon kennt; bewahrt Ruhe, wenn die Kolonnen losmarschieren; erregt sich, wo man ansonsten abwinkt – *in summa*: er *lebt* und läßt es sich nicht entgehen, *daß* und *wie* er lebt. Das ist *sein* Boden, auf dem er Erfahrungen sammelt. Ich breche ab, denn deutlich genug ließe sich *ad libitum* diese Liste verlängern.

Nur ein anderes noch ist zuletzt an dieser Stelle anzumerken: Die Domäne der Philosophie ist überhaupt nicht länger die des „Wissens" – generell heute: „vermeintlichen" Wissens –, weshalb sie sich auch nicht länger als Schwester der Wissenschaft verkennt, sondern eher noch treffen wir sie an in den Gefilden der Künste, der Musik und einer Literatur, die auf ihre Weise Erkenntnis zu sein beansprucht.

Anstatt sich also der Eroberungen in ausbedungenen Wissensquartieren zu rühmen, geht es philosophisch – zumal in einer sich *praktisch* bewährenden Philosophie, die in Gestalt des philosophischen Praktikers sich der Sorgen und Nöte von Menschen annimmt, die sich an uns wenden – um die bedachte *Haltung,* erworbene *Gesonnenheit* und erlangte *Verfassung*, mit andern Worten: um die Aufnahme in einer *Bildung*, die uns im *Einst* so wie im *Hier* und *Heute* heimisch werden läßt.

Für das Verhältnis zu unserem Gast in unserer Praxis heißt das, von uns wird gefordert, was der akademisch veredelte Seminarabsolvent in aller Regel am allerwenigsten vermag: So wie Orpheus einst Eurydike nachstieg, hat der philosophische Praktiker sich in jener Welt ein- und dann zurechtzufinden, in die sein Besucher sich verstrickte, gewiß auch verstrickt wurde, und in der er ausharrt, auf einen Ausweg hoffend.

Dort finden wir ihn auf und nehmen ihn mit dorthin, wo ihm Türen offen stehen, sofern er mit uns gehen möchte und es vermag. Wir selber aber werden damit *der* für ihn, der nach Schopenhauers tief gedachtem Bild *der Tod* sei für jedes unnachsichtig-gründliche Philosophieren: der Musaget, Apoll als Musenführer also. Der jedoch führt nicht hinab ins lichtlose Reich der Schatten, sondern erweckt uns mitsamt und geleitet hinauf ins gefügte, belebend-lebendige Geisterreich, das die Philosophierenden erwartete und jetzt herzlich begrüßt und empfängt.

Zuletzt: Was also werde ich sagen, wenn auch weiterhin, wie mit trauriger Gewißheit anzunehmen ist, nach einer „Theorie der Philosophischen Praxis" verlangt werden wird?

Ich werde sagen: Die Antwort sei die Bemühung um eine *Philosophie Philosophischer Praxis*, deren Stücke nichts sind als *Essays* in wörtlichem Sinn, zueinandergefügt zur mehrstimmigen Fuge.

Zugleich freilich sind sie Ernteeinträge, wie sie gewiß nicht zufällig *einem* zufielen, der in gut vierzig Jahren aussäte, anbaute und einbrachte, was sowohl auszeichnend wie einschränkend bedeutet: die sehr individuellen – im genauen Sinn „einzigartigen" – Voraussetzungen, die ich als dieser eine und bestimmte mitbrachte, tauchen das neu erschlossene Terrain in ein Licht, dessen Farbe ganz und gar persönlich temperiert ist, was jegliche Theorieausbildung als Passform für eine nachgeordnete „Praxis" und jede anwendungsdienlichen Methodenkreation als Handreichung für beflissene „Praktiker" ausschließt.

Ebenso aber sind die Texte in diesem Buch Beiträge zu einem Gespräch, das mittlerweile seit Jahrzehnten bereits geführt wird, und zwar zunächst im Rahmen einer Reihe von Kolloquien, die von der 1982 in Bergisch Gladbach unter internationaler Beteiligung gegründeten Gesellschaft für Philosophische Praxis veranstaltet wurden – siehe dazu die Dokumentation der Anfänge in der „Chronik der Philosophischen Praxis 1981-1995[1] –, dann aber vor allem im nochmals erweiterten Rahmen der inzwischen 17 internationalen Kongresse zur Philosophischen Praxis[2].

Daß sich dabei recht bald – wie üblich, sobald Akademiker auf öffentlicher Szene sich treffen – „Richtungen" herausbildeten, im schlimmsten Fall sogar sogenannte „Schulen", die den dort Unterschlupf Findenden eine gewisse Identitätsversicherung eintragen mag, war zu erwarten, auch wenn ein wahrhaft selbständiges, selbstverantwortliches, zumal philosophisch durchdrungenes Denken solcher Bequemlichkeit seit jeher entriet.[3] Eine kleine Auswahl von Werken zur Philosophischen Praxis sowie Vorstellungen anderer philosophischer Praktiker dazu habe ich der Übersicht halber und zur Anregung am Ende dieses Buches zusammengestellt.

Mit gebührendem Ernst aber und nicht zuletzt ist zu bemerken, daß die Philosophische Praxis in zunächst philosophiefernen, aber praktisch engagierten, wissenschaftlich ambitionierten Kreisen Aufmerksamkeit findet, etwa dann, wenn es darum geht, den „beratenden Berufen" eine „philosophische

---

1 https://www.achenbach-pp.de/papers/archiv_chronik_philosophische_praxis_1981-1995.pdf.
2 In Vancouver (1994), Leusden/Niederland (1996), New York (1997), Bergisch Gladbach (1998), Oxford (1999), Oslo (2001), Kopenhagen (2004), Sevilla (2006), Carloforte/Italien (2008), Leusden (2010), Chuncheon/Korea (2012), Athen (2013), Belgrad (2014), Bern (2016), Mexiko City (1018), Petersburg (2021) und Timisoara/Rumänien (2023); siehe: https://icpp.site.
3 Siehe dazu: Donata Domizi, Philosophische Praxis. Eine Standortbestimmung, Information Philosophie, Heft 4/2019, S. 86–94.

Fundierung" zu schaffen[4] oder ins Gespräch mit psychotherapeutisch orientierten Praktikern zu kommen.[5]

Vor allem aber wird die Bedeutung der Philosophischen Praxis inzwischen zunehmend in ärztlichen Kreisen wahrgenommen, wo Zweifel an der ins 19. Jahrhundert fallenden „naturwissenschaftlichen Wende" aufkommen und sich im Zuge dessen erneut ein nachdrückliches Interesse an der Philosophie in praktischer Absicht meldet.[6]

Inwieweit die Philosophische Praxis gewinnt, indem sie – wie dies an zahlreichen Universitäten weltweit, bisher nur nicht in ihrem „Stammland", der Fall ist – an den Hohen Schulen in Ehren aufgenommen wird, bleibt abzuwarten.[7] Es läßt sich sogar für die Überzeugung streiten: Mehr noch als die Philosophische Praxis von der akademischen Philosophie zu lernen habe, dürfte die universitär etablierte Philosophie zu deren eigenen Vorteil von den Erfahrungen in der Philosophischen Praxis lernen, sofern sie sich ihnen öffnete. Zuversicht spendende Beispiele dafür gibt es zweifellos genug. Denn hatte nicht das philosophische Feuer oft genug zunächst außerhalb der akademischen Gehege gelodert – es genügt, an Montaigne, Pascal, Spinoza, Schopenhauer, Kierkegaard und Nietzsche zu erinnern –, ehe es als belebendes Element in die wohlverwahrten Kastelle der Hohen Schulen vordrang?

Es ist der Geist, der alle Mauern überwindet.

(In Wien, Mai 2023)

---

4 Siehe beispielsweise: Luitgard Brem-Gräser, „Handbuch der Beratung für helfende Berufe", 3 Bände, München-Basel 1993, Bd. 1, S. 121–131.
5 Siehe dazu das seit 2006 erscheinende „Jahrbuch für Psychotherapie, Philosophie und Kultur.› psycho-logik‹", Freiburg-München 2006 ff.
6 Repräsentativ: Klaus Dörner, Der gute Arzt. Lehrbuch der ärztlichen Grundhaltung, Stuttgart 2001, dort vor allem: „Sorge um mich selbst. / Das gute Leben / Medizin als Philosophie / Philosophische Grundhaltung des Arztes". Siehe aber auch die von Giovanni Maio herausgegebenen Bände „Auf den Menschen hören. Für eine Kultur der Aufmerksamkeit in der Medizin", Freiburg-Basel-Wien 2017, und „Vertrauen in der Medizin. Annäherungen an ein Grundphänomen menschlicher Existenz", Freiburg-Basel-Wien 2023. So auch G. B. Achenbach, Aussichten auf ein Ende des kalten Krieges im Reich der Medizin. Philosophisches Plädoyer für eine praktische Weisheit, die den Streit der Theorien schlichtet, in: „Patientenorientierung und Professionalität", hg. von Peter F. Matthiessen, 2. erweiterte Aufl. VAS Bad Homburg 2011; sowie G. B. Achenbach, Der Patient und sein Arzt, in Kommunikation, Bericht vom 117. Deutschen Ärztetag 2014, Düsseldorf 2015, S. 67–92.
7 So u. a. in der University of Tokyo, der Kyungpool National University, der Korea Counseling Graduate University, der Catholic University of Portugal, der Ca'Foscari University for Venice, der Universität Roma 3, der Université de Liège, der Universität Wien, der Timisoara University/Rumänien, dem Institute of Psycoanalysis/Rußland, der Milkwaukee School of Engineering/USA, der Universidad Vasco de Quiroga/Mexiko, der National University of Buenos Aires, der Universidad de Chile und der University of the State of Rio de Janeiro. (Liste unvollständig).

# Inhaltsverzeichnis

| | |
|---|---|
| Kurzgefaßte Beantwortung der Frage: Was ist Philosophische Praxis? | 15 |
| Die Philosophische Praxis hat eine lange Tradition – und ist doch ohne Vorbild | 21 |
| Philosophische Praxis führt die „Lebenskönnerschaft" im Schilde | 37 |
| Gesprächskönnerschaft | 49 |
| Zuhören ist die Seele des Gesprächs | 50 |
| Eingelassenheit | 53 |
| Das Gehörte, Zustimmung und Widerspruch | 55 |
| Geburtshelferschaft. Ein kurzer Rückblick auf Sokrates | 57 |
| Die Grundregel Philosophischer Praxis | 63 |
| Zum Anfang | 79 |
| Schlußbemerkungen | 91 |
| Philosophie als Beruf | 95 |
| Søren Kierkegaard, die Philosophische Praxis und Bildung sowie die Frage, wer philosophischer Praktiker ist | 105 |
| Die Philosophische Praxis und die Tugenden | 119 |
| Worauf kommt es an? Was ist wahrhaft wichtig? Was ist letztlich entscheidend? Leitende Gesichtspunkte in der Philosophischen Praxis | 131 |
| Schicksal und Charakter. Für die Philosophische Praxis ist vieles von Schopenhauer zu lernen | 147 |
| Philosophische Praxis als Alternative zu Psychotherapie und Seelsorge | 165 |
| Psychoanalytiker durchstöbern das Souterrain, transzendental-philosophische Wolkentreter verlieren sich im Nirgendwo, der philosophische Praktiker widmet sich seinem Gast in der Bel Étage | 179 |
| Es ist die Bestimmung der Philosophischen Praxis, das Erbe der Philosophie sich zu erwerben | 195 |
| Die Jugend für die Philosophie gewinnen, heißt: sie zur Philosophie verführen | 213 |
| Grundzüge eines Curriculums für die Philosophische Praxis | 233 |
| Eine kleine Literatur-Auswahl zur Philosophischen Praxis | 251 |
| Personenregister | 253 |

Man muß etwas Neues machen,
um etwas Neues zu sehen.

*Georg Christoph Lichtenberg*

## Kurzgefaßte Beantwortung der Frage: Was ist Philosophische Praxis?

Der Begriff der „Philosophischen Praxis" wurde von mir 1981 mit der weltweit ersten Gründung einer solchen Einrichtung geprägt.[1] 1982 konstituierte sich dann – ebenfalls in Bergisch Gladbach bei Köln – die „Gesellschaft für Philosophische Praxis", die sich später zum internationalen Dachverband zahlreicher nationaler Gesellschaften entwickelt hat. – Soviel zum „institutionellen" Teil, und nun zur Beantwortung der Frage, kurzgefaßt, was Philosophische Praxis ist.

Die philosophische Lebensberatung in der Praxis des Philosophen etabliert sich als Alternative zu den Psychotherapien. Sie ist eine Einrichtung für Menschen, die Sorgen oder Probleme quälen, mit ihrem Leben „nicht zurechtkommen" oder meinen, sie seien irgendwie „steckengeblieben"; die von Fragen bedrängt werden, die sie weder lösen noch loswerden; die sich in der Prosa ihres Alltagslebens zwar bewähren, dabei aber womöglich „unterfordert" fühlen – etwa weil sie ahnen, daß ihre Lebenswirklichkeit ihren Möglichkeiten nicht entspricht. In der Philosophischen Praxis melden sich Menschen, denen es nicht genügt, nur zu leben oder bloß so durchzukommen, die sich vielmehr Rechenschaft zu geben suchen über ihr Leben und sich Klarheit zu verschaffen hoffen über dessen Kontur, sein Woher, Worin, Wohin. Ihr Anspruch ist nicht selten, einmal über die besonderen Umstände, die oftmals sonderbaren Verstrickungen und den seltsam uneindeutigen Verlauf ihres Lebens nachzudenken. Kurz: Sie suchen die Praxis des Philosophen auf, weil sie verstehen und verstanden werden wollen. Dabei ist es fast nie die Kantische Frage „Was soll ich tun?", die sie bewegt, häufig hingegen die Frage Montaignes – und die lautet: „Was tue ich eigentlich?"

Dabei mag im Hintergrund die älteste philosophische Weisheit als Einsicht vorhanden sein, die Maxime des Sokrates nämlich, wonach nur ein geprüftes Leben lebenswert sei. Manchmal meldet sie sich als schemenhafte Befürchtung, ein bloß so hingelebtes Leben sei im emphatischen Sinne ein „nicht wirklich gelebtes" Leben, ein „vertanes", irgendwie „verpaßtes", zerstreutes, um sich selbst gebrachtes Leben.

> *Schopenhauer:* „Die Meisten werden, wenn sie am Ende zurückblicken, finden, daß sie ihr ganzes Leben hindurch *ad interim* gelebt haben, und verwundert seyn, zu sehn, daß Das, was sie so ungeachtet und ungenossen vorübergehen ließen, eben ihr Leben war, eben Das war, in dessen Erwartung sie lebten. Und so ist denn der Lebenslauf des Menschen, in der Regel, dieser, daß er, von der Hoffnung genarrt, dem Tode in die Arme tanzt."

---

1 Vgl. den Artikel „Praxis, Philosophische" von Odo Marquard im „Historischen Wörterbuch der Philosophie", hg. v. Joachim Ritter u. a., Bd. VII, Basel 1989, 1307f.

## Kurzgefaßte Beantwortung der Frage: Was ist Philosophische Praxis?

Wer dies als schreckliche Möglichkeit ahnt, dem mag die Belastung seines Lebens durch die philosophische Reflexion wie eine Verheißung erscheinen, indem die philosophische Haltung zum Leben tatsächlich die einer respektvollen Überforderung ist: so verleiht sie unserem Dasein Gewicht, unserem Hiersein Bedeutung und unserer Gegenwart Sinn.

Üblicherweise gibt es Anlässe, durch die der Gast der philosophischen Beratung zu dem Entschluß kommt, das Gespräch mit dem praktizierenden Philosophen zu suchen. Gewöhnlich sind es Enttäuschungen, unvorhergesehene oder jedenfalls so nicht erwartete Erfahrungen, Kollisionen mit anderen Menschen, Schicksalsschläge, Erlebnisse des Scheiterns, aufdringlich schlechte oder bloß fade Lebensbilanzen. Und dann vermutet er (wenn auch undeutlich), was Sir Karl Popper als die Aufgabe Philosophischer Praxis bestimmte, bevor es sie gab:

> „Wir haben alle unsere Philosophien, ob wir dessen gewahr werden oder nicht, und die taugen nicht viel. Aber ihre Auswirkungen auf unser Handeln und unser Leben sind oft verheerend. Deshalb ist der Versuch notwendig, unsere Philosophien durch Kritik zu verbessern. Das ist meine einzige Entschuldigung dafür, daß es überhaupt noch Philosophie gibt."

Soll nun allerdings bündig angegeben werden, auf welche Weise der praktische Philosoph seinem Besucher weiterhelfe – üblicherweise lautet die Frage: „nach welcher Methode" verfahren werde –, so ist korrekt zu sagen, die Philosophie arbeite *nicht mit*, sondern *allenfalls an* Methoden. Methodengehorsam ist der Stolz der Wissenschaften, nicht Sache der Philosophie. Philosophisches Denken bewegt sich nicht in vorgefertigten Bahnen, es sucht den jeweils „richtigen Weg" vielmehr jeweils neu; es bedient sich nicht der Denkroutinen, sondern sabotiert sie, um über sie aufzuklären.

Auch geht es nicht darum, den Gast der Philosophischen Praxis auf eine – philosophisch vorbestimmte – Bahn zu bringen, sondern darum, ihm auf seinem Weg weiterzuhelfen.

Auf der Seite des Philosophen setzt das übrigens die Haltung voraus, die den andern im Sinne Goethes[2] „ohne Billigung und Tadel" zu würdigen weiß, ohne ihm zustimmen zu müssen.

Philosophie wird auch nicht „angewandt", als ließen sich die Angelegenheiten des Gastes mit Platon, mit Hegel oder wem sonst „behandeln": Lektüren sind keine Heilmittel, die sich verordnen ließen. Geht denn der Kranke zum Arzt,

---

[2] Im Blick auf seinen „Werther", von dem sich manche seiner Zeitgenossen eine „didaktische Tendenz" erwartet hatten, erklärt Goethe: Die dichterische Darstellung habe keinen „didaktischen Zweck": „Sie billigt nicht, sie tadelt nicht, sondern sie entwickelt die Gesinnungen und Handlungen in ihrer Folge und dadurch erleuchtet und belehrt sie." („Dichtung und Wahrheit", Hamb. Ausg. IX, S. 590) So beschreibt Goethe, was ebenso der Auftrag Philosophischer Praxis ist.

um sich medizinische Vorlesungen anzuhören? Also wird auch der Besucher der Praxis vom Philosophen nicht belehrt und nicht mit klugen Worten abgespeist, schon gar nicht mit „Theorien" bedient, sondern die Frage ist, ob der Philosoph seinerseits durch seine Lektüre klug und verständnisvoll und aufmerksam wurde, ob er sich auf diesem Wege ein Sensorium für das sonst wohl Übersehene erworben hat und ob er gelernt hat, auch in abweichendem, ungewöhnlichem Denken, Empfinden und Urteilen heimisch zu werden, denn nur als Mitdenkender und Mitempfindender vermag er seinen Besucher aus dessen Einsamkeit – oder Verlorenheit – zu befreien und ihn so vielleicht zu anderen Einschätzungen des Lebens und seiner Umstände zu bewegen.

Ist das nicht ebenso die Sache der Psychologen und Psychotherapeuten? Der Seelsorger auch? Unweigerlich stellt sich – im Zeichen einer noch immer florierenden Therapiekultur – diese Frage nach der „Abgrenzung" Philosophischer Praxis von den Psychotherapien.

Nun: Während der psychologische Blick darauf trainiert ist, Besonderes, Spezielles in spezieller Weise wahrzunehmen, vor allem psychogene, also psychisch bedingte Fatalitäten – der Psychologe und Psychotherapeut ist Spezialist, und dort, wo er nicht Spezialist ist, ist er Dilettant –, ist paradox gesagt der Philosoph Spezialist fürs Nichtspezielle, sowohl fürs Allgemeine und Übersichtliche (auch für die reiche Tradition des schon vernünftig Gedachten), ebenso aber fürs Widersprüchliche und Abweichende und mit besonderem Nachdruck: fürs Individuelle und Einmalige.

Auf diese Weise nimmt der Philosoph in der Praxis seinen Besucher ernst: Er wird nicht theoriegeleitet – d. h. schematisch – verstanden, überhaupt nicht als „Fall einer Regel", sondern als dieser eine, der er ist. Kein „Maßstab" befindet über ihn (auch nicht der einer „Gesundheit"), sondern die Frage ist, ob er sich selbst angemessen lebt – mit Nietzsches berühmt gewordenem Wort: ob er wurde, der er ist.

Zu ergänzen ist, daß sich die Philosophische Praxis keineswegs nur als individuelle Beratung bewährt, sondern ebenso Unternehmen, Organisationen, Verbände in ihren Versuchen unterstützt, ihren Auftrag, solide Grundsätze und orientierende Leitlinien zu finden.

Solange der Philosophie die leiseste Spur des Titels eines vor mehr als dreißig Jahren publizierten Buchs eines Altkantianers, „Aus der Philosophenecke", anhaftet, solange ist Philosophie der Spaß, den ihre Verächter mit ihr treiben.

*Theodor W. Adorno*

## Die Philosophische Praxis hat eine lange Tradition – und ist doch ohne Vorbild[1]

Philosophische Praxis hat eine lange Tradition – und ist doch ohne Vorbild.

Da ist also eine Reihe namhafter Ahnen aufzuführen, mit Sokrates als Ur-Vorfahre und Stammvater an der Spitze und ein von sehr langer Hand überliefertes Erbe, aber: Der aufgehäufte Reichtum ist wie ein Sack alter Münzen ohne Verkehrswert, eine lohnende und wohl auch anlockende Erinnerung, doch zur Unverbindlichkeit herabgesetzt.

So die elenktisch-maieutische Kunst des stacheligen Sokrates selber, der mit nie dagewesener Entschiedenheit dem Logos die Ehre erwies – und zwar zuviel der Ehre – und zugleich die Tradition philosophisch-ärztlicher Kunst eröffnet; so die sehr früh seßhaft gewordene „Philosophische Praxis" des attischen Sophisten und philosophischen Asklepiaden Antiphon (480–411), dem nach Plutarchs Bericht in Korinth „ein Haus neben der Agora zugewiesen (wurde), auf dem er ein Schild anbrachte, wonach er Kranke durch Worte heilen konnte"[2]; ebenso die durchaus gescheite Lebensmeisterei und Glücksökonomie Epikurs oder – mit deutlicher ausgelotetem Tiefgang und durchaus schon entwickelter Seelenkunde – die stoische Antriebs-Überwachung und Affekt-Aufsicht mit „Meeresstille des Gemüts" als Erfüllungs-Bild eines jedenfalls nicht läppischen Lebens. Allen anderen voran waren es bekanntlich einige Stoiker, die der sokratischen Wende von großer Lehre und Himmelsspekulation zur Philosophie als Habitus und durchdachter Lebensform näheren Gehalt verschafften und das sokratische Motiv einer *medicina mentis* weiterentwickelten: Nannte noch Sokrates die dialektische Philosophie mit medizinischer Metaphorik „ein Kathartikon", also ein Abführmittel, das uns von der Verstopfung unserer Denkwege durch Sprachschlacken frei mache[3] – eine Idee übrigens, die die untere Reinigung sehr erhellend mit dem oberen Saubermachen im Kopf durch Denkarbeit zusammenfügt –, zog bereits für einige Stoiker die Vernunft in eine andere, vor allem körperliche Mitte ein, d. h., die Affekte und seelischen Begierden blieben nicht mehr abseits stehen, im Schatten philosophischer Gedanken-Helle. So bei Chrysipp (280–208), der im Anschluß an ein dreibändiges Werk über die Affekte einen „Therapeutikos" verfaßte: Mit antizipatorischer Genialität erkannte er im „Anderen der Vernunft", das dann nochmals in „Soma" und „Psyche" ausein-

---

1 Vortrag an der Universität Düsseldorf, gehalten 1985. Dem Tonfall dieses Vortrags mag anzuhören sein, daß er streckenweise vorzugsweise an die damals in Düsseldorf starke Gruppe der „Pathognostiker" adressiert war. So spielte hier noch eine starke Bindung an die kritische Theorie und das Denken Adornos ihre Rolle. Außerdem galt es, den seinerzeit kursierenden Ideen einer „applied philosophy" zu widersprechen. Hier ist der Vortrag leicht gekürzt.
2 Zit. nach Watzlawick, Die Möglichkeit des Andersseins, Bern-Stuttgart-Wien 1978, S. 12.
3 Vgl. Hermann Lübbe, Wozu Philosophie? Aspekte einer ärgerlichen Frage, in: Wozu Philosophie? Stellungnahmen eines Arbeitskreises, hg. v. H. Lübbe, Berlin-New York 1978, S. 137.

anderfiel, „eine Seite der Vernunft" selber. Damit war einer unbeschnittenen Philosophie die Aufgabe gestellt, zumindest auch „wissenschaftliche Seelenheilkunde" zu werden, und mehr noch: Wissenschaft des Logos, der sich nicht im Kopf allein, sondern auf eigene Weise ebenso im Leib realisiert.

Und noch etwas anderes ging bei den Stoikern auf, das heute vielleicht erst richtig verstanden wird: ein deutlicher Individualismus nämlich, etwa bei Panaitios, der verblüffend modern anmutende Gedanken vortrug; einen will ich als Zitat einschieben:

> „Die Verschiedenheit der individuellen Naturen geht so weit, daß bisweilen in derselben Lage es dem einen ansteht, sich den Tod zu geben, dem anderen nicht. Odysseus ertrug, um sein Ziel zu erreichen, jeden Schimpf, Aias hätte tausendmal lieber den Tod gewählt. Das möge sich jeder vor Augen halten und sich prüfen, was er von Eigenem in sich trägt, danach soll er sich richten und nicht ausprobieren wollen, wie ihm Fremdes ansteht. Denn jedem geziemt am meisten, was aus seinem persönlichen Wesen fließt."[4]

Selbstverständlich ist es auch hier nicht etwa das Frühere, was uns gegenwärtig belehrt, sondern es ist die Gegenwart, die uns das Vergangene hell macht – wie überhaupt die Ahnengalerie Philosophischer Praxis nicht dieser die Richtung weist, sondern umgekehrt Philosophische Praxis sich rückwärts verlängert und den Blick in die philosophische Vorgeschichte mit einem neuen und anderen Interesse belebt. Und selbstverständlich führt solche Spurenlese zuallererst in die Antike, und das nicht nur um der chronologischen Ordnung willen, sondern weil in ihr – wie Hegel durchaus anerkennend bemerkte – „Philosophie überhaupt als Angelegenheit des Lebens, und des ganzen Lebens, betrachtet (wurde) –, nicht wie einer so philosophische Kollegia durchläuft, um zu anderen zu eilen."[5]

Das ist die triftige Bestimmung auch noch des moralischen Besinnungstrainings philosophierender Pädagogen und Selbsterzieher im späteren Rom – ein Garten übrigens, in dem keineswegs nur giftige Früchte wie der Kaiser Nero reif wurden ...[6]

---

[4] Stoa und Stoiker, Die Gründer, Panaitios, Poseidonios, hg. und übersetzt v. M. Pohlenz, Zürich 1950, S. 238.
[5] Theorie-Ausg. Bd. XIX, S. 257.
[6] Die Vergegenwärtigung dessen verdanken wir vor allem den Arbeiten von Pierre Hadot, die allerdings erst einige Jahre später in deutscher Übersetzung erschienen und mir bekannt wurden. So „Philosophie als Lebensform. Geistige Übungen der Antike", Berlin 1991; „Die innere Burg: Anleitung zu einer Lektüre Marc Aurels", Frankfurt a.M. 1996; und „Wege zur Weisheit – oder: Was lehrt uns die antike Philosophie?" Berlin 1999. Auch erst ein Jahr nachdem ich diesen Vortrag in Düsseldorf hielt, erschienen jene einschlägigen Schriften zum Anschluß an die antik-hellenistischen Philosophien von Michel Foucault, die auf ihre Weise der Idee einer Philosophischen Praxis zuarbeiteten. So vor allem „Der Gebrauch der Lüste" und „Die Sorge um sich", beide Frankfurt a.M. 1986.

Heute freilich wäre eine Rat schaffende Philosophie auf der Stelle blamiert und lächerlich, wollte sie sich in dem hochfahrenden Ton annoncieren, in dem beispielsweise Seneca sie ankündigte; ich zitiere:

> „Die Philosophie dient nicht dazu, die Zeit zu verschönen und die Langeweile zu vertreiben; sie bildet und formt vielmehr die Seele, ordnet das Leben, lenkt unser Tun, zeigt, was wir tun oder lassen sollen, und hält das Steuerruder, wenn wir uns auf gefährlicher Fahrt befinden. Ohne sie gibt es kein Leben ohne Angst, ohne Wirrnis. Stündlich kommen tausend Dinge, die Rat erheischen, den nur sie zu geben weiß."[7]

Daß eine solche stündlich Rat gebende Philosophie das Risiko eingeht, sich im 60-Minuten-Takt zu verfahren, ist die eine Seite; die andere und bedenklichere Seite des philosophischen Vormundschaftsamtes ist die ihr anhängende Gewaltsamkeit, mit der sie versuchen muß, das Leben plangerecht in Form zu bringen und gefügig zu machen; ein Zug, der durchgängig der philosophischen Hybris und Selbstherrlichkeit anhaftet und sich sogar bei dem sonst eher sanften und durchaus feinfühlig belehrenden Epiktet als Drohgebärde einmischt:

> „Halte die philosophischen Lehren wie Gesetze, und halte es für eine Sünde, sie zu übertreten ... Du hast Lehren bekommen, denen du zustimmen mußt, und du hast ihnen zugestimmt. Wartest du nun noch auf einen anderen Lehrer, dem du deine Besserung übertragen willst?"[8]

Das ist die reine Normativität in Aktion, Geist wird dem Geistlosen entgegengesetzt, und in der imperativen Geste verbirgt er seine faktische Ohnmacht.

Das ist durchaus der Ton, in dem dann wenig später himmlisch angeordnet wird, gedämpft allenfalls durch unverdienstlichen Gnadenzuspruch, der mit höherer Autorität (als sie menschlich einsetzbar gewesen wäre) auch noch das Sündig-Verstockte und selbst mit gutem Willens-Einsatz Unerreichbare umkrempelt. So sehr uns auch die religiöse Inspiration und himmlische Anlockung fern sein mag, wie sie zuerst und gleich exemplarisch Augustin philosophisch protokollierte, so sehr besaß sie doch eine lebensumprägende Kraft, die uns nun ebenso fremd werden mußte – es sei denn, uns hätte sich die damals angemeldete Hoffnung in jene neukindliche Heilsgläubigkeit pervertiert, mit der jetzt therapeutisch Geschäfte gemacht werden.

Die Frage ließe sich anschließen, ob das neue Joch, das in üppiger Vielfalt und Varianz von der sanften Erkundigung des „mitfühlenden" Therapeuten bis zur Zwangsdroge der Anstalts-Psychiatrie reicht, das leichtere sei und nicht vielmehr das süße Gift der Trostlosen, womit das Imitatorische gegenwärtiger Veränderungs-Technik vergessen gemacht wird ...

---

7 So im 16. der „moralischen Briefe" an Lucilius.
8 Handbüchlein der Moral und Unterredungen, hg. v. H. Schmidt, Stuttgart 1978, S. 49 (Handbüchlein Nr. 50).

Jedenfalls: Die Philosophische Praxis hat auch im Mittelalter überlebt, und zwar nicht nur in der Nachfolge des Augustinus, der die Genese seines Philosophierens aus eigener Krankheit und Depression biographisch entwickelte. Wird von ihm die mögliche Hilfe der Hippokratiker, Platoniker oder Stoiker geringgeachtet im Vergleich zur Hilfe durch den „Heiland" – „denn meiner Krankheit heilender Arzt warst nur du allein",[9] und wird so der Glaube an den christlichen Gott zur wahren „medicina mentis", die Philosophie – zumal in praktischer Hinsicht – entsprechend zur *ancilla theologiae*, so wurde doch auch noch in der Spätscholastik „De consolatione philosophiae", die neuplatonische Trostschrift des Boethius, gerne und „in erbaulicher Absicht" gelesen.

Nochmals daneben aber hat Philosophische Praxis überlebt als meditative Praxis, in Klöstern vor allem und im Gewande der Mystik. Das Motiv der Individualisierung ging also in der verbindlichen Orientierung am Allgemeinen nicht restlos unter, sondern lebte auch unter dem metaphysischen Dach der scholastischen Geistkathedrale fort, fand zumal in der *unio mystica* der Gott-Sucher und -Finder ein unauffälliges Reservat. Die Seelenlehre Eckeharts, die Empfehlung praktischer Übungen, die Suche nach „innerlicher Gelassenheit", die der Eckehart-Schüler Seuse als Grundelement christlicher Lebenskunst vorschlug, die Predigten Taulers, in denen angewiesen wird, „einfältig ... in seinen Grund inwendig" einzugehen, haben jene Traditionen bewahrt, die in der opulenten Summenscholastik des philosophischen Hauptdoktors zu verschwinden drohten.

Kurz: Die lange innere Emigration des durchaus praktisch-philosophischen Geistes im religiös definierten Sondermilieu, vorzugsweise in klösterlicher Einfriedung oder fromm-entrückter Einsiedelei, war für die praktische Philosophie kein schlechtes Klima. Und noch jene himmlisch garantierte Exzentrizität begrüßte ein philosophisches Leben, das bei aller Anerkennung der Prosa des Alltags und trotz gelegentlicher Bekehrung zum „amor fati" seine Triebkraft nicht zuletzt aus Distanz-Erlebnissen zieht, die den Status von Auserwähltheit untermauern und den Geist als Ausnahme nobilitieren: In der sowohl kälteren als auch hitzigeren Weltluft draußen wäre Philosophie – und vor allem: was an ihr so noch nicht in die Welt paßt, ihre Esoterik – untergegangen oder längst, vom Konformitätsdruck zur Unanstößigkeit verformt, unauffällig verkommen.

Erst recht ist dann aber – nachmittelalterlich befreit von der strikten Bindung ans christliche Heilsmonopol – eine Philosophie aufgegangen, die zur Vorläuferschaft Philosophischer Praxis gehört. Die Rede ist von der skeptischen Intelligenz und vom selbstreflexiven Lebensraffinement Montaignes. Hier wird die Philosophie nun bedeutsam umgesiedelt: Statt als Belehrerin

---

9 Des heiligen Augustinus Bekenntnisse, Lateinisch-Deutsch, hg. v. H. Schiel, Freiburg 1959, S. 66 (= IV,3).

auf unserem Lebensweg voranzugehen und uns durch Zuruf von allerlei Weisungen, Grundsätzen und begründeten Pflichten auf den rechten Pfad zu kommandieren, mit Vollkommenheits-Aussichten im Zielpunkt, zieht Philosophie nun bei ihm (in aller Regel still und unauffällig) hinterher, und selten genug sieht ein Mensch sich nach ihr um, und auch dann nur, um mit ihrer Hilfe eine Klärung des Lebens *post factum* zu versuchen.

> Seine „Lebensführung ... auszubilden", schreibt Montaigne dazu in der „Apologie des Raimund Sebundus", habe er nie „die Hilfe irgendwelcher Lehre angerufen. Doch so vernunftlos sie sei, wenn mich die Lust ankam, sie darzulegen, und ich mir die Mühe auferlegte, um sie ein wenig anständiger an die Öffentlichkeit treten zu lassen, ihr mit Vernunftgründen und Beispielen beizuspringen, dann war es mir selber zum Verwundern, sie so durch Fügung des Zufalls mit so viel Vernunftgründen und Beispielen der Philosophie im Einklang zu finden. Welchen Grundsätzen mein Leben folgte, das habe ich erst erfahren, als es schon vollendet und gestaltet war. Neue Erscheinung: ein Philosoph von ungefähr und ohne Vorbedacht."[10]

Diese „neue Erscheinung" eines Philosophen „von ungefähr und ohne Vorbedacht" hatte zunächst in Frankreich ihren Boden, wo die Moralisten eine sehr gescheite Reflexion des geselligen Lebens mit geschärftem psychologischen Durchblick und gebildetem Witz betrieben – eine Praxis untersuchende, nicht untermauernde philosophische Kleinkunst, die unbestechlich genug dem Konkreten sowohl das erste Recht einräumte als auch den Schein der Selbstverständlichkeit abzog –, was diese ans Leben gehende Skepsis übrigens trotz des leichten Tons und ihres Desinteresses an systematischer Erkenntnis-Ordnung weit von aller Populärphilosophie abrückte, die sich in Deutschland berufen dünkte, die gebildeten Stände aufzuklären und zu einem vernunftgemäßen Leben anzuhalten.

In jenen lebensratenden Traktaten wurde zur unfreiwillig komischen Karikatur, was im Falle Spinozas Respekt und Anerkennung fordert: Bei ihm ging – nach Blochs schwärmerischem Zeugnis – „das *konsequenteste* bisherige Bild der Weisheit auf, und ein vorgelebtes".[11] Philosophie noch einmal als „medicina mentis, dieses Falls als das schlechthin Klar-Gesunde, gegen die verworrenen Störungen der Seele, gegen die inadäquaten Ideen." (ebd.)

> Das ist der „ungeheure *Intellektglaube* in Spinozas Weisheit: jeder Affekt, der ein Leiden ist, hört auf, einer zu sein, sobald wir eine klare Idee von ihm haben; denn er ist nur ein Leiden, weil er eine verworrene, eine inadäquate Idee ist." (ebd.)

---

10 Essais, Auswahl und Übersetzung von H. Lüthy, Zürich 1953, S. 461. (Späterer Zusatz: Wenn Montaigne an derselben Stelle Ciceros Ausspruch zitiert, man könne nichts so Widersinniges sagen, „das nicht schon irgendein Philosoph gesagt hätte", so scheint mir diese Heiterkeit in der Selbsteinschätzung das mindestens ebenso bedeutsame Verdienst Montaignes zu sein, auf das die Philosophische Praxis heute nicht mehr wird verzichten wollen.)

11 Philosophische Aufsätze zur objektiven Phantasie, Gesamtausgabe Bd. X, Frankfurt a.M. 1969, S. 374 („Über den Begriff Weisheit").

## Die Philosophische Praxis hat eine lange Tradition

Reizvoll wäre es, einmal die unübersichtliche Gegenwarts(sumpf)landschaft, in der die bunte Fülle der Therapie-Blüten sprießt, daraufhin durchzumustern, wieviel ungewußter Spinoza und eine ins Kleine und Zumutbare zurückgestutzte Weisheit darin ihr Nachleben haben – und zwar ganz im altaufklärerischen Sinne, daß das Falsche dem Wissen und Erkanntsein auf die Dauer der Therapie nicht standhalten werde. Jedenfalls hat Spinoza für seine Zeit, der sich bekanntlich unter vielen anderen noch Goethe zurechnete, der Philosophischen Praxis die präzise ethische Anleitung erarbeitet und, was nun zweifellos imponiert und sein Werk unnachahmlich macht, sich selbst als außerordentlichen Beweis ihrer realen Möglichkeit eingesetzt. Wie dies später nur noch einmal im hohen Norden versucht wurde: von Kant, den niemand „den Weisen von Königsberg" genannt hätte, wäre nicht mehr bei ihm herausgekommen als eine beispiellose Schärfung des Denkens und jener ausgeklügelte Imperativ, der schließlich zum „kategorischen Merkstoff" für Philosophie-Seminaristen wurde.

Die Ahnengalerie Philosophischer Praxis ist damit nun weder vollzählig noch abgeschlossen, denn spätestens seit der „Sattelzeit" 1770, mit dem Einsatz – nach Michael Landmann[12] – eines „qualitativen Individualismus" (1771 wird entsprechend von Anton Mesmer zusammen mit Pater Hell in Wien die erste psychotherapeutische Praxis eröffnet!), mit der Heraufkunft – nach Nietzsche – jenes Zeitalters einer abnehmenden Heiterkeit, in dem sich Probleme vordrängten, „mit denen sich nichts anfangen ließ, sobald man sie aufwarf",[13] spätestens also seit diesem Eintritt in die moderne Welt wären nun Wegbereiter und Vorgänger Philosophischer Praxis zu benennen, die interessant gerade deshalb sind, weil ihnen keine Lebensrechnung mehr glatt aufging und sie mit der Anstrengung, Rat zu schaffen, gerade nicht fertig wurden:

Karl Philipp Moritz, der junge Freund Goethes, ist hier zu nennen, der von 1783 bis 1793 das „Magazin zur Erfahrungsseelenkunde" unter dem Titel ΓΝΩΘΙ ΣΑΥΤΟΝ herausbrachte – eine Fundgrube an Beobachtungen noch heute für den philosophischen Praktiker –, dann, im dänischen Kopenhagen Søren Kierkegaard, der mit „Entweder Oder" eine exemplarische, große philosophische Beratung fingierte, die für ihn der Hof- und Stadtgerichtsrat B. durchführt, und zwar in deutlich anderem Ton, als sich bisher die

---

12 Vgl. „Georg Simmel als Prügelknabe", in: Philosophische Rundschau Jg.14, 1967, S. 259.
13 Vgl. Gehlen, Moral und Hypermoral. Eine pluralistische Ethik, Frankfurt a.M. 1969, S. 154: „Die Verdüsterung der Atmosphäre läßt sich nicht mehr leugnen, sie begann nach Nietzsche gerade im Gefolge der Aufklärung, gegen 1770 habe man eine Abnahme der Heiterkeit bemerkt. Es begann das Zeitalter der Kritik und von Problemen, mit denen sich nichts anfangen ließ, sobald man sie aufwarf." Gehlen bezog sich wohl auf jene Passage aus dem Nachlaß von 1885 (36[49]), wo es heißt: „Die Verdüsterung, die pessimistische Färbung, kommt notwendig im Gefolge der Aufklärung. Gegen 1770 bemerkt man bereits die Abnahme der Heiterkeit ..." (KSA XI, S. 571).

blöde Rechtschaffenheit des Spießers oder die Gottesbürgerlichkeit der Kirchenamtsmänner vernehmen ließ, außerdem mit einer bis dahin unerhörten „Freiheit des Christenmenschen" gegen alle vorgesetzte Pflichtenverordnung und der Devise, „die Hauptsache sei, daß ein Mensch in Bezug auf sein eigenes Leben nicht sein Onkel ist, sondern sein Vater"[14]; hierher gehört natürlich auch Schopenhauer, der trotz aller Anstrengung, noch einmal eine alles umfassende Metaphysik aus einem Guß hinzustellen, nicht nur hinsah, sondern den Blick selbst in höchst praktischer Absicht (und der innersten Intention nach „heilsam") umorientieren wollte, was uns Stücke einer populären Philosophie auf höchstem Niveau einbrachte – ihm verdanken wir immerhin, daß Philosophie außerhalb der akademischen Zirkel nicht gänzlich in Vergessenheit geriet, ihm und Nietzsche, der, bei aller Bedenklichkeit seiner Breitenwirkung, jedenfalls ein Feuer war, das noch brennt – wie wir gegenwärtig sehen – und keine gelehrte Asche ist.

Als eigenartigste Ausnahme ist schließlich, in unserem Jahrhundert, Franz Rosenzweig zu nennen, der, bevor die Nazis aufzuräumen begannen, dem gelehrten Leben eine merkwürdig praktische Wendung gab, indem er im jüdischen Frankfurter Lehrhaus eine Art Vorläuferinstitution Philosophischer Praxis einrichtete. Ein Gedanke, der in der jüdischen Tradition mit der rabbinisch personalisierten Synthese von Überlieferung und intellektuell ratender Weisheit sicherlich besser vorbereitet war als im christen-kirchlichen Seelen-Kollektivismus.

Ganz im Sinne späterer Philosophischer Praxis schrieb Rosenzweig an den Historiker Friedrich Meinecke, der ihm eine Professur an der Berliner Universität in Aussicht stellte:

> „Es [das Erkennen] ist mir zum Dienst geworden. Zum Dienst am *Menschen*, ... Das Erkennen ... läßt sich seine *Antworten* von niemandem vorschreiben ..., aber seine *Fragen*. Es ist mir nicht jede Frage wert, gefragt zu werden. ... Ich frage nur noch, wo ich gefragt *werde*. Von Menschen gefragt werde, nicht von Gelehrten, nicht von ‚der Wissenschaft'."[15]

An diese und viele andere Gestalten also schließt die Philosophische Praxis an. Auf keine aber könnte sie sich berufen, als wäre von ihr schon ausgemacht, was Philosophische Praxis ist oder sein soll.

Kurz: In der Geschichte der Philosophie läßt sich für die Philosophische Praxis an keiner Stelle ein bereits gemachtes Bett finden, in dem wir es uns nur noch bequem zu machen hätten. Das opponiert natürlich dem Klischee, das darauf pocht, anders als die Wissenschaften könne Philosophie nicht eigentlich veralten und Aristoteles sei mehr als bloße Geschichte, auch wenn

---

14 Entweder-Oder, hg. v. H. Diem und W. Rest, Köln 1960, S. 843.
15 „Das Büchlein vom gesunden und kranken Menschenverstand", Düsseldorf 1964, hier zitiert nach der Ausgabe Frankfurt a.M. 1992, S. 11.

soviel an diesem Vorurteil wahr ist, daß ein traditionsbeschnittenes Denken widerstandslos den jeweils herrschenden Konformitätszwängen anheimfällt und dumm wird.

Demnach gilt: Auch Ideen sind sterblich, und philosophische Lebensprogramme wären auf der Stelle blamiert, wollten sie, aus ihrer Zeitstelle herausgerückt, mit dem Pathos ewiger Gültigkeit auftreten. Schließlich haben Adorno, Habermas und andere mit gehörigem Ernst die Frage gestellt, ob Philosophie nicht überhaupt veraltet sei.[16] Unumstritten jedenfalls dürfte sein, daß das Kopfwerk der philosophischen Innung seit geraumer Zeit nicht mehr selbstverständlich ist; noch weniger ist es die Philosophische Praxis.

Die Frage ist vielmehr, ob sie als „philosophische", die nicht nur unter diesem fragwürdigen Etikett firmierte und damit *nota bene* ihr eigenes Geschäft schädigte – ob sie also als eine Praxis in genuin philosophischem Sinn überhaupt möglich ist. Und diese Frage ist dringend, denn was Philosophische Praxis einmal antik oder hellenistisch oder römisch oder als aufgeklärte Königsberger Diätetik im Stile grundsatz-sattelfester Lebens-Einrichtung oder auch als krypto-matriarchalisch-taoistische Lebensweisung im Osten gewesen sein mag, – das alles *war* sie einmal in „philosophischen" Formen, die philosophische waren, als philosophische aber weiter keinen Bestand mehr haben. Es hieße nämlich, sich auf die Philosophie berufen und sie zugleich verschmähen, wenn man übersehen wollte, daß ihren repräsentativen Gestalten spätestens im 20. Jahrhundert der Zusammenhang mit Fragen der Lebensführung und erst recht die Kompetenz zur Entscheidung existentiell belangvoller Krisen verlorenging: Zur Rückversicherung individueller Lebensrisiken außerstande, vermag sie ebensowenig ohne Betrug Auskunft zu geben zu Fragen des Lebenssinns wie zu den sogenannten „letzten Dingen" – und zwar trotz fundamental-ontologischer Daseinsanalyse und existentialistischer Revolte im Anschluß daran, die ohnehin der Vergangenheit angehören, selbst dann, wenn ihnen gegen das platte, komisch unwissend kollektivierte Bewußtsein der einsamen Masse noch immer ein Schein von Recht zukommen mag. Also: Die Zeit philosophischer Belehrung und vorbildlicher Lebensanleitung ist vorbei, und gar verbindlich sagen zu wollen, was richtiges Leben sei, eine anmaßende Dummheit.

Wenn das aber so ist – wie ich behaupte –, wenn jede traditionelle Form Philosophischer Praxis umstandslos in die Gegenwart transponiert ein Kuriosum wäre, stellt sich noch einmal die Frage, wie ein Praktischwerden der Philosophie möglich sein soll.

---

16 Vgl. Adorno, Wozu noch Philosophie, in: Gesammelte Schriften, Bd. X/2, S. 459ff.; Habermas, Wozu noch Philosophie, in: drs., Philosophisch-politische Profile, Frankfurt a.M. 1971.

Um eine fällige Beantwortung dieser Frage jedenfalls in Umrissen plausibel zu machen, möchte ich in einem riskant kurzgefaßten Überblick skizzieren, welcher nicht-revidierbare Prozeß die Philosophie für Techniken der Lebensbemeisterung, „mit denen sie so vielfach sich verschränkte",[17] unverwendbar machte.

Nach Habermas' triftiger Rekonstruktion dieses Prozesses ist der Zusammenhang von Philosophie und Praxis fragil und in seinen jeweiligen Resultaten gebrechlich von Anfang an, also seit ihrem Aufstand gegen den Mythos, der bekanntlich schon vor-sokratisch angezettelt wurde: Der Preis, der für die philosophisch betriebene „Depersonalisierung der Weltauslegung"[18] und die gleichzeitige Ästhetisierung der Mythen zu zahlen war, war die Aufgabe ... der „Verbindung der mythischen Erzählung mit rituellem Handeln" – die Philosophie aber vermochte den Mythos „in seinen Stabilisierungsleistungen für die Lebenspraxis nicht (zu) ersetzen". (ebd.)

Insofern sich Philosophie dann noch einmal parasitär in intakte Traditionen und Weltanschauungen einzuklinken vermochte, also mit angetroffenen substantiellen Beständen, die das Wissen und Tun aller sind, wirtschaften durfte, um sie allenfalls zu modifizieren und theoretisch zu unterfüttern, durfte sie noch als praxisleitende Wissenschaft auftreten. Doch diese so und so zumeist prekäre Einheit der Philosophie mit der Überlieferung, so Habermas, ist ruiniert: Spätestens seit der erfolgreichen Pluralisierung der hochkulturellen Tradition, die mit der Aufklärung und, in einem Zuge, mit der Politisierung der Weltanschauungen einzog, vermag Philosophie nicht einmal mehr zum Schein abzustützen, wessen sie für sich selbst als Stütze bedürfte: Seither macht weltanschauliche Partikularität die philosophische Musik. Also, statt in einer Weltanschauung auszukristallisieren – wie es mit der dazugehörigen Gewaltsamkeit nur noch einmal Karl Marx, gewiß wider Willen, gelingen sollte[19] –, wurde Philosophie zum verlängerten, geistig luxurierenden Arm ideologischer Programme, sofern sie überhaupt noch an die praktischen Interessen der Menschen Anschluß suchte.

Mit bemerkenswerter Gleichzeitigkeit ging zugleich der Philosophie auch noch der Zusammenhang mit der theologischen Weltauslegung verloren.

Eine Philosophie, die – nach Habermas – zumal als praktische in ihrer traditionellen Gestalt „auf die Koexistenz mit einer breitenwirksamen Religion geradezu angewiesen war", sieht sich „heute zum ersten Mal ... dem Zerfall des religiösen Bewußtseins ... als einem allgemeinen Phänomen ... konfrontiert." (35) Damit aber verliert sie die Fähigkeit, „die faktische Sinnlosigkeit des

---

17 Adorno, Wozu Philosophie, a.a.O., S. 459.
18 Habermas, Wozu noch Philosophie, a.a.O., S. 23 (weiter mit einfacher Nennung der Seitenzahl).
19 Ergänzend zu erwähnen wären allenfalls Rudolf Steiner, Mao und Bhagwan.

kontingenten Todes, des individuellen Leidens, des privaten Glücksverlustes, überhaupt die Negativität lebensgeschichtlicher Existenzrisiken durch Trost und Zuversicht so zu überspielen (oder zu bewältigen?), wie es die Erwartung des religiösen Heils vermocht hat." (ebd.)

Das hat einschneidende Folgen für die Philosophie, sofern sie sich nicht in der spezialistischen Wissensverwaltung des Hochschulbetriebs salviert und aus den Konflikten und Sorgen des Alltagslebens heraushält; denn: Noch nie war sie in der Lage oder sah sie sich allen Ernstes beauftragt – um nochmals Habermas zu zitieren –, „die Heilsgewißheit des religiösen Glaubens substituieren zu wollen. Sie hat niemals ein Erlösungsversprechen gegeben, Zuversicht verheißen oder Trost gespendet." (25) Wo sie es dennoch versucht habe – mit stoischer Vorbereitung auf den eigenen Tod beispielsweise – habe sie nur, wider Willen womöglich, „die prinzipielle Trostlosigkeit des philosophischen Denkens" offenbart.

Die Frage ist nun noch einmal und stellt sich mit gehöriger Verschärfung, wie unter solchen Bedingungen eben jetzt, zu allen Anschein nach ungünstigstem Zeitpunkt, eine *Philosophische* Praxis möglich sein soll – oder: zu verantworten ist.

Und ich versichere, daß ich diese Frage keineswegs rhetorisch stelle, um nach demonstriertem Zweifel, der Redlichkeit ausweist, umso wirksamer den geschürzten Denkknoten aufzulösen; das ist zwar gewohnte philosophische Dramaturgie seriösen Stils – aber doch nur (bestenfalls!) ein intellektuelles Vergnügen.

Ich denke vielmehr, daß auch im individuellen Falle, wie er sich in der Philosophischen Praxis präsentiert, kein anderer Ausweg sich ergibt – und der ist prekär und riskant genug –, als er sich für Adorno bereits und in seiner Nachfolge für Habermas als vorerst letzte und zugleich dringendste Aufgabe der Philosophie dargestellt hat: Statt sich erfragter Antworten mächtig zu dünken und aufzutreten, als sei sie weiter des Absoluten gewiß und Repräsentantin des unbedingt Gültigen – was sie unweigerlich unglaubwürdig machte und zum Jux, den man ohnehin mit ihr treibt –, ist Philosophie denkbar und nötig zugleich nur mehr als *Kritik*. Als Kritik nun allerdings, die sich nicht als „Furie des Verschwindens" ( Hegel) nur noch selber affirmierte oder sich mit der „Methode des Verdachts" (Nietzsche) eine gespenstische Herrschaft über längst erledigte Geister eroberte, sondern als Kritik, die zumal acht darauf zu geben hat, daß das Leben, das sich redend und äußernd – wie vorläufig und ungesichert auch immer – über sich selbst verständigt, nicht vom dumpfen Schweigen oder arroganten Desinteresse intellektueller Outdrops infiziert wird und sich ansteckt an der scheinbar überlegenen Ratlosigkeit, die sich cool gibt, als habe sie schon alles hinter sich.

Das aber ist die Täuschung, der die vermeintlich Versierten allzu leicht verfallen: Philosophie, die noch dort, wo Resultate nicht mehr zu haben sind, die Fragen nicht losläßt, opponiert solchem Gehabe. Auf der andern Seite aber „sucht" sie auch nicht, wie ein anderes Klischee gerne für sie herausstreicht, besinnungslos weiter, wo sie insgeheim schon längst nichts mehr zu finden hofft. Sondern sie beharrt auf der Frage, um eben sie womöglich selbst zu revolutionieren – wie sie es verschmäht, die Bedürfnisse zu bedienen, wie sie kommen, vielmehr die Bedürfnisse selber differenziert –, mit altem Vokabular: Sie „kultiviert".

Gewiß ist es ein alter und vielleicht längst ausgetretener Topos, den man nur sehr bedenklich bemühen sollte – dennoch: Nach ihm wäre zu sagen, Philosophie sei die Radikalisierung der Probleme, die ohne sie allemal nur halbgar aufgetischt werden. Dann ginge es *philosophisch* in der Philosophischen Praxis darum, das Leiden, die Nöte, die Sorgen, die Lustlosigkeit und ein grassierendes Desinteresse, das sich zuletzt als ein unheimliches Liebesdefizit erweisen könnte, den Sprachverlust, die Hemmungen und Ängste, die in der Sprechstunde ausgesprochen werden, mit jener Intensität weiterzudenken, die sie schließlich verwandelt, indem sie ihre philosophische Kontur sichtbar werden läßt – dabei aber, das ist die vielleicht wesentlichste Erfahrung aus der bisherigen Philosophischen Praxis, kommt Philosophie endlich auf andere Gedanken, was not tut.[20]

Auf welche?

Beispielsweise auf Fragen einer „Algodizee" und „Schmerzlogik", die – Peter Sloterdijk hat das in engster Nähe zu den Erfahrungen aus der Philosophischen Praxis so ausgesprochen – „in der Moderne an die Stelle der Theodizee (treten), als deren Umkehrung. In dieser hieß es: Wie sind das Böse, Schmerz, Leiden und Unrecht mit Gottes Dasein zu vereinbaren? Jetzt lautet die Frage: Wenn es keinen Gott und keinen höheren Sinnzusammenhang gibt, wie halten wir dann überhaupt den Schmerz noch aus?"[21]

Wie ist die unflüchtige Wahrnehmung eines scheiternden, betrogenen, mißlingenden, zurückgesetzten, sich unter die Optik des Selbstopfers rückenden Lebens möglich, ohne Rachedurst und Vergeltungslust zu entwickeln oder fällige und erwartete Nähe durch Anklageposen und Schuldzusprüche zu umgehen und sich so, selbst ins Recht gesetzt, zu entziehen?

Welches (dem Bewußtsein verborgene) Trainingsprogramm haben Menschen absolviert, die aufs Geratewohl ihre Schmerzen, Trauer, Enttäuschungen als „seelische Defekte" oder Anomalien wahrnehmen und sich diesbezüglich von einer kompetenten Seelenreparatur Erleichterung erwarten?

---

20 Mit der eben begonnenen Aufzählung von Problemen, die in die Philosophische Praxis führten, begann ich, Erfahrungen aus der Praxis in den Wortlaut des Vortrags zu übertragen. Alle – auch im Anschluß – genannten Probleme sind keine „erfundenen Beispiele", sondern es handelt sich um die Nennung von Schwierigkeiten, wie sie mir damals in der Beratung bekannt wurden.
21 Peter Sloterdijk, Kritik der zynischen Vernunft, Frankfurt a. M., 1983, S. 815f.

Unter welchen Bedingungen verschaffen Schuldzuweisungen Entlastungsgewinne, unter welchen nicht – und was ist von solchen Gewinn- und Verlustrechnungen überhaupt zu halten? Was wäre also, wenn zu hassen, zu verachten, zu verabscheuen, zu morden dem Menschen bekömmlicher wäre, als zu verzeihen, Geduld zu üben und zu hoffen?

Gibt es ein „Argument", das für das Leben spricht? Und könnte es sein, daß ein solches Argument, falls es dies überhaupt gäbe, stets zu spät käme, wenn es in der Tat einmal benötigt würde?

Verhält es sich damit vielleicht ganz anders, etwa so, daß Argumente zu dieser Frage noch nicht einmal Zutritt finden – indem das Leben etwa eine „Verführung" ist, und einige erweisen sich als unverführbar?

Ist es denkbar, daß einer, der „sauber" argumentiert, ein Schwein ist? Und könnte es sein, daß einer, der „sachlich" argumentiert, in gewissen Fällen mit dem Tod im Bunde ist? Und wie wäre dann, wenn eine Ent-gegnung, ohne sich zu infizieren, undenkbar ist, eine Be-gegnung möglich, die das Tote berührte, ohne ihm zu verfallen?

Gibt es dies, daß der gute Wille, der retten möchte, ein Opferer und Schlächter ist, der sich Böcke zu Lämmern macht? (Das gibt es.)

Ist es möglich, umgekehrt, daß das Opfer Herr des Opferers werden will? (Und das gelingt gar nicht selten.)

Wie käme es dann, daß solche Vertracktheit „aufgeht", in lockerem Wortsinn also „logisch" ist? Eine Frage, die nicht nur psychologisch interessierte Menschen, sondern vor allem auch religionsphilosophisch ansprechbare Gemüter faszinieren dürfte ...

Wieviel Gewalt verbirgt sich in einer Liebe, die sich nicht beirren läßt? Und was ist von einem Menschen zu denken, welcher, der Liebe anheimgefallen, seinen Arzt aufsucht, um sich Tranquilizer verschreiben zu lassen – da er der Liebe asoziales, gewaltsames Moment in sich bemerkt?

Oder, um etwas ganz anderes und sehr spezielles anzusprechen, das außerdem einen Zusammenhang mit philosophischen Texten herstellt: Könnte wohl Schopenhauers „Metaphysik der Geschlechtsliebe" einen gültigen Aufschluß über private Ereignisse geben, in denen es um eine jung-emanzipierte, aufgeklärt die Pille einnehmende Frau geht, die mit einsetzendem Frühling „unruhig" wird und „sich selbst nicht mehr versteht"? Wäre es „vernünftig", wenn sie „vernünftigerweise" ihrem unter Bemühung vernünftiger Erwägungen gewählten Partner gegen die Wallungen des Blutes die Treue hielte?

Was wird über unsere Normaleinschätzungen verraten, wenn der Neurotiker, der ihnen Tribut zu zollen sich abmüht, lügt, der Psychotiker aber, der sie mißachtet, die Wahrheit redet und uns erschreckt, sofern wir nicht auf seinem „Wahnsinn" beharren?[22]

Welche „Sprache" sprechen Symptome? Sind sie kontext-gebunden, d. h.: müßten sie verstummen, wenn sich der Kontext verändern ließe?

Inwieweit läßt sich die Annahme eines „Sinns" von Krankheit generalisieren; und uns betreffend: Was tun wir, wenn wir im Einzelfall auf „Sinnlosigkeit" beharren, diese Frage aber noch nicht geklärt ist?

Könnte eine Krankheit auch auf einem „Irrtum" beruhen? (Novalis: „Viele Krankheiten sind Irrthümer, die der Mensch erschöpfen muß."[23])

Und wieviel (eine Frage, die bereits Viktor v. Weizsäcker beschäftigte) hat vor allem das psychosomatische Leiden mit einer „Pathologie der Wahrheit" zu tun?

Oder was bedeutet es, daß ein Mensch, der etwas bemerkt, was nicht und von niemandem bemerkt werden darf, krank wird, um auf diesem Umweg jenen in die Hände zu fallen, die ihm das Merken wieder austreiben werden?

Was „kränkt"?

Gibt es eine Hoffnung für die Hoffnungslosen? Oder ist diese Rede bei Benjamin[24] und Herbert Marcuse (u. a.) nur Literatur, eine trostsüchtige Lüge? – Wenn aber, wie wir seit Kant sagen werden, jener Satz weder Lüge noch Wahrheit, sondern eine Anmaßung wäre, eine Kompetenz-Erschleichung, die der menschlichen Vernunft nicht zusteht, fragt sich noch: Was ändert sich für den Hoffnungslosen, je nachdem, ob er einer solchen „Anmaßung" begegnet oder einem aufgeklärten Schweigen? Und wenn die Hoffnung im Irrtum wäre und nicht geschwiegen hätte oder der Hoffnungslose irrte und hätte nicht geschwiegen, wäre dies beides vergleichbar, ein und dasselbe? Mit andern Worten: Gibt es hier eine bleibende Aktualität der Pascalschen Wette?

Nicht zuletzt aber fordern Geschichten eine andere, narrative Vernunft heraus, ein Vermögen, das Kontingenzen nicht über Reduktionsformeln auflöst, sondern in erzählbare Geschichten verstrickt und ihnen so eine vernünftige Stelle verschafft: Das Zufällige wird so in „intelligible Kontingenz" transformiert.

Zur neuen Frage der Philosophie durch die Philosophische Praxis wird aber nicht zuletzt, ob eine nochmalige Renaissance der frühen Interessens- und Handlungs-Gemeinschaft mit der Medizin nötig und möglich sein könnte.

---

22 Diese Fragestellung war gewissermaßen ein Verständigungswink für die seinerzeit in Düsseldorf aktive Gruppe der „Pathognostik" unter der Ägide von Rudolf Heinz.
23 Werke, Tagebücher und Briefe, hg. v. Mühl und Samuel, Bd. II, Darmstadt 1978, S. 797.
24 Benjamin, Goethes Wahlverwandtschaften, in: drs., Illuminationen, Frankfurt a.M. 1980, S. 135.

Und was diese Frage betrifft, habe ich den Eindruck, daß sich eher noch Mediziner zu Wort meldeten, die die philosophische Bedeutsamkeit ihres Einschätzens und Intervenierens erkannten, als Philosophen, die die Krankheit, gar die spezielle und zuletzt die den einzelnen Kranken als Herausforderung an ein philosophisch-medizinisches Verstehen und Praktisch-Werden begriffen – auch wenn dem sehr alten Kant, angeregt von seinem Freund Hufeland, Einsichten einer medizinisch belangvollen Diätetik dämmerten,[25] oder Schelling eine Philosophie der Krankheit skizzierte, sich bei Novalis helle Einsichten zur Morbidität und kranken Hinfälligkeit finden und bekannterweise Nietzsche ein großer philosophischer Experimentator mit seinen Krankheiten und Gesundheiten war.

Die – wie ich gern gestehe: von mir erhoffte und angestrebte – Interessensverbündung von Medizin und Philosophie, für die in unserem Jahrhundert Männer wie Ludwig Binswanger, Medard Boss,[26] Viktor von Weizsäcker oder ihr jüngst verstorbener Hamburger Kollege Arthur Jores einstanden, hätte ihre gemeinsame Einsatzstelle wohl dort zu finden, wo – sei's philosophisch, sei's medizinisch – ein „Sinn" der Krankheit aufgeht, deren Bedenken schon Richard Koch angemahnt hat, der einmal – an die Adresse der therapierenden Kollegen gerichtet – meinte:

> „Man hat oft zuwenig Achtung vor dem Sinn des Krankseins. Viele Behandlung besteht darin, dem Kranken den Sinn seines Krankseins zu erklären."[27]

Wer dies in einem zulänglichen Sinne vermag, erfüllte noch einmal das Arztbild des alten Galen, der seine programmatische Ansicht im Titel eines seiner Werke zusammenfaßte: „Daß der beste Arzt auch Philosoph sei". Daß hingegen „der beste Philosoph auch Arzt" wäre, klingt bisher allenfalls wie eine ferne Aussicht.

Übrigens und wohl bemerkt: Die beiden Sätze lauten nicht, der Arzt sei „der beste Philosoph", gar der Philosoph „der beste Arzt". Solche Lesart wäre vielmehr das womöglich schlimmste aller Mißverständnisse, das die Interessensgemeinschaft von Arzt und Philosoph zerstören müßte.

---

25 Siehe dazu den 3. Abschnitt im „Streit der Fakultäten".
26 Als späterer Zusatz: siehe dazu die von Boss initiierten Veranstaltungen mit Martin Heidegger, die als „Zollikoner Seminare" veröffentlicht wurden: Frankfurt a.M. 1987.
27 R. Koch, Ärztliches Denken. Abhandlungen über die philosophischen Grundlagen der Medizin, München 1923, S. 94; hier zitiert nach D. v. Engelhardt, H. Schipperges, Die inneren Verbindungen zwischen Philosophie und Medizin im 20. Jahrhundert, Darmstadt 1980, S. 22.

Eine der schlimmsten Verführungen in unserer bedrohlichen und bedrohten Welt ist der uns allenthalben angebotene Status des Patienten.
Die Schwierigkeiten sind zu groß für uns, wir fühlen uns überfordert und suchen nicht etwa jemanden, der uns stärkt, sondern jemanden, der uns behandelt. Wir überantworten unser Versagen einem anderen, der uns in der Regel bestätigt, unsere Schwäche sei durch dieses oder jenes Erlebnis verschuldet. Aus Sachproblemen werden Beziehungsprobleme gemacht.
Wir lassen uns moralisch ent-schuldigen.
Der moderne Therapismus verspricht Heilung um den Preis, daß man sich für krank erklärt. Dieses Verfahren vermehrt [...] die Untüchtigkeit der Einzelnen.

*Hartmut von Hentig*

# Philosophische Praxis führt die „Lebenskönnerschaft" im Schilde[1]

Meine sehr verehrten Damen und Herren, liebe Kollegen, Ihnen wird das deutsche Begriffskompositum „Lebenskönnerschaft" unbekannt sein, und das ist recht so. Denn eben darum habe ich diesen Neologismus als Begriffskreation eingeführt: Ich suchte – wie vor vielen Jahren, als ich mich entschloß, die Philosophische Praxis ins Gespräch zu bringen – einen „unbesetzten", möglichst weiten und noch unbestimmten Begriff, mit dem sich fällige Überlegungen, erforderliche Programme und neue Erfahrungen wegweisend verknüpfen ließen. Zugleich allerdings habe ich es begrüßt, daß sich diese jungfräulichen Begriffe zwanglos an altehrwürdige Traditionen anschließen lassen: Damals, im Falle der Philosophische Praxis, an die anfängliche Tradition einer an praktischer Bewährung interessierten Philosophie, die sich um eine anerkennungsfähige Lebensform bemühte, heute, im Falle der Lebenskönnerschaft, an den philosophisch hoch nobilitierten Begriff der „Tugend" – denn was wären die Tugenden anderes als lobenswerte „Könnerschaften" und die geschulten, entwickelten, geübten, vervollkommneten „rechten Vermögen und guten Fähigkeiten"? Die neuen Begriffe erlauben uns also, verschlissene oder abgesunkene oder von einem inzwischen andere Wege gehenden Geist um ihr ehemaliges Ansehen gebrachte Traditionen zu erneuern, sie wieder ins Gespräch zu bringen und ihnen zu frischer Beachtlichkeit zu verhelfen; wobei ich voraussetze, daß solche Wiederbelebungsversuche sinnvoll und wünschenswert, womöglich erforderlich sind. Diese Voraussetzung hinreichend überzeugend zu begründen, das ist dann das Amt der eigentlichen Einführung und Bewerbung der neuen Begriffe, was im Blick auf die Philosophische Praxis seit langem geschieht, während für den erst kürzlich zur Welt gebrachten Begriff der Lebenskönnerschaft diese Arbeit mit dem Buch dieses Titels[2] jedenfalls in Angriff genommen worden ist.

Hier, zur Eröffnung unserer 6. Internationalen Konferenz zur Philosophischen Praxis, möchte ich einen weiteren Beitrag zu dieser Vorstellungs- und Einführungsarbeit leisten. Darum also der Titel: „Die Philosophische Praxis führt die Lebenskönnerschaft im Schilde" oder: „Philosophical Practice opens up the trace of Lebenskönnerschaft".

Soviel, wie es sich gehört, als Einleitung. Und nun, wie angekündigt, einige Überlegungen, die dem Begriff der Lebenskönnerschaft ein erstes Profil verschaffen möchten.

Ich erinnere an Nietzsches „letzten Menschen", der „das Glück erfunden" hat. Was wird er tun, wenn er bemerkt, daß er bestimmungswidrig unglücklich

---

1 Diesen Vortrag – hier leicht gekürzt – habe ich 2001 zur Eröffnung der 6. Internationalen Konferenz zur Philosophischen Praxis in Oslo gehalten unter dem Titel: „Philosophical Practice opens up the trace of Lebenskönnerschaft".
2 Gerd B. Achenbach, Lebenskönnerschaft, Freiburg-Basel-Wien 2001; 2. Aufl. Köln 2009.

ist? Er begibt sich in Therapie. „Ich habe verlernt zu blinzeln", sagt er seinem Therapeuten und fragt sich, wie das kommen konnte. Er ist bedrückt und mutlos. Es müsse etwas vorgefallen sein, sagt er sich, mir wird etwas widerfahren sein, da lief irgend etwas schief in meinem Leben. Aber was? „Mir ist mein Lachen vergangen", sagt der letzte Mensch. Und trauern kann er auch nicht. Die Therapie kann beginnen.

Nietzsches „letzter Mensch" wird hingegen nicht die Philosophische Praxis aufsuchen. Wer sich dort meldet, will weder behandelt noch kuriert werden. Er sucht *Aufklärung*, Klarheit über sich selbst. „Ich habe mir Mühe gegeben, doch ich bin gescheitert. Sicherlich mache ich etwas falsch. Ich frage mich: was?" Er beklagt sich nicht als Verhinderter des Lebens, sondern bekennt sich – unausdrücklich – als einer, der es (bisher) nicht verstand, recht zu leben. Er will lernen. Als Gast der Philosophischen Praxis ist er willkommen.

Was ist die Differenz?

Während der Klient der Therapie unterstellt, das Leben sei etwas, was „normalerweise" gelinge, sofern es nicht daran gehindert wurde oder schlechtem Einfluß ausgeliefert war, ahnt der Besucher der Philosophischen Praxis, daß das Leben geführt, bestanden, gemeistert werden muß, soll es gelingen. Gewohnheitsgemäß heruntergelebt und abgehaspelt, verschlissen in den prosaischen Routinen des Alltagslebens, gedankenlos verheddert zwischen hier und da – wird es grau und fad, fahrig, flüchtig, schal und zuletzt zur nichtssagend ablaufenden Frist. Den so bloß hingebrachten Tagen fehlt das Schwergewicht, das uns – wie der Kiel das Boot – aufrecht gehen ließe; die Mitte, in der wir hingen wie in Angeln; die Spannung, in die uns unser weit hinaus gestecktes Ziel versetzte. Ohne Gegenhalt und Anspruch an sich selbst gerät das Leben unter das Diktat der kleinen, läppischen Wünsche, tappt es jetzt auf gleich voran und träumt von besseren Tagen, als fielen die in den Schoß. Der Entschluß, der fällig wäre, wird vertagt, der Anfang, der gemacht sein will, muß wieder einmal warten, und unbemerkt vergeht der Augenblick, einer wie der andere.

Währenddessen bleibt die eine Frage ausgesperrt, die berufen ist, philosophisch in Unruhe zu versetzen: Das ist die Frage, worauf es letztlich oder erstlich ankommt oder was das Leben als der Ernstfall wäre. Einzig der, dessen Leben als Antwort auf diese Frage Gestalt annimmt, findet zur Heiterkeit, die der Gelassenheit, und zur Leichtigkeit, die besonnener Einsicht sich verdankt. In ihrem Dienst steht Philosophische Praxis. Sie führt die Lebenskönnerschaft im Schilde. Und Sie fragen jetzt vielleicht: Nicht die Lebenskunst? Nein.

Was ist die Differenz?

Um rasch die naheliegendesten Mißverständnisse auszuräumen und Verwechslungen auszuschließen, will ich der Lebenskönnerschaft kurzgefaßt ein erstes Profil durch den Kontrast zur gegenwärtig populären „Lebenskunst" geben. Das ist eine Umständlichkeit, die mittlerweile nötig wurde, nachdem der Begriff, den ich vor mehr als fünfzehn Jahren - übrigens auf einem Kolloquium der „Gesellschaft für Philosophische Praxis" - aus seinem mehrhundertjährigen Dornröschenschlaf geweckt hatte, inzwischen in schlechte Gesellschaft geraten ist und infolge seiner Popularisierung seinen philosophisch anspruchsvollen Gehalt verlor. Und damit zur kennzeichnenden Unterscheidung:

> „Die Idee der Lebenskunst ist das *Glück;* die der Lebenskönnerschaft hingegen, des Glückes *würdig zu sein.*
> Der Lebenskünstler *gestaltet* sein Leben, der Lebenskönner *bewährt sich.*
> Der Lebenskünstler *setzt sich durch,* der Lebenskönner *steht ein* für das, was recht ist.
> Der Lebenskünstler ist *beweglich,* der Lebenskönner *aufrecht.*
> Der Lebenskünstler *gibt* seinem Leben einen *Sinn,* der Lebenskönner *erfüllt* ihn.
> Lebenskunst sucht den *Genuß* des Lebens; Lebenskönnerschaft sucht vom falschen, faden, auch fadenscheinigen Leben *zu genesen.*
> Weiß jener, *aus der Not eine Tugend* zu machen, bewährt dieser *die Tugend in der Not.*
> Lebenskunst flieht den *Schatten* und sucht das *Licht;* Lebenskönnerschaft flieht das *Zwielicht,* sucht *Licht und Schatten.*
> Gibt der Lebenskünstler auf die Frage des Lebens eine *Antwort,* sucht der Lebenskönner die *Frage,* deren Antwort das Leben ist."[3]

Vielleicht jedoch ist mit alledem noch nicht das Entscheidende gesagt. Und das ist: Lebenskönnerschaft ist mehr als kluge, womöglich weise Sorge um sich, sie ist vielmehr lebenspraktisch bewährte *Weltkenntnis.* Niemand ist ein Könner des Lebens, der nicht die Verhältnisse recht einzuschätzen weiß, in denen er sein Leben zu bestehen und zu bewähren hat. Was nicht heißt, daß er die Umstände nähme, wie sie sind, um sich darin einzurichten, wie es am bequemsten ist. Das ist Sache der findigen Lebens*klugheit,* die sich der Mittel im Dienste beliebiger Zwecke bedient: Um ihren Reibach zu machen, nimmt sie die Verhältnisse ohne weitere Bedenken, wie sie liegen. Der Verstand, Organ der Klugheit, passe sich der Welt an, sagt Joubert, „Weisheit sucht Einklang im Himmel".[4] *Weisheit* aber ist die Wegweiserin der Lebenskönnerschaft, und anspruchsvoller läßt sich nicht bestimmen, was ihr als Auftrag gilt.

Was ist - zum dritten Mal – die Differenz?

Lebenskönnerschaft sucht nicht in erster Linie den Erfolg, und schon gar nicht sind ihr alle Mittel recht, sofern sie ihm zu Diensten sind. Sondern sie besinnt sich auf die Zwecke. Damit widersetzt sie sich dem herrschenden Zynismus, der mit der schlechten Wirklichkeit paktiert. Sie heult so wenig mit den Wölfen, wie Sokrates den Richtern nach der Pfeife tanzte. *Das* heißt,

---
3  Aus: Gerd B. Achenbach, Lebenskönnerschaft, Freiburg-Basel-Wien 2001; 2.Aufl. Köln 2009.
4  Die französischen Moralisten, Bd. 2: Galiani, Rivarol, Joubert, Jouffroy, hg. und übersetzt von Fritz Schalk, München 1974, S. 246.

sie suche Einklang mit dem Himmel: Lebenskönnerschaft sucht so zu leben, daß sie vor der letzten Instanz besteht, und sei es die fernste. Und wissen wir nichts von ihr – wie dies wohl wirklich der Fall, jedenfalls *unser* Fall ist –, so antizipiert der Lebenskönner ihren Wink, was er vermag, indem er sich erinnert. Was gelten solle, mögen *wir* nicht mehr wissen – die Besten hingegen wußten es und standen ein dafür. An ihnen, den Besten, den Vorbildlichen und Geraden, an denen, deren Ungehorsam ihre Ergebung war, deren Zweifel am Getriebe sich dem Glauben an das Rechte verdankte, an ihnen nimmt der Lebenskönner Maß. So hält er der Tugend die Treue, die das andere Wort für Vorzüglichkeit war, und befreit er sich aus dem halb-halben Mittelmaß des sozialisierten Menschentiers. Er geht den schmalen Weg und durch die enge Pforte. So entgeht er der Unmündigkeit, in der uns heute nicht das obrigkeitliche Wort von oben hält, in die uns vielmehr das freundlich-seichte Gerede in der Breite und auf den öffentlichen Meinungsbühnen einlullt. Im Gegensatz zu diesem Wabern des Meinens gilt: Philosophie ist der Mut, anders zu denken. Was nicht heißt: beliebig. Weder der Charme der Abweichung noch der Reiz des bloß Interessanten rechtfertigt das Gedachte, sondern daß es an den längsten roten Faden des sich entwickelnden Denkens anschließt, der den Erinnernden als die Geschichte des Geistes gegenwärtig ist.

Soviel zunächst als eine erste, übersichtliche Annäherung. Nun aber die Frage: Welche Probleme handelt sich die Philosophische Praxis ein, indem sie mit ihrem Gast die Spur zur Lebenskönnerschaft sucht und nicht etwa die Gesundheit oder die bloße Abwesenheit von Störungen, die Beseitigung von Klagegründen usw.?[5]

Sie steht – in praktischer Hinsicht – erneut vor dem sehr alten Problem, das Sokrates bereits beschäftigte, nämlich vor der Frage, ob Tugend „lehrbar" ist. Jetzt lautet sie:

Ist Lebenskönnerschaft in der Beratung zu vermitteln?

Das erste, denke ich, das dazu notwendig ist, ist der Mut zur Einsicht, daß wir und inwiefern wir Dilettanten, in welcher Hinsicht wir Stümper, in welchem Belang wir Anfänger sind. Und es gehört das Selbstbild dazu, ein Lernender zu sein. Es ist damit dasselbe wie mit den Tugenden: Sie lassen sich schwer plausibel machen, wenn ihre Gegenbegriffe, die Laster, aus dem sprachlichen Verkehr gezogen sind und darum undenkbar wurden. Das aber ist geschehen.

---

[5] Vor allem aber soll nicht übersehen werden: Lebenskönner ist in erster Linie eine Anforderung, die an den philosophischen Praktiker selbst gestellt ist: Nur der Lebenskönner wird in der Lage sein, den Ansprüchen, wie sie an den Philosophen in der Praxis gestellt werden, gerecht zu werden.

Und das erschwert zunächst ebenso die werbende Rede von der Lebenskönnerschaft: Ist auch nur ein Gedanke daran möglich, sofern es untersagt ist, mit prüfendem Blick zu fragen, ob es Lebens-Versager gibt, Nichtkönner eben? Und setzte dies nicht voraus (macht Euch auf eine lange Aufzählung gefaßt!), daß sich die ganze Phalanx der Laster, daß sich Unbelehrbarkeit, Verstocktheit und Verbiesterung, Neid, Häme, Gehässigkeit, Mißgunst, Zynismus, Faulheit, Trägheit, Unaufmerksamkeit, Verschlossenheit, Verständnislosigkeit, Dumpfes, Borniertes, Verbummeltes, Beschränktes, Rohes, Albernes, Lächerliches, Kleinkariertes, Engstirniges, Enges, Kurzsichtiges, daß sich Arroganz, Unzuverlässigkeit, Unaufrichtigkeit, Verlogenheit, Unkontrolliertheit, Fahrigkeit, das Aufbrausende, Launische und Zickige, das Haltlose und Hinterhältige, das Intrigante, Egoistische und Ungerechte, daß sich Egozentrik, Egomanie, Rechthaberei, Übelrederei, Gefühllosigkeit, Rücksichtslosigkeit, Verdorbenheit, Lässigkeit (wo sie nicht hingehört), Säumigkeit (wo Entschluß und Handeln nötig wären), daß sich die Unfähigkeit zu verzeihen, zu Nachsicht und Wohlwollen, daß sich Abseitiges, Versponnenes und Lebensuntüchtiges, daß sich Ängstlinge, Verkrochene, Mißtrauische und Argwöhnische, Kleinmütige und Hochmütige, Verhauste, Muffelige, Spießer, Dogmatiker und Fanatiker, Krämerseelen und Gierige, Überhebliche und Eingebildete, Stupide und Einfallslose, daß sich (um im Ton wieder vornehm zu werden ...) Unbesonnenheit, Mutlosigkeit, Unbedachtheit, Torheit (ein offenbar ganz ausgestorbenes Wort, wobei dies nur das Wort betrifft ...) und Narrheit (für sie gilt dasselbe) – beim Namen nennen ließen?

Mit der langen Aufzählung verfolgte ich eine Absicht. Ich wollte verständlich machen, daß in der Philosophischen Praxis vom Praktiker die Fähigkeit verlangt wird, seinen Gast auf Falsches, Verworrenes, Fehlgehendes aufmerksam zu machen, ohne ihn zu entmutigen oder ihn zu nötigen, sich zu „verteidigen" oder „seine Ehre zu retten". Wie sich freilich ein solches Vermögen erwerben lasse, ist eine Frage, die allzu langwierige Erörterungen nötig machte, die sich jedenfalls im Rahmen eines zeitlich knapp bemessenen Vortrags nicht ausführlich beantworten läßt. Vielleicht an dieser Stelle statt dessen zumindest ein Wink, eingeleitet von einem Wort Goethes:

> „Wenn wir die Menschen nur nehmen, wie sie sind, so machen wir sie schlechter. Wenn wir sie behandeln, als wären sie, was sie sein sollten, so bringen wir sie dahin, wohin sie zu bringen sind." [6]

Das heißt? Nur wer als Philosophischer Praktiker seinen Gast nicht mit dessen offenkundiger Wirklichkeit verwechselt, oder – um dasselbe poetischer auszudrücken: Nur wer es vermag, mit gelassener Unbeirrbarkeit den anderen so zu sehen, „wie Gott ihn gemeint hat"[7] – in der heute abverlang-

---

6  Goethe, Wilhelm Meisters Lehrjahre, Weim. Ausg. VIII. 4.
7  Diese zauberhafte Wendung verdanke ich Paul Stöcklein (Wege zum späten Goethe, Darmstadt 1973, S. 28): „Liebe sieht einen Menschen, wie Gott ihn gemeint hat."

ten Weltfassung: wie er seiner „Bestimmung" entspräche ... -, darf sich die Aufklärung erlauben, die unausweichlich als Kritik und Einspruch aufgefaßt werden wird. Doch hier hilft eines: Das Falsche, als das Verfehlte und minder Wahre, verliert in solcher Betrachtung sein Schwergewicht, es wird zum Stoff, aus dem die Komödie gemacht wird, und darum bietet es sich als das Betätigungsfeld des Humors dar. Der paktiert schon mit der potentiellen Könnerschaft des Gastes, wenn er dessen Unvermögen als komische Realität sehen läßt.

Doch wie ich sagte: Das ist ein heikles und ausführliche Behandlung verlangendes Kapitel. Soviel aber ist sicher: Die Philosophische Praxis wird die Frage zu beantworten haben, wie eine heilsame Kritik möglich ist, und das ist eine Nennung des Falschen, die nicht lähmt, sondern Zuversicht bestärkt, die nicht mutlos, sondern Mut macht.

Nun das Zweite: Unterstellen wir, es sei zur Einsicht des Verkehrten zu verhelfen – wäre damit zugleich die alte Frage entschieden, ob Könnerschaft lehrbar ist?

Zunächst: Wir können niemanden zum Könner *machen*. Wir können ihm einzig helfen, ein Könner zu werden. Und darum die Frage: Was vermögen wir unsererseits dazu zu tun?

Ich wähle ein Beispiel. Wie wird einer ein Meister des Schachspiels? Sicherlich reicht die Kenntnis der Regeln, die sich unterrichten lassen, nicht aus. Die jeweilige Kenntnis der richtigen, guten, bestenfalls der jeweils *besten* Züge ist nicht einfach die der „zulässigen" oder „erlaubten". Dies beiläufig zu bemerken ist, denke ich, sinnvoll, um unsere Bemühungen um Lebenskönnerschaft nicht mit dem zu verwechseln, was gegenwärtig als sogenannte „Ethik" Konjunktur hat, denn dabei geht es aktuell zumeist um die Entscheidung der Frage, was „zulässig", was „unzulässig" ist. Richtig in diesem Unterscheidungssinne wären alle Züge, die nicht gegen die Regel verstoßen. Aber: Das sind eben noch nicht die guten Züge. Und ein Meister wird sagen: Der Zug, den du da gespielt hast, war zwar erlaubt, doch er war falsch. Warum? Weil es einen besseren gegeben hätte. Eventuell kann er sogar sagen: „Schau mal, dies ist der einzig richtige Zug in deiner Lage."

Soweit sieht es so aus, als biete sich das Schachspiel tatsächlich als glänzendes Beispiel für Fragen der Lebenskönnerschaft an. Ein Lebenskönner ist ja nicht schon der, der ausschließlich tut, was er darf. Das kann ein Langweiler sein, ein Spießer, ein Pedant.

Genausowenig werden wir sagen, ein Lebenskönner sei schlicht der, der sich an das jedermann Gebotene halte. Wir mögen ihn dafür loben, im Grunde aber erwarten wir solche Korrektheit als „selbstverständlich", so wie wir erwarten, daß einer, mit dem wir spielen, nicht mogelt. Soweit handelte es sich also noch um eine Frage der Regeln, moralischer Gebote, Pflichten, um

Vorschriften, die „der Anstand gebietet", um „Üblichkeiten", die zu beachten sind, usw.

Lebenskönnerschaft aber meint mehr: Nämlich verstehen, *gut* zu leben – und wäre das dasselbe, was einer meint, der sagt, der Meister des Schachs verstehe, gut zu spielen?

Ja und nein. Die Differenz ist: Im Falle des Schachspiels ist bereits entschieden, was – und damit, nach welchen Regeln – gespielt wird. Und außerdem ist klar, worum es geht, darum nämlich, am Ende zu gewinnen. Nicht so im Falle des Lebens. Die noch bedeutendere Differenz freilich ist eine andere: Das Schachspiel, so sehr es sich auf den ersten Blick als Beispiel anbieten mag, wird eben doch nur von einem Vermögen bestimmt und entschieden; nennen wir es den Intellekt. Reine Rationalität und rechnendes Kalkül entscheiden. Darum war es möglich, Schachprogramme für Computer zu schreiben, die selbst überdurchschnittlichen Spielern keine Chancen mehr lassen.

Lebenskönnerschaft hingegen ist keine reine Frage strengen, folgerechten Denkens und rationaler Kalküle. Oder werden wir jemanden einen Lebenskönner nennen, der sagt: er wisse wohl, er habe allen Grund, sich zu freuen – aber er freue sich nun einmal nicht? Und nun die Frage, die uns beschäftigt: Wie wollten wir ihn „lehren", Freude zu empfinden?

Ein anderer sagt, er liebe das Leben nicht. Wüßte etwa einer ein Argument, das ihn „überzeugt", so daß er sich eines Besseren besinnt und fortan das Leben liebt?

Ist deutlich, worauf es hinausläuft? Was in allen diesen lebensrelevanten Verfassungen fehlt, ist nicht ein Wissen, das sich in der Form von Sätzen oder dozierbarer Kenntnisse vermitteln ließe. Was also fehlt? Und, was immer es sei, wäre der Philosoph in der Philosophischen Praxis nicht zuständig für das, was da fehlt, mithin für anderes und mehr als für ein Sach- und Satzwissen? Darf ich an dieser Stelle einflechten, daß wir mit der Bemühung um Lebenskönnerschaft zu einer (weitgehend vergessenen) Aufgabe der Philosophie zurückfinden, die ihr mehr als Einsichten und Theorien abverlangte, die wahr oder falsch sein mögen, die sich vielmehr in die Frage kleiden ließe: Wie ist der Mensch zu „erreichen"? Aristoteles hat mit nur gelinder didaktischer Übertreibung beschieden:

> „Wir wollen nicht wissen, was Tapferkeit ist, sondern wollen tapfer sein, und nicht, was Gerechtigkeit ist, sondern gerecht sein – genauso, wie wir auch lieber gesund sein wollen als erkennen, was gesund sein ist ..."[8]

---

8 Aristoteles, Eudemische Ethik, I, 5.

Philosophie, die einer solchen, vielleicht der anspruchsvollsten Aufgabe gewidmet ist, gibt sich beispielsweise mit Fragen des folgenden Typs zu erkennen. Ich zitiere Paul Feyerabend:

> „Was hilft ein Argument, das die Leute kalt läßt?"[9]

Ein entsprechender Aphorismus von Hans Kudszus lautet:

> „Wo wir ein Hirn nicht überzeugen können, haben wir ein Herz nicht zu bekehren vermocht."[10]

Hört Ihr heraus, wie dieser Ton das Problem räsoniert, das unsere Frage ist? So redet, wer sich fragt, wie einer *gut* wird – oder was den Weg zur Lebenskönnerschaft bereite. Und ich erörtere im Moment, welche Art Wissen oder Philosophie oder Philosoph im Hinblick darauf hilfreich ist. Was vermag Philosophische Praxis in dieser Hinsicht zu erreichen – und wie?

Wir kennen die Antwort des Sokrates, die Xenophon überlieferte. Die Frage, was Gerechtigkeit sei, beantworte er tagtäglich, so der Meister zu Hippias, allerdings „nicht durch Worte, sondern durch die Tat lege ich es an den Tag".[11]

Das war die einzig überzeugende Lehre. Die Schüler des Sokrates machten eine Erfahrung, an einem beeindruckenden, lebenden Beispiel sahen und erlebten sie, was Lebenskönnerschaft ist, sie erlebten es mit, und das blieb nicht ohne Wirkung. Sokrates wirkte – um die Zitate von eben wieder aufzunehmen –, sofern er „die Herzen bekehrte", was erst die Köpfe bereit machte, „Argumente" in der rechten Weise sich zuzueignen. Was er sagte, gewann Gewicht, indem es die Leute „nicht kalt ließ". Kurz: Die Person beglaubigt die Sache.

Und das gilt nicht nur für ihn, das gilt so für alle „maßgebenden Menschen" (wie Jaspers sie nannte), für Konfuzius, für Buddha, für den Nazarener, für Franz aus Assisi und für andere, denen wir eine Vorstellung vom Menschenmöglichen verdanken, indem sie waren, was sie sagten, indem – es ist nicht nötig, die Anspielung zu scheuen – ihre Worte „Fleisch wurden".

Um eine Conclusio zu wagen: Was den Menschen erreicht, sind Gestalten und Geschichten. An ihnen wird verständlich, was Weisheit ist – und dies in einer Weise, die nicht „kalt läßt".

Wenn die Frage also lautet, wie in der Philosophischen Praxis zur Lebenskönnerschaft verholfen werden könne, so werde ich – freilich noch sehr unspezifisch – zunächst einmal antworten: durch Beispiele und Erzählungen.

---

9 Paul Feyerabend, Wider den Methodenzwang, 1978, S. 38.
10 Hans Kudszus, Ja-Worte, Nein-Worte, 1970, S. 42.
11 Xenophon, Erinnerungen, IV, 4.

Walter Benjamin hat sie das eigentliche Medium des Rats genannt. Ich zitiere:

> „Jede wahre Erzählung führt, offen oder versteckt, ihren Nutzen mit sich. Dieser Nutzen mag einmal in einer Moral bestehen, ein andermal in einer praktischen Anweisung, ein drittes in einem Sprichwort oder in einer Lebensregel – in jedem Fall ist der Erzähler ein Mann, der dem Hörer Rat weiß. Wenn aber ‚Rat wissen' heute altmodisch im Ohre zu klingen anfängt, so ist daran der Umstand schuld, daß die Mitteilbarkeit der Erfahrung abnimmt. Infolge davon wissen wir uns und andern keinen Rat. Rat ist minder Antwort auf eine Frage als ein Vorschlag, die Fortsetzung einer (eben sich abrollenden) Geschichte angehend. Um ihn einzuholen, müßte man sie zuvörderst einmal erzählen können. (Ganz davon abgesehen, daß ein Mensch einem Rat sich nur soweit öffnet, als er seine Lage zu Wort kommen läßt.) Rat, in den Stoff des gelebten Lebens eingewebt, ist Weisheit."[12]

Sie dürfen diese Passage unter die Wegweiser zur Philosophischen Praxis rechnen. Ganz entsprechend habe ich übrigens in meinem Buch zur „Lebenskönnerschaft" Erzählungen in den Mittelpunkt gestellt. Denn die Lebenskönnerschaft geht zur Weisheit in die Schule, und was sie dort zu hören bekommt, sind Geschichten. Warum? Weil Geschichten den Sinn fürs Individuelle, für das unvergleichlich Richtige entwickeln helfen. Sofern wir aber diesen Sinn entwickeln, fördern wir unser Vermögen, uns im Leben und mit dem Leben auszukennen und es schließlich vorbildlich zu meistern. Auf diesem Wege geht es zur Lebenskönnerschaft.

Noch einmal will ich ein Beispiel bemühen. Wie „lernt" einer zu komponieren? Hört Euch die Sinfonien Beethovens an! Keine, die nicht für sich stünde, einen eigenen, einmaligen Charakter hätte. Das große Kunstwerk, heißt es, ist *sui generis*, nicht „der Fall" einer allgemeinen Art oder Regel, sondern „ein Fall für sich". Die Wissenschaft mag sich um eine „Theorie der Sinfonie" bemühen – der bedeutende Komponist schreibt jeweils *diese eine*.

Doch jetzt die Frage, die uns interessiert, sie interessiert uns im Blick auf Lebenskönnerschaft und unsere Frage, wie wir Lebenskönner werden: Was hat den Komponisten denn dazu instand gesetzt? Wie wurde er ein Könner der Musik? Kaum wird er diese *eine* Sinfonie gemäß einer „Theorie der Sinfonie" oder nach einer Regelvorlage „Wie komponiert man Sinfonien?" geschrieben haben. Er orientiert sich also nicht an einem Schema. Denn dabei käme nichts als Massenware heraus.

Nein, er hat es auf anderem Wege dahin gebracht (von Talent, Genie, Begnadung – wie man einst sagte – einmal abgesehen). Er hat viele Meisterwerke gehört und studiert, er kennt die bedeutenden Werke allesamt, und zwar als Individuen. Er kennt, mit anderen Worten, Vorbilder, ohne sie als Vorlagen zu benutzen, und „kopieren" wird er schon gar nicht, was er bewundert. Beethoven hat sehr genau hingesehen, wie Bach und Mozart und Haydn

---

12 Walter Benjamin, Der Erzähler, in: drs., Gesammelte Schriften, Bd. II/2, S. 442.

komponierten. Und was hat er aus Bach und Haydn und Mozart gemacht? Beethoven!

So lernen wir zu leben von denen, die vorzüglich lebten. Seit alters hießen sie die Weisen und wurden sie als die Weisen verehrt. An ihnen orientiert sich die Philosophische Praxis. Mit ihnen eröffnet sie die Spur, die zur Lebenskönnerschaft führt.

Was man nicht bespricht, bedenkt man nicht recht.

*Johann Wolfgang von Goethe*

## Gesprächskönnerschaft

Von Gesprächskönnerschaft soll die Rede sein, wobei diese Wendung wohl zunächst einmal irreführend ist, insofern sie suggeriert, der Begriff sei bereits „im Gespräch", was nicht der Fall ist. Vielmehr will ich ihn erst „ins Gespräch bringen", so wie vor einiger Zeit das seinerzeit ebenfalls noch unbekannte Wort „Lebenskönnerschaft".

Darum zunächst: Warum „Gesprächskönnerschaft"? Warum nicht „Das professionelle Gespräch" oder „Gesprächsprofession"? Ist nicht, nach gemeinem Verständnis, der „Professionelle" der „Könner", wonach dann „Profession" und „Könnerschaft" ein und dasselbe wären? Die Redensart spräche dafür: Der ist „Profi", der kann's.

Doch da tut sich eine Falle auf, die ich mit dem Titel „Gesprächskönnerschaft" gerade zu umgehen suche: Werden wir wirklich – vor allem: Werden wir in jedem Falle sagen, jemand könne etwas, *da* es sein Beruf, *weil* es seine Profession ist? Dann genügte ja der Hinweis darauf, daß einer einen Beruf hat, um damit auch schon festgestellt zu haben, was er kann und wie er's kann. Doch wir wissen natürlich: Es gibt in jedem Beruf, so unter allen Professionellen, Könner und Nicht-Könner, Meister und Stümper. Also gibt es solche, die in ihrer Profession „gut" sind, und andere sind „besser", wieder andere „besonders gut", nochmals andere hingegen sind bloßes Mittelmaß, und manche „schlechter" oder einfach „schlecht"; da gibt es den erfahrenen Experten, hier den Anfänger in seiner Disziplin usw. usf. – in allen diesen Fällen aber wäre dann die jeweilige „Könnerschaft" das Maß, an dem wir sie als Professionelle messen, was umgekehrt nicht möglich ist. Denn ob einer in einer Sache „gut" und „ein Könner" ist, entscheidet sich nicht daran, ob er Profi ist und seine Sache professionell betreibt.

Entsprechend ist selbstverständlich auch nicht schon jedes „professionell" geführte Gespräch ein gutes, ein gekonntes Gespräch. Vielmehr ist durchaus sogar umgekehrt denkbar, daß Gespräche gerade darum *schlechte* Gespräche sind, *weil* sie die Gespräche von Professionellen sind.

Jedenfalls werden wir diese Möglichkeit nicht einfach ausschließen können. Denn ist das nicht die Erfahrung, die wir heute beispielsweise machen, wenn wir uns sogenannte „Talkshows" ansehen und anhören – oder *antun* –, die mit Gesprächsrunden-Profis besetzt sind? Oder – vielleicht ist dies sogar das ernstere Problem: Könnte es sein, daß Gespräche gerade *durch Routine beschädigt* werden, die aber, vor allem, ist die Sache der Professionellen?[1]

Soviel als vorausgeschickte Frage und als angedeutete Rechtfertigung des ungewöhnlichen und eben darum erläuterungsbedürftigen Titels.

---

1 Siehe dazu ausführlicher: Gerd B. Achenbach, Routine ist der Schlaf des Denkens: https://www.achenbach-pp.de/de/philosophischepraxis_text_Routine.asp.

Und nun als kurze Übersicht, was im Folgenden zur Sprache kommen soll. Ich will für das *Zuhören als die Seele des Gesprächs* werben, ich möchte dafür einen neuen Begriff lancieren, und zwar den der *Eingelassenheit*, und danach soll *von Zustimmung und Widerspruch* die Rede sein, die beide zu einem guten Gespräch gehören und somit ins Zentrum der Philosophischen Praxis.

## Zuhören ist die Seele des Gesprächs

Ein deutsches Sprichwort sagt: „Schwatzen lernt man früher als zuhören." Und übrigens zu *hören* auch eher als *zuzuhören*. Das bloße Hören ist eine Gabe der Natur, das Zuhörenkönnen hingegen ein Vermögen, über das nur wenige verfügen: denn das fällt niemanden zu, das muß als Fähigkeit erworben werden, oder: Zuhören will gekonnt sein, zuhören zu können ist Sache der Gesprächskönnerschaft.

Sehr eindrucksvoll hat dies Goethe in seinen Wahlverwandtschaften Ottilie in ihr Tagebuch notieren lassen:

> „Sich mitzuteilen ist Natur; Mitgeteiltes aufzunehmen, wie es gegeben wird, ist Bildung."[2]

Und es ist mehr. Tatsächlich nämlich ist es *die Grundlage* jeden Gesprächs. Sind da zwei, und der eine der beiden spricht, der andere jedoch hört ihm nicht zu, wird daraus kein Gespräch. Ja, man könnte einleitend sagen: Das Gespräch beginnt mit der Bereitschaft und der Fähigkeit zuzuhören. *Sie* machen den Anfang, *nicht* das Sprechen. Neuerdings hat Byung-Chul Han in „Die Austreibung des Anderen" (Frankfurt a. M. 2016) dankenswerterweise darauf aufmerksam gemacht, daß es eben daran heute fehlt und daraus geschlossen, es könne „in Zukunft" einen Beruf geben, der *Zuhörer* heißt. Er hat damit für „möglich" ausgegeben, was es als die Philosophische Praxis tatsächlich gibt.[3]

Warum?

Finge es mit dem Reden an, machte den Anfang, was ebenso ohne den anderen möglich ist: Ich kann allein reden, aber zuhören kann ich nur einem andern. Wer spricht, spricht *gesprächsweise* erst, sobald er einen Zuhörer findet. Wobei ich es vorziehe in unserem Fall, statt vom *Zuhörer* vom *Zuhörenden* zu sprechen. Denn dieses abgeleitete Substantiv hat unüberhörbar die Nähe zum Verb, zum Tätigkeitswort, zum „Zuhören" also, bewahrt. Und darauf kommt es an, darauf, Zuhören als Tätigkeit und als Aktivität zu verstehen.

---

2 Goethe, Hamb. Ausg. Bd. 6, S. 384.
3 „In Zukunft wird es womöglich einen Beruf geben, der *Zuhörer* heißt. Gegen Bezahlung schenkt er dem Anderen Gehör. Man geht zum Zuhörer, weil es sonst kaum jemand mehr gibt, der dem Anderen zuhört. Heute verlieren wir immer mehr die Fähigkeit des Zuhörens. Vor allem die zunehmende Fokussierung auf das Ego, die Narzifizierung der Gesellschaft erschwert es." (S. 93).

„Höre geduldig den an, der mit dir spricht", sagt der weise Heykar in „Tausend und eine Nacht", „und beeile dich nicht, ihn zu unterbrechen. Man fängt keine Unterhaltung mit Antworten an."

La Rochefoucauld, der französische Moralist, hat gemeint, „einer der Gründe, warum man so selten Leute" treffe, „die im Gespräch verständig und angenehm erscheinen", sei der, „daß es fast niemanden gibt, der nicht mehr an das dächte, was er (selbst) sagen will", als daran, was ihm gerade gesagt wird. „Die Feinsten und Gescheitesten" begnügten sich „mit der Miene der Aufmerksamkeit, während man ihren Augen" ansehe, wie sie längst bei dem sind, was sie ihrerseits sagen oder entgegnen wollen.[4]

Wenn ich nun sagte, zur Gesprächskönnerschaft gehöre zuerst das Zuhörenkönnen, so möchte ich jetzt ergänzen, äußerstenfalls könne dieses Zuhören sogar ein langes, wie man auch sagt, ein „tiefes" Schweigen sein.

So kommt es schon einmal vor, daß ein Gast in der Philosophischen Praxis, nachdem er eine Weile lang erzählt und berichtet hat von seinen Problemen, zu mir sagt: „Sie sagen ja gar nichts." Was dann wiederum meinerseits beispielsweise die Auskunft nahelegt: „Ja, Sie haben recht – ich denke nach." Womit immerhin klar wird, daß dem anderen zuzuhören den Anspruch stellt, ihn zu verstehen, was mehr ist, als zu hören, was er sagt. Es heißt vielmehr, daß, was er mir mitteilt, mir zu denken gibt. Was er *denkt,* denke ich als Zuhörender *nach*, gewissermaßen noch einmal. Und das ist etwas anderes, als sich „Gedanken machen", wie man sagt, oder sich auf Gedanken bringen lassen, wie die andere Redensart lautet. Mit andern Worten: Was er sagte, ist für mich nicht der Anlaß, nun meinerseits etwas zu sagen, sondern zuerst – und solange ich Zuhörender bin – suche ich zu verstehen, wie er sich mir verständlich zu machen sucht, wie er verstanden zu werden sich wünscht. Das heißt verstehen, wie *er selbst sich* versteht. Das aber, wie man sagt, „versteht sich nicht von selbst", und schon gar nicht ist zu unterstellen, *seine* Weise, wie er sich zu verstehen gibt, entspreche *meiner* Art, wie ich mich zu verstehen gebe, so daß ein gewissermaßen „unmittelbares" Verständnis möglich wäre.

Dieses Verhältnis, daß ich als Zuhörender zu verstehen suche, wie er sich seinerseits versteht, wird in der Philosophischen Praxis durch ein Symbol verdeutlicht. Seitlich zwischen den beiden Sesseln, in denen dort mein Gast und hier ich als sein Gesprächspartner sitze, hängt an der Wand, gewissermaßen halb zwischen uns, ein Spiegel. Darin kann ich meinen Besucher sehen, der mir gegenüber Platz genommen hat, doch ich sehe ihn so, wie er *sich selbst* im Spiegel zu sehen gewöhnt ist: seitenverkehrt. Und das ist mit diesem Symbol ausgedrückt: Den Anblick des andern, wie ich ihn unmit-

---

4 La Rochefoucauld, Reflexionen oder moralische Sentenzen und Maximen, in: Die französischen Moralisten, hg. von F. Schalk, Bd. I, München 1973, S. 58.

telbar *vis-à-vis* vor mir habe, soll das Gespräch – wie ein Spiegel eben – „reflektieren", was mir in einem gewissen Rahmen – wie auch der Spiegel gerahmt ist und nur einen Ausschnitt bietet –, also sagen wir: was mir in Grenzen erlaubt, das „Selbstverständnis" meines Besuchers zu erahnen.

Mir lag daran, mit Nachdruck Einschränkungen zu betonen, also beispielsweise zu sagen: „in einem gewissen Rahmen", oder: „in Grenzen", weil auch ich nicht etwa *weiß*, wie der andere sich selbst versteht, vielmehr kann es allenfalls darum gehen, etwas davon zu *erahnen*.

Warum solche Vorsicht? Stehen nicht genug Theorien bereit, die uns das Zeug an die Hand geben, den Menschen zu entziffern? Ja, möchte ich da sagen, das ist zwar wahr, doch ist darauf zu achten, daß Theorien uns allenfalls *den Menschen* entziffern, nicht jedoch und niemals den *einen*, mit dem wir sprechen. Nur mit diesem jeweils einen aber ist überhaupt ein Gespräch möglich. Im Gespräch aber verstehe ich den andern nicht, indem ich weiß oder gelernt habe, wie andere die Menschen verstanden und ihr Verständnis in Theorien gefaßt haben, sondern dadurch, daß ich aufmerksam darauf bin, wie der andere sich mir zu verstehen gibt, in aller Regel allerdings nur zu verstehen geben *möchte*.

Denn das ist das nächste Problem jeden Gesprächs: Nicht nur für den Zuhörenden ist den andern zu verstehen schwierig und allenfalls in Grenzen möglich, sondern gerade ebenso gilt für den, der sich uns mitteilen möchte, ihm selbst fällt es in der Regel schwer, sich uns verständlich zu machen, und allenfalls gelingt ihm dies in Grenzen. Wenn darum ein vorwitziger Zuhörer gut gemeint aber leichtfertig versicherte, „Ja, ja, ich habe wohl verstanden. Ich verstehe sehr gut" usw., nähme er leicht, was dem andern schwerfällt. Und so hat er den anderen in seiner Not, nämlich der, sich angemessen auszudrücken, gerade *nicht* verstanden.

Sehrwohl aber wird solchen Schwierigkeiten die Einsicht Schleiermachers gerecht, der vom „eigentlichen" Gespräch meinte, zuallererst gehöre dazu das Bewußtsein, daß das Verständnis und Verstehen des andern ein ungeheuerlicher Anspruch sei, der uns alle und auch den Könner überfordert. Oder anders ausgedrückt: Es ist der Könner, der sich dieser Überforderung bewußt ist. Wir erkennen ihn daran. Und so macht seine Einsicht auch den Anfang, als Zuhörende verstünden wir allenfalls „etwas", vielleicht „einiges", manchmal „ein wenig" und manches „ansatzweise", nie jedoch „alles" und schon gar nicht „ganz und gar".

Die Gesprächskönnerschaft, mit andern Worten, beginnt damit, daß ich begriffen habe, wie schwer, außerordentlich selten, also eigentlich unwahrscheinlich wirkliches Verstehen ist. *Wer* das jedoch verstanden hat, verlegt sich eben deshalb zuerst einmal darauf, gut und aufmerksam zuzuhören. Darin bekundet er dem anderen Respekt. Goethe hat dies in diesem Sinne verstanden und mit feinsinniger Anspielung auf das überlieferte Theologumenon im Brief an Lavater mit dem Wort ausgedrückt:

„Individuum est ineffabile"[5]

Und ich? Bleibe noch ein wenig bei diesem Einstieg in das Gespräch, beim Zuhören also, das – so auch B.-C. Han – „kein passiver Akt" ist, sondern „ein Schenken, ein Geben, eine Gabe. Es verhilft dem Anderen erst zum Sprechen." Oder: „Ich höre zu, damit der Andere spricht." So sei das aufmerksame Zuhören „ein gastfreundliches Schweigen", das den Besucher einlädt, „sich freizureden".[6]

## Eingelassenheit

Zuzuhören, sagte ich, sei keine Passivität, sei vielmehr äußerste Aktivität; und dies so sehr, daß für sie, wie ich jetzt ergänzen möchte, eigens ein neues Wort erfunden werden sollte. Ich habe dafür einen Vorschlag: Ich würde solches Zuhörenkönnen als die eigentliche Tugend des Gesprächs „Eingelassenheit" nennen.

Dabei weiß ich natürlich, daß mein Vorschlag kaum Karriere machen wird. Neue Begriffe einzuführen ist ja auch keine Kleinigkeit. Dennoch will ich mir diese Empfehlung erlauben und erläutern, warum mir der Ausdruck gefiele, wenn es ihn gäbe.

„Eingelassenheit": das erinnert zunächst an Gelassenheit. Also an jene hohe Tugend der weisen Griechen und klugen Römer, ohne die niemand wirklich Zuhörer ist. Nicht nur, daß sie den Hörenden anhält, den anderen „zu lassen", ihm also Zeit einzuräumen und Ruhe zu gönnen, damit er ausreden kann, was er angesprochen hat; sondern Gelassenheit ist auch als die Fähigkeit nötig, zeitweilig von eigenen Wünschen, Gedanken und Vorstellungen Abstand zu nehmen, zu sich selbst auf Distanz zu gehen – jedenfalls solange wir Zuhörende sind. Zuhören heißt nämlich: „beim anderen" und zugleich „bei der Sache" zu sein, und zwar bei der, die eben jetzt „die Sache" des anderen ist.

---

[5] Goethes Werke, Weimarer Ausgabe, IV. Abteilung, Briefe, Bd. 4, S. 300.
[6] Byung-Chul Han, a.a.O., S. 93f. Anmerkung: Die Kunst des Zuhörens wird von Carl Zuckmayer durch ein eindrucksvolles Beispiel beschworen: Er habe auf langen Spaziergängen in Österreich sich zwar die Szenenfolgen des späteren „Hauptmann von Köpenick" zusammenphantasiert, doch dann, als Max Reinhardt ihn in einem Hotel traf und ihn fragte, woran er gerade arbeite – es existierte damals noch „kein einziges niedergeschriebenes Wort" –, da habe er plötzlich angefangen, „das Stück zu rezitieren, oder vielmehr: ich spielte es, stundenlang, mit allen Szenen und Figuren, oft von meinen eigenen Einfällen blindlings überrascht, es entstanden noch ungeplante Situationen, Dialoge, Aktschlüsse – das Stück war da. Es hatte, durch Reinhardts magisches Zuhören, mit dem er Menschen in eine Trance der Produktivität steigern konnte, Gestalt angenommen". (Als wär's ein Stück von mir. Horen der Freundschaft, Werkausgabe in 10 Bänden, Bd. II, Frankfurt a. M. 1966, S. 455.) „Magisches Zuhören": ein Ideal Philosophischer Praxis.

Drängt sich hingegen allzu aufdringlich das Eigene dazwischen, wird das Zuhören zur Qual und dem Redenden das Reden ebenso. Peter Sloterdijk fand dafür die böse scherzhafte Wendung: „Wer nicht hören will, läßt fühlen." Und wer ist es, der nicht hören will? Dem der Kram im eigenen Kopf um jeden Preis wichtiger ist als das, was er vom anderen erfahren könnte.

Doch zurück zu meinem vorgeschlagenen Kunstwort, zur „Eingelassenheit". Klingt darin nicht auch das Tätigkeitswort „einlassen" mit? Ich denke ja, und sogar in doppelter Form. Einmal nämlich transitiv als „einlassen" des anderen – wir lassen ihn zu uns herein im bildlichen Sinne, wenn wir ihm zuhören – und dann auch reflexiv als „sich einlassen" auf den anderen nämlich: Indem wir ihm wahrhaft zuhören, lassen wir uns auf ihn ein.

Und noch mehr. Es ist, als seien alle Assoziationen und Sinn-Evokationen willkommen, die das Wort in sich birgt. Wir lassen uns, hören wir zu, nicht nur *auf* einen anderen ein; im strikten Sinne läßt sich der Zuhörende vielmehr auch *mit* jemandem ein. Wir wissen, welche grundlegende Bedeutung diesem Aspekt in der Friedensdiplomatie zukommt: Wer sich an den Verhandlungstisch setzt und den Gegner auch nur anhört, läßt sich bereits „mit ihm ein"; selbst dann, wenn es beim Anhören bleibt und zum Zuhören noch nicht reicht.

Am treffendsten aber, scheint mir, wird das, was den Namen Zuhören wirklich verdient, mit dem geläufigen Bild erläutert, das vom Zuhörenden sagt, er „leihe" dem, dem er zuhört, „sein Ohr".

Wer sich diese Metapher ansieht, als begegne sie ihm zum ersten Mal, wird finden: Ein merkwürdiges Bild! Einem anderen, der für sich selbst nicht zu sprechen weiß, „seine Stimme leihen" – das ist leicht verständlich. So spricht einer mit seinem Mund für den anderen und wird Fürsprecher.

Aber „sein Ohr leihen"? Ist es denn so, daß der, dem ich zuhöre, selber keine Ohren hat, und nun braucht er meines zum Ersatz? Doch wohl nicht. Und dennoch ist das Bild genau zu nehmen: Wenn ich mein Ohr dem anderen leihe, „gehört" es ihm, ist es – wenn auch leihweise nur – *sein* Ohr. Doch, wohl gemerkt: Er „besitzt" es nur, zeitweilig, ohne daß es sein Eigentum wäre, mit dem er machen könnte, was er wollte. Es ist ein *geliehenes* Ohr, und gerade *nicht* das eigene. Aus der Sicht dessen, der das Glück hat, einen Zuhörer gefunden zu haben, heißt das also: Da hört ein Ohr, *als ob* es mir gehörte, und es ist doch nicht mein eigenes. Es ist mir, indem es mir zuhört, zugehörig und doch nicht eins mit mir – denn andernfalls wäre es, als führte ich Selbstgespräche. Oder: Der mir zuhört, ist mir nah und „bei mir" und ist doch zugleich ein anderer, hat mir nur sein Hören geliehen.

Besser als mit diesem Bild des ausgeliehenen Ohres ist kaum auszudrücken, daß nur der zuhört, der nicht hört, was er hören will, sondern: was der andere von sich hören läßt.

## Das Gehörte, Zustimmung und Widerspruch

Das aber, um nun einen weiteren Schritt zu gehen, ist die Voraussetzung für jegliche Erwiderung, für jeden Widerspruch, jede Gegenrede und jedes Bemühen, den anderen zu bewegen, sofern dies nötig sein sollte. Blaise Pascal hat dies deutlich gesehen. Ich zitiere:

> „Wenn man mit Erfolg entgegnen und einem anderen aufzeigen will, daß er sich irrt, muß man darauf achten, von welcher Seite er die Sache ansieht. Denn von hier aus gesehen, ist sie meist wahr; und diese Wahrheit muß man ihm zugeben, ihm dann aber die Seite aufzeigen, von wo aus sie falsch ist. Damit wird er zufrieden sein, denn er sieht, daß er sich nicht täuschte, daß er nur versäumte, sie von allen Seiten zu sehen."[7]

Dies scheint eine Regel guter Gesprächsführung zu sein, die so unvergänglich ist, daß – im wesentlichen und jetzt speziell auf das beratende Gespräch angewandt – Walter Benjamin Jahrhunderte später nahezu dasselbe sagen konnte, übrigens so prägnant und überzeugend, daß ich bei keiner Gelegenheit, die sich mir bietet, daran vorübergehen kann, ohne die Passage ungekürzt zu zitieren. Darum tue ich es jetzt auch wieder.

Sein Ratschlag zum beratenden Gespräch, den er als Stück seiner „Ibizenkischen Folge" veröffentlichte, lautet:

> *Nicht abraten.* Wer um Rat gefragt wird, tut gut, zuerst des Fragenden eigene Meinung zu ermitteln, um sie sodann ihm zu bekräftigen. Von eines anderen größerer Klugheit ist keiner so leicht überzeugt, und wenige würden daher um Rat fragen, geschähe es mit dem Vorsatz, einem fremden zu folgen. Es ist vielmehr ihr eigener Entschluß, im Stillen schon gefaßt, den sie noch einmal, von der Kehrseite gleichsam, als ,Rat' des anderen kennen lernen wollen. Diese Vergegenwärtigung erbitten sie von ihm, und sie haben recht. Denn das Gefährlichste ist, was man ,bei sich' beschloß, ins Werk zu setzen, ohne es Rede und Gegenrede wie einen Filter passieren zu lassen. Darum ist dem, der Rat sucht, schon halb geholfen, und wenn er Verkehrtes vorhat, so ist, ihn skeptisch zu bestärken, besser, als ihm überzeugt zu widersprechen."[8]

Der gut Beratene geht mit sich selbst zu Rate, der gut Ratende hilft ihm dabei. Das ist der Sinn des ratenden Gesprächs. Und ich finde es reizvoll und angebracht, mit einer kleinen Amplifikation des Benjaminschen Textes einige Merkmale der Gesprächskönnerschaft im Blick auf das beratende Gespräch zu skizzieren. Also:

„Wer um Rat gefragt wird ..." – richtig eröffnet Benjamin mit dem, was an den Anfang allen Rats gehört: Er muß erbeten sein. Rat, ungefragt erteilt, ist lästig, wenn nicht lächerlich. Einen guten Rat gebe er stets weiter, heißt es in Wildes „Ein idealer Gatte". Das sei das einzige, was man damit machen könne.

---

7 Pascal, Pensées Nr. 9.
8 Benjamin, Gesammelte Schriften, Bd. IV/1, S. 403.

Ebenso richtig ist Benjamins zweite Empfehlung: Es sei zunächst „des Fragenden eigene Meinung zu ermitteln". So hat sich, wer um Rat gefragt wird, vorderhand als Zuhörender zu bewähren, was im ersten Teil hinreichend deutlich, wie ich denke, entwickelt wurde. Doch nun die Frage: Was ist „zu ermitteln"? Des Ratsuchenden „eigene Meinung", wie Benjamin sagt? Womöglich sein „eigener Entschluß, im Stillen schon gefaßt"? Die Erfahrung in der Philosophischen Praxis lehrt mich, wenige suchten um Rat nach, kennten sie bereits ihre Meinung, der sie allenfalls nicht trauten, oder es wäre tatsächlich ein Entschluß schon halb gefaßt, in dem sie sich nur bestärken lassen wollten. Für gewöhnlich ist der Ratlose vielmehr verwirrt, ist ihm unklar, was er meinen soll, kennt er sich in seiner eigenen Geschichte weder aus, noch weiß er darin weiter. Hier ist vom Ratenden verlangt, ein Erratender zu werden: Als Hieroglyphen-Leser hat er zu entziffern, worauf es in dieser Geschichte und mit ihr hinaus will. Denn was als Rat gesucht wird ist die sinnvolle Vollendung, zumindest aber Fortsetzung dessen, was sich als die Geschichte des Ratlosen bisher zutrug. Nicht so sehr erhofft er sich, der Ratende wisse Bescheid, wohl aber, daß er weiter weiß. Und wenn er auch die „Lösung" nicht kennte, wäre viel gewonnen, wüßte er, welcher Knoten zu lösen ist. Das Leben, in das der Ratlose verstrickt ist, hat sich ihm darin verheddert.

Dann mag jene „Rede und Gegenrede" beginnen, die der gut Beratene seine Gedanken passieren lasse „wie einen Filter". Das Bild ist vorzüglich. Wer eines anderen Rat sucht, berät *sich* mit ihm, und doch ist dieser andere, der ihm „sein Ohr leiht", wie wir sagten, nicht nur Statist und schon gar nicht nur der geduldig Hörende. Vielmehr kommt jetzt alles darauf an, ob der Erzählende mit jenem anderen Ohr, das der Ratende ihm „lieh", seine eigene Geschichte anders hört, und wenn es ein feines, empfindliches Ohr ist, was ihm da zuhört, als sei er selbst es, der hört, wird er nun Zwischen-, Unter- und Obertöne vernehmen, die ihm bisher an seiner eigenen „Version" seines Unglücks oder Mißgeschicks entgingen.

Vor allem aber wird ihm, wie Benjamin sagt, die Unterredung mit dem Ratenden zum „Filter", den nicht der beliebige und erste Einfall, sondern einzig der geläuterte Gedanke passiert und der geprüfte Entschluß. Dazu ist erforderlich, daß der Ratende jemand ist, der Rat nicht weiß, sondern, wie der Ratsuchende selbst, Rat sucht. Wie nur der zum Schriftsteller berufen ist, dem das Schreiben schwer fällt, so ist ein guter Ratgeber, der weiß, guter Rat ist nicht nur „teuer", sondern selten und vielleicht nur ausnahmsweise einmal triftig. Der Ratschlag, fertig hingeworfen, wird hingegen ganz zu Recht verworfen. Der „allgemeine" Rat verfehlt das Unglück, das nur verstanden ist, wenn es als einmalig begriffen wurde. „Man behandelt nicht auf universelle Art, was Gott grundverschieden haben wollte", heißt es bei Gustave Thibon.[9]

Was aber ist mit Benjamins abschließendem Diktum, besser sei es, habe der Ratsuchende Verkehrtes vor, ihn darin skeptisch zu bestärken, als ihm überzeugt zu widersprechen? Werde ich mich diesem Gedanken anschließen können? Ja. Denn damit ist ausgesprochen, daß der, der Rat sucht, der Täter seines Lebens ist und auch als der Beratene bleibt. Daß der Ratende ihn skeptisch bestärkt, ist Einwand genug, und der mag zu denken geben. Was mehr ist, ist von Übel.

> „Der eine sucht einen Geburtshelfer für seine Gedanken", so Nietzsche in „Jenseits von Gut und Böse", „der andre einen, dem er helfen kann: so entsteht ein gutes Gespräch."[10]

Vielleicht ist das ja das Geheimnis des gekonnten Gesprächs, jedenfalls – sofern es ein gemeinsam Rat suchendes Gespräch ist.

## Geburtshelferschaft. Ein kurzer Rückblick auf Sokrates

Mit dem Stichwort, das ich mir von Nietzsche auslieh, der Geburtshelferschaft, habe ich mir die Möglichkeit eröffnet, zuletzt noch einen Blick zurück an den Anfang aller Gesprächskönnerschaft zu werfen. Und diesen Anfang werden wir üblicherweise mit dem Namen Sokrates verbinden und seiner Hebammenkunst oder Mäeutik.

Dabei ist zuerst daran zu erinnern, daß die Unterredungen dieses ersten Meisters des Gesprächs keine Einstimmigkeitsproduktionen und Konsensbereitstellungen waren, sondern die höchst riskante Überprüfung gängiger Meinungen, eingeschliffener Ansichten, überlieferter Urteile, traditionsehrwürdiger Geltungen, heiliger Normen und Gepflogenheiten und aller sonst üblichen Maximen – kurz: Das sokratische Gespräch betrit die Welt als eine Erschütterung und Verunsicherung, die den Meinungsinhabern listig ihr Wahrheitsbesitzertum streitig macht. Mit der ironischen Versicherung, er, Sokrates, wolle seine Mitunterredner auf solidem Grund und Boden in Sicherheit bringen, damit sie Halt unter den Füßen hätten, hat er sie tatsächlich aufs glatte Eis geführt mit seinen „Was-ist-Fragen" und seinem Insistieren darauf, was eine Sache denn nun eigentlich und wesentlich und in Wahrheit sei.

Dieser Traum, den zuerst wohl Sokrates träumte – wie nach ihm zahllose andere philosophische Meisterdenker –, war, auf dem Wege des Gesprächs zu bindend-gültigen Vernunftresultaten zu gelangen, die dann, einmal errungen, als fest eingezogene Fundamente und grundlegende Wahrheiten weiteren

---

9 Gustave Thibon, Nietzsche und Johannes vom Kreuz, Paderborn 1957, S. 44.
10 Nr. 135.

Gesprächen entzogen wären. Ihnen sollte vielmehr die Rolle des unumstößlichen Ecksteins zufallen, oder sie sollten als unangreifbare Berufungsinstanzen spätere Streitfälle schlichten helfen. Tatsächlich aber haben es selbst die strengsten philosophischen Gespräche zu solch prächtigen Resultaten nie gebracht – was in der Konsequenz bedeutet: Wir haben uns wohl darauf einzustellen, daß zwar *die Gespräche* dauern und bleiben werden, nicht hingegen die Resultate, die manche von ihnen erwarten, die sie aber nur von mal zu mal hervortreten lassen.

Darum auch kann – Jahrhunderte, genauer Jahrtausende nach Sokrates – der Philosoph Robert Spaemann, erklären, Sache der Philosophie sei es nicht, die Lösungen einfacher, sondern die Probleme schwerer zu machen.[11] Das ist Grundsatz philosophischer Gesprächskönnerschaft, und der lautet: Die tatsächliche Tiefe der Probleme ausloten; eventuell auch und sogar ihre Abgründigkeit, zu der kein Senkblei hinab reicht, entdecken; sie in ihrer Vertracktheit verstehen, etwa weil sie sich nur als verheddert mit anderen Problemen begreifen lassen oder als Abkömmlinge vorausgegangener Schwierigkeiten; oder auch schlicht als Fragen, die es eben „in sich haben", ohne uns ihr Innerstes preiszugeben.

Hört sich die zitierte Auskunft Spaemanns nicht an wie ein später Nachklang dessen, was mit jenem Sokrates als neuer Ton des Gesprächs angeschlagen worden ist? Mit ihm jedenfalls kam als Kultur des Sprechens und Unterredens in die Welt, was ein anderer, Hans Blumenberg, so ausdrückte:

> „Jede Art von Philosophie kann dadurch definiert werden, daß sie leichte Fragen schwer findet oder schwer macht."[12]

Korrekterweise wäre allenfalls zu korrigieren: Philosophie nehme die *vermeintlich* leichten Fragen schwer und damit ernst.

Ich halte fest: Gesprächskönnerschaft ist keine Erleichterungs- oder Entlastungs-Praxis, sondern eine Zumutung, der sich wache Menschen vorsätzlich ausgesetzt haben, was sie für andere – und zwar die Besten – zu Vorbildern bestimmte.

Doch etwas anderes, was sich als Eigenart und Neuerung der sokratischen Gespräche ausmachen läßt, scheint mir noch entschiedener die Grundlage aller Gesprächskönnerschaft zu sein: Sokrates hat wohl als erster einen Gedanken, wie auch immer er ins Gespräch geraten sein mag, konsequent *festgehalten*, und zwar so lange, bis er begann, sich von der Stelle zu bewegen, indem er sich in Widersprüche verwickelte und so entwickelte, was man

---

11 Vgl. Spaemann, Die zwei Grundbegriffe der Moral, in: drs., Grenzen. Zur ethischen Dimension des Handelns, Stuttgart 2001, S. 78.
12 Blumenberg, Die Frage, an der Plato starb, in FAZ 81, 4. 4. 1996, S. 33.

auch *denken* nennen darf. Hegel hat diese Neuerung auf eine gemeinverständlich-volkstümliche Formel gebracht:

> „... bei der Stange bleiben ist hier die Hauptsache."

Und dann hat er unterscheidend erläutert, was solche Gesprächskultur von sonstigen und alltagsüblichen „Unterhaltungen" unterscheidet:

> „Der Geist der Rechthaberei, das Sichgeltendmachen, das Abbrechen, wenn man merkt, man kommt in Verlegenheit, das Abspringen durch Scherz oder Verwerfen, – alle diese Manieren sind da ausgeschlossen; sie gehören nicht zur guten Sitte, aber vollends nicht zur Sokratischen Unterredung."[13]

Um dasselbe mit einem eigenen Wort in die Mitte zu rücken: Gesprächskönnerschaft, wie sie von Sokrates begonnen wurde, ist die Beharrlichkeit, bei der Sache zu bleiben oder: sich zu konzentrieren.

Das aber, um nun meinerseits auch beharrlich zu sein, läßt sich ebenso als Einübung in *Nachdenklichkeit* verstehen. Womit ich mir selbst jenes Stichwort vorgelegt habe, auf das die gegenwärtigen Überlegungen hinauslaufen sollten. Denn wirklich ließe sich sagen, die Gesprächskönnerschaft sei im Wesentlichen Einübung in Nachdenklichkeit, für die es auch das gute, überlieferte Wort gibt: Besonnenheit.

Was die Gespräche der Philosophie, und zwar mit Sokrates, ausgemacht habe, sagt Herbert Schnädelbach, sei ...

> „... eine Kultur der Nachdenklichkeit. Sie ist das Gespräch der Nachdenklichen, d. h. derer, die nicht nur denken, sondern ihren Gedanken nach- oder hinterherdenken, um sie zu klären, zu verbessern und auf die Probe zu stellen. Die Anlässe für dieses Nachdenklichwerden stammen in der Regel nicht aus dem Denken selbst, sondern aus dem Bereich vorphilosophischer Erfahrungen mit Problemsituationen, die uns zum Nachdenken nötigen. Unser Stammvater Sokrates hat uns dies vorgelebt; auf ihn führen wir das kritische Nachdenken über unsere Gedanken im Gespräch zurück, das wir Aufklärung nennen. Philosophie als Aufklärung ist eine gedankliche Reaktion auf den Verlust lebensweltlicher Selbstverständlichkeiten, auf Verunsicherungen und Erschütterungen des Gewohnten, die die nachdenklichen Nachfahren des Sokrates nicht bloß spüren wie viele Zeitgenossen, sondern zu analysieren und zu bewältigen versuchen."[14]

Ja, so ist es, möchte ich nur noch ergänzen, um allenfalls anzufügen: Dabei haben wir gelernt, mit einem Minimum an Auflösung und gesprächsweise erzeugter Harmonie und Übereinstimmung zu leben, oder sogar die Vielheit geklärter Stellungnahmen und begründeter Einsichten zu begrüßen. Das eigentliche Gespräch nämlich und so das Gespräch in der Philosophischen Praxis ist nicht dazu da – und war es im Grunde nie –, Vielstimmigkeit in

---

13 Hegel, Vorlesungen über die Geschichte der Philosophie, TA Bd. 18, S. 462.
14 In seiner Abschiedsvorlesung an der Humboldt-Universität am 18. Juni 2002 „Das Gespräch der Philosophie".

(langweilig-spannungslose) Homophonie zu überführen, sondern den Kontrapunkt der Stimmen in einem polyphonen Gefüge zu arrangieren, womit sich für uns abschließend die Metaphorik der Musik eröffnet.

Und wirklich möchte ich für den Gedanken werben, es habe – neben der Philosophie, die tatsächlich als Gespräch präsent war – vor allem die Musik einen ausschlaggebenden Beitrag zur Gesprächskönnerschaft geleistet, die Musik und selbstverständlich das Drama und das Epos.

Doch um die Musik als Beispiel zu bemühen: Was wäre uns eine Symphonie von Haydn, in der sich nicht die Spannung und Bewegung des musikalischen Satzes aus dem Gegensatz von erstem und zweitem Thema ergäbe, wobei sich diese zwei Themen, nachdem sie sich in ihrem möglichst differenten Charakter bekanntgemacht haben, miteinander in Beziehung setzen, was im Ton der offiziellen Musiktheorie „Durchführung" heißt? Am Ende aber, so in der klassischen Sonate jedenfalls, treten beide Themen – nachdem sie etliche Veränderungen und Modifikationen durchgemacht, man möchte sagen: „bestanden" haben, nachdem sie also das jeweils andere Thema in sich aufgenommen oder mit sich verbunden haben – in der Reprise sozusagen geläutert und gestärkt noch einmal hervor. Ist *das* nicht das Bild eines gelungenen Gesprächs? Die Romantiker dachten so. Adam Müller beispielsweise, dessen großartigen Essay von 1816, „Vom Gespräch", ich wieder einmal nachzulesen empfehle. Er nahm darum das „Verhältnis der Geschlechter zueinander, da wo die Natur die höchste Verschiedenartigkeit der Neigungen, der Ansichten, der bürgerlichen und sittlichen Eigenschaften angeordnet hat, wo sie am meisten mit sich selbst zu streiten, und sich selbst zu widersprechen scheint", als das Exempel eines guten Gesprächs. Denn hier eben zeige „sich das lebendigste und unwiderstehlichste Gefühl des für einander Bestimmtseins".[15]

Da spricht Sinn fürs Dialektische – der freilich, sofern das Bild der „Geschlechterdifferenz" dafür stehen sollte, heute abgestorben scheint. In der Philosophischen Praxis erfahren wir davon.

---

15 Adam Müller, Vom Gespräch. In: drs., Zwölf Reden über die Beredsamkeit und deren Verfall in Deutschland, Leipzig 1816, S. 27f.

Philosophie hat es immer mit Nicht-Philosophie zu tun,
weil jene kein eigenes Objekt hat.
Sie stellt Überlegungen über die Erfahrung an, über alle Erfahrung,
über die Gesamtheit von Erfahrung ...

*Paul Ricœur*

## Die Grundregel Philosophischer Praxis

Die Philosophische Praxis wird mit einer Anforderung konfrontiert, die der akademischen Philosophie fremd war: Sie hat sich auf jene Themen, Probleme und Fragestellungen einzustellen, die den anderen beschäftigen, der sich damit an den Philosophen wendet, und nicht – wie es die Gewohnheit der universitär amtierenden und lehrenden Philosophie war – aus eigenem Vorrat zu nehmen, um anderen zu präsentieren, was den Philosophen beschäftigt. – Also nicht die Philosophie macht den Anfang, sondern zuerst kommen die Fragen zum Zuge, die der Philosophie vorgelegt werden.

Ich möchte versuchen, die weitreichende Bedeutung zu erläutern, die der Anerkennung dieser *Grundregel* zukommt.

1. Philosophie, die mit dem anfängt, was andere mit ihr anfangen, ist im Unterschied zu den Wissenschaften dem Anspruch nach grenzenlos. Sie ist weder eine Spezialität noch eine Disziplin im akademischen Sinn des Wortes. Und der Philosoph ist kein Fachmann. Was praktische Philosophie ist, läßt sich mithin auch nicht durch die Angabe einer besonderen „Zuständigkeit" bestimmen.

Denken wir uns einen Mann, der in schlechter Ehe lebt, deshalb verzweifelt ist und einen Ausweg aus seiner Lage sucht. Dieser Mann geht zum Rechtsanwalt und beginnt, ihm seine Sorgen vorzutragen.

Sofern sich nun der Jurist all das anhörte, was ihm sein Klient mitteilen möchte, wäre dies gewiß eine schöne menschliche Geste – *als Jurist* aber ist er für die Sorgen des Menschen nicht zuständig. Darum ist auch wahrscheinlich, daß er nach anständig erbrachter Geduld endlich unterbricht und seinen Mandanten fragt: „Wie ist es nun: Wollen Sie die Scheidung, oder wollen Sie sie nicht? Wenn ja, will ich Ihnen gern helfen." In der Tat: Als Jurist ist er für *diesen* Ausweg zuständig – und *nur* für diesen Ausweg, von dem unser Mann jedoch womöglich noch gar nicht weiß, ob er diese Lösung des Problems sucht. Ob er sich aber scheiden läßt oder nicht, ist keine juristisch entscheidbare Frage.

„Sie müssen schon wissen, was sie wollen", sagt ihm der Rechtsanwalt, „wenn ich Ihnen weiterhelfen soll." Das Dilemma, mit dem sich unser Mann an die falsche Adresse gewandt hat, ist jedoch, daß er eben *nicht* weiß, was er will.

In solcher Lage, in der er so und dort, wo er lebt, nicht gut leben kann, ihn zugleich aber allerlei Bedenken daran hindern, sich aus dieser Lage zu „befreien", wäre es nicht verwunderlich, wenn unser Mann krank darüber würde. Er leidet unter Schmerzen im Hals, die ihm das Schlucken erschweren – ein Phänomen, das häufig als Begleiter von Trennungssorgen auffällt und sich an Ängste bindet, die aus einem drohend bevorstehenden Verlust herrühren. So begibt sich der Mann zum Arzt. Und wir lassen ihn zu einem

Mediziner finden, der sich – mittlerweile durchaus zeitangemessen – bereits darüber klar ist, viele Leiden, über die Patienten klagen, hingen womöglich in irgendeiner Weise mit ihren Lebenslagen, Sorgen oder Ängsten zusammen. Und so wird sich also auch dieser Arzt, wie zuvor der Jurist, eine Weile lang die Klagen seines Patienten geduldig anhören, und er wird vielleicht sogar für sich bedenken, inwieweit die Krankheit des Mannes Folge und Ausdruck – medizinisch gewendet: „Symptom" – eines ungelösten Konflikts sein könnte. *Als Arzt* zuständig aber ist er nur, jene Folgen möglichst auszuschalten oder zu mildern. Für die Sorge jedoch, die ursächlich den Mann in die Praxis des Arztes führte, ist die Medizin nicht zuständig; diese Sorge auch nur hinlänglich zu verstehen, geschweige denn hilfreich so zu begreifen, daß die in ihr enthaltenen Lösungsmöglichkeiten praktisch zugänglich werden, ist nicht ihre Kompetenz.

Denn wie wäre medizinisch zu sagen, wie eine Ehe zu führen ist, eine verfahrene sich retten ließe oder ob es besser wäre, sie gar nicht retten zu wollen, sondern sie aufzulösen? Dabei mag es durchaus sein, daß ihm sein Arzt – vorausgesetzt, es ist ein kluger Arzt – raten kann, was er tun soll, wenn er die Krankheit nicht nur äußerlich kurieren lassen, sondern in der Tat gesund werden wolle; so wie der Jurist ihm hätte raten können, was er unternehmen müsse, um die Scheidung durchzusetzen. Die Frage aber ist: *Ist* die Gesundheit der Ausweg, die der Mann aus seiner Misere, die er weder löst noch los wird, sucht? Wäre dies selbstverständlich – wie es vielen heute selbstverständlich scheint –, müßten wir sagen, ein gesundes Leben könne nicht zugleich ein falsches Leben sein. In altphilosophischer Wendung: Die Gesundheit wäre das unzweifelhaft „höchste Gut", die verläßliche Erscheinung des guten Lebens. Doch eine solche Gleichung, so populär sie sein mag, ist nur der Ausdruck zeitfälliger Naivität.

Nun – in der Sprechstunde des Arztes ist möglicherweise die Unentschiedenheit unseres Patienten deutlich geworden, sein Zögern, dies unglückliche Verharren in seinem Unglück und die fehlende Kraft, seine Lähmung wie mit einem Ruck zu zerreißen –, und so empfiehlt ihm der Arzt (denn er ist ein moderner, „aufgeklärter" Mediziner und Praktiker), zur Ergänzung seiner eigenen pharmakologischen Verordnung (er verschreibt ein leichtes Sedativum), sich in Psychotherapie zu begeben: „Das wird Ihnen guttun", sagt er ihm. „Sprechen Sie einmal alles gründlich durch, und Sie werden sehen, dann geht es bald wieder bergauf."

Also entläßt der Arzt unseren Mann, und der begibt sich in eine Psychotherapie. Was ihn jedoch dort erwartet, ist infolge der inzwischen außerordentlichen Vielzahl psychotherapeutischer Verfahren, Schulen und Methoden kaum zufriedenstellend auszuphantasieren – man könnte sagen: Dort kann ihm nun alles blühen ...

Allerdings läßt sich ein *Grundproblem* angeben – und zwar genau an unserem fingierten Fall –, ein Grundproblem und Mangel, dem keine Therapie

– ganz gleich, um welche es sich handelte – je entkommt. Ich möchte dies Problem mit einem eingeschobenen Zitat verständlich machen, einer Tagebuchnotiz Eugène Ionescos:

> „J. erzählt mir, er kenne einen ihm befreundeten Psychotherapeuten, der mit zwei schwierigen Fällen zu tun hat, mit zwei Personen, die sich nicht kennen und die ihn seit zwei oder drei Monaten täglich aufsuchen: ein Mann und eine Frau. Der Mann möchte sich scheiden lassen, kann sich aber innerlich nicht trennen, also bringt er es nicht fertig, die Scheidung einzureichen. Der Psychotherapeut versucht, ihm die Gründe seines Verhaltens zu erklären und dem armen Mann, so gut er kann, zu helfen, sich von seiner Frau zu trennen.
> Die Frau, die andere Patientin, leidet unter nervösen Depressionen, weil ihr Mann sie verlassen will. Der Psychotherapeut versucht ihr zu erklären, daß sie sich, um ihren Mann zu halten, anders betragen müsse. Er versucht, ihr klarzumachen, daß sie zum größten Teil selbst daran schuld ist, wenn ihr Mann sie verlassen will."[1]

Der kürzeste Kommentar, der sich meines Wissens an diese Tagebuchnotiz anschließen läßt, ist wiederum ein Zitat, ein Fragment nämlich aus den „Notizen" Max Horkheimers. Titel: „Psychoanalyse als Ursache ihrer Notwendigkeit":

> „Die ahnungslose Sicherheit, mit welcher der Therapeut sich zur Beseitigung des Hindernisses berufen fühlt", schreibt Horkheimer, sei das Resultat einer mächtigen Verkennung. „Indem der Analytiker den Bruch der schmerzhaften (...) Gattenliebe in der Analyse ins Belieben des Subjekts stellt, negiert er das vom fortschreitenden Zerfall der Bürgerlichkeit bereits angefressene Tabu; in gefährlicher Sorglosigkeit, ein kleiner Nietzsche, stößt er noch, was fällt, und dem Partner den Dolch ins Herz. Heilen nennt er die Ermutigung zur zeitgemäßen Skrupellosigkeit auf jener Seite des Familienkonflikts, der er die Rechnung präsentieren kann."[2]

Ich möchte nun die kleine fiktive Geschichte unseres unglücklichen Menschen nicht noch weiter erzählen – was sich immerhin leicht machen ließe und durchaus reizvoll wäre: vor allem, wenn wir ihn nun auch noch beim Priester oder beim Herrn Pastor vorsprechen ließen, und wir Gelegenheit hätten, zuzusehen, was sich als die besondere Zuständigkeit des Theologen darstellt.

Doch ich muß dieser Versuchung, die zuletzt auf eine unendliche Geschichte hinausliefe, widerstehen und kann dies um so eher, als die eingeschobene Erzählung nur demonstrieren sollte, welche Bedeutung der ersten These zukommt. Und nun will ich versuchen, das umständlich Vorgeführte kurz zu fassen: Durch ihre notwendige Spezialisierung auf eine jeweils besondere Zuständigkeit zwingen die einzelnen praktischen Wissenschaften das komplexe Problem unseres Mannes unter die Herrschaft *eines* Gesichtspunktes, von dem sie zugleich nicht zu sagen wüßten, ob in dieser besonderen Weise einzugreifen dem vorliegenden Problem überhaupt angemessen ist.

---

1 Ionesco, Tagebuch, 2. Aufl. Neuwied und Berlin 1969, S. 153.
2 Horkheimer, Gesammelte Schriften Bd. VI, Frankfurt/M. 1991, S. 202f.

„Ich bin für die Scheidung Ihrer Ehe zuständig." So der Jurist. „Ich bin dafür da, daß Sie wieder gesund werden." So der Arzt. „Wenn du deine Hemmungen verstehen und bearbeiten willst, nehme ich dich in Therapie." So der Psychotherapeut im Ton professioneller Empathie.

Und der Philosoph? Für was ist er „zuständig"? Die Antwort lautet: Der Philosoph ist nicht für „etwas" zuständig, für nichts Besonderes und Bestimmtes oder Spezielles, das er – bevor er im Einzelfall beansprucht wird – bereits als seine Kompetenz fachmännisch verwaltet, und nun wird der Fall dieser *besonderen* Kompetenz unterworfen, sondern eine Zuständigkeit des Philosophen wird erst durch das vorgetragene Problem für dieses bestimmte Problem angefragt. Kurz: In diesem besonderen Fall wird er zuständig für diesen besonderen Fall. Und die erste Frage, die er sich stellen wird, lautet: Was heißt es, in diesem besonderen Falle zuständig zu sein?

Vom Fachmann – sei er nun zuständig für Scheidungen, Gesundungen, psychohygienische Stimmungsstabilisationen oder humantechnisch gesteuerte Verhaltensangleichungen an normale Verhaltenserwartungen –, vom Fachmann werden *jene* Fragen am vorgebrachten Fall wahrgenommen, für die er als Fachmann Antworten bereithält. – Dem Philosophen hingegen wird das Problem zum Problem, und das heißt auch, ihm wird zuallererst fraglich, nach welchen Antworten hier im Grunde gesucht wird.

Ich wiederhole, nach dieser Zusammenfassung, noch einmal die erste These: Philosophie, die mit dem anfängt, was andere mit ihr anfangen, ist im Unterschied zu den Wissenschaften dem Anspruch nach grenzenlos. Sie ist weder eine Spezialität noch eine Disziplin im akademischen Sinn des Wortes, der Philosoph mithin auch kein Fachmann. Was praktische Philosophie ist, läßt sich mithin auch nicht durch die Angabe einer besonderen „Zuständigkeit" bestimmen.

Die weitere Bedeutung der eingangs genannten Grundregel, der zufolge nicht die Philosophie den Anfang macht, sondern zuerst die Fragen zum Zuge kommen, die der Philosophie vorgelegt werden, soll sich nun aus folgender zweiter These ergeben:

2. Philosophie, die mit dem anfängt, was andere mit ihr anfangen, kann sich auf diese Regel nur einlassen, sofern sie bereits und in der Lage ist, jedes Problem als philosophisches Problem aufzunehmen und jede Frage philosophisch zu würdigen, d. h. als Frage an die Philosophie zuzulassen.

Solche Philosophie nimmt die Bestimmung des Romantikers Novalis auf:

„Die Philosophie ist eigentlich Heimweh – *Trieb, überall zu Hause zu seyn*."[3]

---

[3] Werke, Tagebücher und Briefe, hg. v. H.-J. Mähl und R. Samuel, Bd. II, Darmstadt 1978, S. 675.

Dazu aber ist erforderlich, eine durchaus auch unter einigen Philosophen anzutreffende Neigung abzulegen, überhaupt zwischen „philosophischen" und „unphilosophischen" Fragen zu unterscheiden oder einen unüberschreitbaren Graben zu ziehen, der ein vermeintlich „philosophisches" Terrain von anderen Wissenschaftsgebieten trennt und „Übergriffe" abwehrt.

Karl Popper, der erklärte, alle seine „philosophischen Arbeiten [hingen] mit nicht-philosophischen Problemen zusammen" und ergänzte: „Echte philosophische Probleme haben ihre Wurzeln immer in dringlichen Problemen, die in Gebieten liegen, die nicht zur Philosophie gehören", und als Beispiele solcher „nicht zur Philosophie gehörigen" Gebiete „Politik, Soziales Zusammenleben, Religion, Kosmologie, Mathematik, Naturwissenschaft, Geschichte" anführte,[4] kam jener Forderung bereits recht nahe, indem er als Problembewegung jene Differenz im Grunde aufhob, die er allerdings zugleich – undialektisch, er konnte nicht anders – festhielt: die Unterscheidung „philosophischer" und „nicht zur Philosophie gehöriger" Gebiete also. Die Überwindung jenes Gegensatzes, der gleichwohl zunächst als faktische, gewordene Entfremdung anzuerkennen ist, hatte sich – als guter Schüler Hegels – bereits Ludwig Feuerbach zur Aufgabe gemacht und als Grundzug einer zukünftigen Philosophie antizipiert. Ich zitiere Feuerbach, da er mit besonderer Entschiedenheit einfordert, was sich ebenso als Anforderung aus meiner zweiten These ergibt:

> „Der Philosoph muß *das* im Menschen, was *nicht* philosophiert, was vielmehr *gegen* die Philosophie ist, dem (...) Denken opponiert, (...) in den Text der Philosophie aufnehmen. Nur so wird die Philosophie zu einer universalen, gegensatzlosen, unwiderleglichen, unwiderstehlichen Macht. Die Philosophie hat daher nicht mit sich, sondern mit ihrer Antithese, mit der Nichtphilosophie zu beginnen."[5]

Kurzgefaßt in eigenen Worten: Philosophie ist uneingeschränktes Interesse und grenzenlose Aufmerksamkeit. So ließe sich auch die vertraut spießige Ermahnung, der Schuster möge bei seinem Leisten bleiben, zwar noch – in übertragenem Sinne – an Wissenschaftsvertreter adressieren, sofern sich diese nicht längst schon aus eigenem Antrieb in der arbeitsteiligen Wissenschaftsordnung in Sicherheit gebracht und so salviert haben, als Einspruch gegen die Philosophie gerichtet wäre der Spruch hingegen gänzlich sinnlos, denn: Die Philosophie hat keinen Leisten, über den sie ihre Gedanken schlüge. Dort, wo Philosophie ihren Namen verdient, produziert sie keine Gedanken nach vorgefertigtem Muster, sondern bemüht sie sich um Zugänge, durch die „die Sache" als Gedanke zu uns gelangen kann. Und zum Anlaß solcher Nachdenklichkeit – um es noch einmal zu sagen – kann ihr *alles* werden:

---

4 vgl. C. Grossner, Verfall der Philosophie, Reinbek 1971, S. 279.
5 Sämmtliche Werke, 1846, Bd. II, S. 257.

Kierkegaard – um diese auf Entgrenzung gehende Intention einmal in leichtem Ton zu illustrieren – dachte über eine mögliche Philosophie des Kusses nach, fand es „übrigens merkwürdig, daß über diese Sache noch keine Schrift existiert," und fragte: „Sollte dieser Mangel in der Literatur seinen Grund darin haben, daß die Philosophen über dergleichen nicht nachdenken, oder darin, daß sie sich auf dergleichen nicht verstehen?" An diese Frage schloß er dann einige „erste Winke" an, so etwa den, daß „zu einem vollständigen Kuß erforderlich ist, daß die Handelnden ein Mädchen und ein Mann sind." Der „Männerkuß" hingegen, befand er, sei geschmacklos und habe, was schlimmer sei, einen „unangenehmen Beigeschmack". Der mische sich allerdings auch in jegliche Kußroutine.

> „Das gilt etwa von dem ehelichen Hauskuß, mit dem die Eheleute, in Ermangelung einer Serviette, sich gegenseitig den Mund abwischen, indem man sagt: Wohl bekomm's!"[6]

Soviel als kleine Ablenkung und Abschweifung. Und damit zurück zu den ernsteren und grundsätzlicheren Fragen, die beispielsweise Rüdiger Bubner aufgeworfen hat, der darum zustimmend zitiert sei:

> „Die von Philosophen ausgebildeten Gedanken beziehen sich auf vorhandenes Wissen, das sie (...) vorfinden und dessen Rationalitätslücken sie als Sachprobleme erkennen."[7]

Übrigens ist mit Bubners Gedankengang ohne weiteres die Ergänzung kompatibel, die das philosophische Bemühen nicht nur auf vorhandenes Wissen, sondern ebenso auf vorgefundenes Handeln, Entscheiden sowie auf Formen und Gestalten des gelebten Lebens bezieht. Doch hören wir Bubner weiter:

> „Das Gewahrwerden von Problemen dort, wo das normale, die Alltagspraxis und die Wissenschaften tragende Wissen keine sieht, ruft die Arbeit des philosophischen Begriffs auf den Plan." So gilt also für Bubner, „daß die Philosophie solche Probleme erfaßt, die außerhalb ihrer gar nicht als Probleme erkannt werden."[8]

Wie fügen sich nun aber diese Erwägungen in den Versuch, meine zweite These zu erläutern, also jene ausgesprochene Erwartung an die Bereitschaft und die Hoffnung auf das Vermögen der Philosophie, jedes Problem als philosophisches Problem aufzunehmen und jede Frage philosophisch zu würdigen, d. h. als Frage *an* die Philosophie zuzulassen – was die Anforderung enthält, Fragen *an* die Philosophie als Fragen *der* Philosophie oder als *philosophische Fragen* zu würdigen?

Um diese Frage zu klären, werde ich mir mit einer weiteren und weitergehenden Frage gewissermaßen selbst zur Hilfe kommen: Wie ist die prinzipielle Unabgeschlossenheit und Grenzenlosigkeit des philosophischen Interesses

---

6 Entweder-Oder, Köln, 2. Aufl. 1960, S. 486.
7 Bubner, Was kann, soll und darf die Philosophie? Neue Rundschau 1976, S. 228.
8 A.a.O., S. 229.

überhaupt möglich, und wie haben wir die Betätigung dieses Interesses zu denken? Es ist damit nämlich nicht gemeint, daß etwa jegliches Problem und jegliche Frage – oder jedes vorhandene Wissen, das die Philosophie vorfindet – an sich selbst bereits philosophische Probleme, philosophische Fragen und philosophisches Wissen seien, wohl aber: daß sie ausnahmslos zu philosophischen *werden* können.

Bevor ich jedoch – mit meiner dritten These – diese Frage nach der Voraussetzung zu beantworten versuche, die als die Potenz der Philosophie zu verstehen ist, das ihr Begegnende in eine Metamorphose zu versetzen und so in eine Frage zu verwandeln, die jetzt den philosophischen Gedanken einlädt, sich an ihrer gründlichen Erörterung in seiner Weise zu beteiligen, möchte ich noch an einem Beispiel demonstrieren, wie sich das selbstankündigende Erscheinungsbild der Philosophie wandelt, sobald sie zur Anerkennung der Forderung gelangt, ihr Interesse nicht auf bestimmte „Gegenstände" zu beschränken. Die Erfüllung dieser Forderung aber nannte ich die Bedingung, die realisiert sein müsse, will sich die Philosophie in der Praxis auf die Befolgung der „Grundregel" einlassen, die ihr abverlangt, nicht mit sich selbst zu beginnen, sondern dem, was ihr begegnet und zugetragen wird, die Eröffnung des philosophischen Nachdenkens zu überlassen.

Als Exempel dafür nehme ich ein kleines, sehr erfolgreich gewordenes Buch des ebenso erfolgreichen Philosophen Bertrand Russell, das er 1912 geschrieben und mit dem Titel versehen hat: „Probleme der Philosophie". Der Titel bereits signalisiert ein Verständnis der Philosophie, das sich aufs schönste oder schlimmste mit dem verbreiteten Vorurteil verträgt; danach verwaltet die Philosophie – abseits vom sonstigen Wissenschaftsbetrieb – einen besonderen Vorrat esoterischer Tiefsinnigkeiten und Fundamentalprobleme, sofern sie sich nicht himmelwärts in die dünne Luft der höchsten und letzten Fragen erhebt. „Warum ist überhaupt etwas und nicht vielmehr nichts?" – um ein berühmtes Beispiel zu zitieren.[9]

Und Russell, der uns mit den „Problemen der Philosophie" bekanntmachen will, eröffnet seinen Text in cartesianischer Manier mit einer der vier großen Hauptfragen Kants, in diesem Falle mit dem „Was kann ich wissen?". Eine solche Frage nennt er ein „gründlich philosophisches" Problem. Nun, das ist wahr. Hören wir, wie sich diese Frage nun in der Russellschen Wendung präsentiert: „Gibt es auf der Welt", lautet sein erster, eröffnender Satz, „eine Erkenntnis, die so unumstößlich gewiß ist, daß kein vernünftiger Mensch daran zweifeln kann?" Und dann fügt er hinzu, die Philosophie sei „nichts anderes als der Versuch, solche fundamentalen Fragen zu beantworten".

---

9 Um ein mögliches Mißverständnis auszuschließen: Ich bin keineswegs der Ansicht, solche Grundsatz- und Hauptfragen seien *nicht* die Sache der Philosophie; mir geht es nur um die Abweisung der Behauptung, die Philosophie habe es *einzig und allein* mit solchen Fragen zu tun.

Nun: Wäre dies wahr, dann wäre der überwiegende Teil der philosophischen Bibliotheken Makulatur, und das meiste, was uns an Philosophie überliefert wurde, könnten wir getrost einstampfen oder als Altpapier recyclen. Dennoch: Es ist nur eine geringfügige Korrektur, die Russell sich gefallen lassen müßte, damit seine Ansicht, wie mit einem Schlage, ihre Einseitigkeit und Enge verlöre. Es genügte, in seiner pathetischen Frageformel *den sokratischen Impuls* wahrzunehmen, der darin keineswegs ganz untergegangen, sondern sehr wohl auch in Russells Nachfrage bewahrt geblieben ist. Dieser Impuls, also die erste, die sokratische, die Initialfrage der Philosophie ist aber nicht, ob wir überhaupt je etwas unumstößlich sicher wissen können, sondern ob das, was wir so oder so zu wissen meinen, ob das, was uns – sei es alltäglich, sei es wissenschaftlich erworben – eine unumstößliche Gewißheit scheint oder uns zur Überzeugung wurde, tatsächlich allem Zweifel widersteht – oder besser, und damit sind wir bei den Interessen der Philosophischen Praxis angelangt: ob es sich nicht weiterdenken ließe, um darüber seine Härte oder dogmatische Festigkeit zu verlieren, vielleicht auch den Schleier ideologischer Verblendung.

Insofern möchte ich, alternativ zu Russells Philosophieverständnis, als nötige Philosophieeinschätzung empfehlen: Das Geschäft des Philosophen ist nicht, an einem fiktiven Punkte „Null" mit dem Denken voraussetzungslos anzufangen, sondern: *weiterzudenken*, wo die Kraft des Denkens lahm wurde oder sich in trügerische Sicherheiten rettete und nun auf dem Faulbett bequemer Denkgewohnheiten verkommt. Kurz: Ihr Amt ist es, die Kraft der Besinnung neu zu stimulieren, wo das Salz des Denkens lau geworden ist. Die Philosophie mag sich mit den größten, erhabensten, edelsten Fragen abgeben; tut sie dies in der Beschränkung auf ihre eigenen Kreise, die sie sich nicht stören läßt, wird sie gleichwohl provinziell.

Damit möchte ich den kleinen – äußerlich differenzierenden – Exkurs abschließen. Ein Buch, aus dem hier entwickelten Geiste heraus verfaßt, das der Arbeit Russells zur Seite gestellt werden sollte, hieße nicht „Probleme der Philosophie", sondern: „Welche Probleme der Philosophie zugetragen werden und was aus ihnen wird, wenn Philosophie sie austrägt." Doch damit komme ich zurück zu meiner zweiten These, die ich mit einer weiteren, dritten These zu erläutern habe. Der Erläuterung bedarf die Behauptung, nur eine Philosophie, die sich auf jede Frage und auf jedes Problem philosophisch einlassen könne, sei imstande, die „Grundregel" Philosophischer Praxis einzuhalten, die erfordert, nicht mit der Philosophie selbst anzufangen, sondern mit dem, was ihr begegnet und zugetragen wird.

Die Frage, die sich hier anschließt, lautet nun: Wie ist dies überhaupt möglich? Was ist die Voraussetzung, die der Philosophie gestattet, mit allem ins Gespräch zu kommen?

Dazu die dritte These:

3. Das philosophische Denken vermag an alle Formen des Wissens, Behauptens, Meinens, an Empfindungen und Befindlichkeiten, Einstellungen und Handlungen, nicht zuletzt – prinzipiell – an jedes wissenschaftlich aufgestellte Theorem anzuschließen, da sie alle ihrerseits Manifestationen des Gedankens sind, mit Hegel geredet: in die „Phänomenologie des Geistes" gehören.

Die Wissenschaften als Beispiel genommen: In sie alle ist *Denken* eingegangen, dann aber ist es in ihnen geronnen, methodisch gefesselt worden und funktioniert nun, da es sich bewährt hat, als Routine, was, nebenbei bemerkt, den Erfolg der Wissenschaften ausmacht, zugleich jedoch – gegenwärtig mehr und mehr bewußt – ihre Bedrohlichkeit steigert. Was aber geschieht, wenn Philosophie auf solches wissenschaftliche Wissen trifft? Im Bilde gesprochen: Sie weckt im Wissen die schlafende Vernunft. So bringt sie Theorien zur Bewegung des Gedankens zurück, der sie sich selber verdanken, die sie allerdings, wie die Leiter, auf der sie hinaufgestiegen sind, umgestoßen haben.

Im Grunde nichts anderes geschieht auch dort, wo Philosophie in der Praxis den alltäglichsten Fragen begegnet, Problemen aus der Prosa des Lebens, Schwierigkeiten, die in vielfältigster Weise verstrickt sind in Üblichkeiten, Gewohnheiten, eintrainierte Wertschätzungen und unbemerkte – da allgemein gewordene – Denkverordnungen. In diesem Durcheinander taucht der philosophische Gedanke wie ein Neuling auf, der sich umsieht, als sei für ihn der erste Tag; der zueinander ordnet, nachvollzieht; Fragen einwirft, die am konkreten Fall Erklärungen und Theorien überprüfen; Vorgegangenem geht er noch einmal nach, um wegkundig zu werden; bis dahin ignorierte Nebenwege werden – als sei es nur aus Neugier – eingeschlagen; ungelebte Möglichkeiten werden durch gedankliche Explikation auf den halben Weg zur Wirklichkeit gebracht, begutachtet, erwogen; unsere Richtigkeiten werden derart von der Seite angeleuchtet, daß an ihnen das Moment des Irrtums aufgeht, was sie verfeinert, vervielfältigt und vorsichtiger stimmt; Selbstverständliches, indem es tatsächlich verstanden werden soll, erweist sich unversehens als noch keineswegs verstanden – was anderem, das bisher als unverständlich galt, die Chance einräumt, jedenfalls bedacht zu werden; in alledem, soviel mag dieser impressionistische Überblick demonstriert haben, bewegt sich jedenfalls der philosophische Gedanke in seinem eigenen Element, in all dem ist er zuhause oder, wie Novalis dies gewendet hatte, sucht er sein Zuhause. „Philosophie", heißt es in einem anderen seiner Fragmente, sei „*überall* oder Nirgends".[10]

---

10  A.a.O., S. 333.

Daß sie aber überhaupt für dieses „überall" optieren kann, hat darin seinen Grund, daß noch die dümmste Meinung, die abgestandenste, trivialste Ansicht und das ärgerlichste Vorurteil im Grunde von demselben Holze stammen, auf dem ebenso der philosophische Gedanke wächst.

Also nochmals: Philosophie ist der Sache nach unbegrenztes Interesse. Und das heißt nicht, wie nunmehr klar sein dürfte, sie habe alles Wissen sich einverleibt und alles, was gedacht, geforscht oder sonstwie gewußt wird, gehöre ihr zu, so, als beanspruche die Philosophie die ganze Welt des Wissens als ihr Hoheitsgebiet. Wohl aber ist sie berufen, überall Zugang zu finden, weil zuvor schon in alles Wissen, Meinen, sogar Hoffen, Glauben, Urteilen und Schätzen usw. ihr eigenstes Element eingegangen ist, das Denken, das – mit berechtigter Erweiterung – Hegel „den Geist" nannte. Wird dies anerkannt – aber auch nur dann –, kann die Philosophie den Mut aufbringen, der dazu gehört, im Sinne der Grundregel Philosophischer Praxis sich auf das einzustellen, was ihr zugetragen wird. Bringt sie jedoch diesen Mut auf und gelingt es ihr tatsächlich, im anderen ihrer selbst sich selbst zu entdecken, d. h. den Gedanken als das bewegende, treibende Moment in allem, an den sie sich anzuschließen und den sie weiterzudenken hat, damit er – wie ein Ferment – zu seiner Wirkung gelangt, dann ist sie Philosophie, die jetzt den Namen „Philosophische Praxis" verdient.

4. Als Anhang: Vom „Wert der Philosophie"

Zwar bin ich damit an das vorläufige Ende jener Überlegungen gelangt, die ich für diesmal entwickeln wollte – wiederum eher nur andeutend als wirklich gründlich ausdenkend –, doch möchte ich so nicht schließen, sondern in einem Anhang jedenfalls noch kurz auf ein Kapitel in jenem Buch aufmerksam machen, den „Problemen der Philosophie" von Bertrand Russell, auf das ich bisher nur verwiesen habe, um im Gegensatz zu ihm einen Philosophie-Begriff vorzustellen, ohne den philosophisch nicht zu praktizieren sei. Dieses Kapitel nämlich, überschrieben: „Der Wert der Philosophie", schildert im anerkennenswerten Unterschied zu den zunächst angeschlagenen Tönen, die wir als das Pathos der Fundamentalphilosophen kennen, eine so skeptisch kluge, lebendig lebenszugewandte und unprätentiöse Philosophie, wie sie sich zur Unterstützung der Bemühungen um die Philosophische Praxis kaum besser ausdenken ließe.

Ohne den Anspruch, das Kapitel vollständig zu referieren, will ich also zumindest einige besonders denkwürdige Passagen darin gewissermaßen unterstreichen, Stellen, von denen ich gern gestehe, daß sie mich begeistern. So bereits seine erste Abwägung, was der besondere und kennzeichnende *Nutzen* der Philosophie sein könne, von dem er annimmt, er unterscheide sich gründlich von dem Gewinn, den wir vor allem aus naturwissenschaftlich-technischer Forschung ziehen.

Philosophie, so seine These, habe ihre Wirksamkeit im Unterschied zu den anderen Wissenschaften in „ihrem Einfluß auf das Leben derer, die sich mit ihr beschäftigen".[11] Ausgezeichnet: Wer philosophiert, lebt anders. Ist nur die Frage: Wie? Und *was* ändert sich für ihn? In welcher Weise beeinflußt Philosophie unser Leben, sofern wir philosophieren? Russell beantwortet diese Frage, die sich selbstverständlich anschließt, nicht sogleich, sondern einige Seiten später, und dort zitiere ich weiter:

Der Wert der Philosophie, sagt er, könne „nicht von irgendeinem festumrissenen Wissens(be)stand abhängen, den man durch (ein) Studium erwerben" könne, vielmehr bestehe der „Wert der Philosophie (...) im Gegenteil gerade wesentlich in der Ungewißheit, die sie mit sich bringt." - Und weiter:

> „Wer niemals eine philosophische Anwandlung gehabt hat, der geht durchs Leben und ist wie in ein Gefängnis eingeschlossen: von den Vorurteilen des gesunden Menschenverstands, von den habituellen Meinungen seines Zeitalters oder seiner Nation und von den Ansichten, die ohne die Mitarbeit oder Zustimmung der Vernunft in ihm gewachsen sind. So ein Mensch neigt dazu, die Welt bestimmt, endlich, selbstverständlich zu finden; die vertrauten Gegenstände stellen keine Fragen, und die ihm unvertrauten Möglichkeiten weist er verachtungsvoll von der Hand. Sobald wir aber anfangen zu philosophieren (...), führen selbst die alltäglichsten Dinge zu Fragen, die man nur sehr unvollständig beantworten kann. (So kann zwar) die Philosophie nicht mit Sicherheit sagen, wie die richtigen Antworten auf die gestellten Fragen heißen, aber sie kann uns viele Möglichkeiten zu bedenken geben, die unser Blickfeld erweitern und uns von der Tyrannei des Gewohnten befreien. Sie vermindert unsere Gewißheit darüber, was die Dinge sind, aber sie vermehrt unser Wissen darüber, was die Dinge sein könnten. Sie schlägt die etwas arrogante Gewißheit jener nieder, die sich niemals im Bereich des befreiendes Zweifels aufgehalten haben, und sie hält unsere Fähigkeiten zu erstaunen wach, indem sie uns vertraute Dinge von uns nicht vertrauten Seiten zeigt."[12]

Philosophie, um einiges aus diesem Zitat mit eigenen Worten zu variieren, ist die Kraft – wenn nicht die Verführung –, die aus den Fesseln eines *bornierten* Lebens befreit; das Vademekum gegen die Dummheit des Bescheidwissens, der Stachel im faulen Fleisch bequemer Sicherheiten. Philosophie ist das Vermögen, mit Unsicherheiten besser leben zu können als mit Sicherheiten, die in Wahrheit keine sind, sondern Betrug, wie er sich im Bunde mit der Trägheit des Herzens einnistet. Wir sehen: Solche Bestimmungen, wie sie sich zwanglos aus Russells Vorstellung der Philosophie ergeben, bezeugen die späte Ankunft des Sokrates. In der Tat könnte es ja sein, daß wir erst jetzt recht begreifen, was sein Geständnis, zu wissen, daß er nichts wisse, bedeutet, daß wir erst jetzt sehen, daß wir es dabei nicht mit einer womöglich charakterlichen Sonderbarkeit des *Sokrates* zu tun haben, sondern daß in jenem Bekenntnis ausgesprochen ist, was unser aller Schicksal ist.

---

11  Russell, Probleme der Philosophie, Frankfurt a.M., ³1969, S. 135.
12  Ebd. S. 141.

Doch noch einmal: Wer philosophiert, lebt anders. Aber wie? Und was ändert sich? Indem Philosophie der Trieb ist, erkennen zu wollen, zu sehen, zu verstehen, was da ist, zu bemerken und zu begreifen – und darum nichts sich vormachen zu lassen, weder von anderen noch vom Ensemble des Wirklichen, das sich präsentiert, als könne es anders nicht sein, noch – gefälligerweise – von uns selbst, unseren Wünschen, Interessen und Gefühlsdiktaten –; indem Philosophie überwiegend dieses Interesse ist, befreit sie uns – partiell zumindest – aus dem Zusammenspiel der Mächte, die die Verblendung bewirken, allen voran aus der Herrschaft unserer Egoismen, unserem allzumenschlichen, nur-zu-eigenen, einseitig subjektiven Wollen. Wer dies einmal in seiner befreienden Wirkung an sich selbst erlebt hat, der wird sich auch an die Gefühlsmischung aus Ekel und Mitleid erinnern, die ihn jetzt überfiel, wenn er andere wie Besessene nach sogenannten „Argumenten" suchen sah, mit denen sie für ihre Meinungen fechten ...

Also: Philosophie verändert das Leben, indem sie uns zuerst mit unserem eigenen Kopf entzweit. Und das schönste Staunen geht los, wenn es einer dahin gebracht hat, sich darüber zu wundern, was er selbst so zufällig denkt und meint und urteilt und empfindet. Woher kommt das, wenn ich ausgerechnet *das* für richtig halte, was mir da als „mein Gedanke" selbstverständlich ist? Kurz: Es läßt sich durchaus *ein* Wort finden, das den Wert der Philosophie – ihre Wirkung auf unser Leben – auf den Begriff bringt. Das Wort heißt *Freiheit.* Dazu noch einmal Russell:

> „Der freie Intellekt will die Dinge sehen, wie Gott sie sehen würde, frei vom Hier und Jetzt, von Hoffnungen und Ängsten, ohne den Plunder gewohnter Meinungen und traditioneller Vorurteile, ruhig, leidenschaftslos, nur von dem einen und alle anderen ausschließenden Wunsch nach Erkenntnis beseelt, nach einer Erkenntnis, die (...) so rein kontemplativ ist, wie das für Menschen möglich ist. (...) Der Geist (aber), der sich an die Freiheit und Unparteilichkeit der philosophischen Kontemplation gewöhnt hat, wird sich auch in der Welt des Fühlens und Handelns etwas von dieser Freiheit und Unparteilichkeit erhalten. Er wird seine Ziele und Wünsche als Teile eines Ganzen betrachten, und ihre Dringlichkeit wird sich vermindern, weil er sie als unendlich kleine Bruchteile einer Welt sieht, die im Ganzen von den Taten eines einzelnen Menschen unbeeinflußt bleibt."[13]

Diese Freiheit, die Russell hier in guter Tradition mit der Kontemplation verschwistert, und das heißt auch mit der erworbenen Begabung, die Welt zu affirmieren, im tiefsten Ja zu ihr zu sagen, drücke sich, so Russell weiter,

> „im Handeln als Gerechtigkeit aus, und im Fühlen als jene umfassende Liebe, die allen gelten kann und nicht nur jenen, die man für nützlich oder für bewunderungswürdig hält. So vergrößert die Kontemplation nicht nur die Gegenstände unseres Denkens, sondern auch die unseres Handelns und unserer Neigungen: sie macht uns zu Bürgern

---

13 Ebd. S. 141.

der Welt und nicht nur zu Bewohnern einer ummauerten Stadt, die mit der Welt vor ihren Toren im Kriege liegt".[14]

Das ist es, was Russell mit seinem vielleicht stärksten Wort als Wirkung und Wert der Philosophie verspricht: Sie ist die „Befreiung aus der Knechtschaft kleinlicher Hoffnungen und Ängste".[15]

Allenfalls das kurzgefaßte Resümee, das er daran anschließt, überbietet noch die Schärfe dieses Diktums. Philosophie, so sein Bescheid, vermindere unsere Sicherheit im Denken, bereichere aber „unsere intellektuelle Phantasie". Das ist ein großartiges Wort: „intellektuelle Phantasie". Es benennt das philosophische Vermögen, das dazu erfordert ist, Philosophie in Philosophischer Praxis zu bewähren.

Nur eine Philosophie, die sich nicht scheute, ihre eigenste Begabung „intellektuelle Phantasie" zu nennen, das ist u. a. das Vermögen, das Vernünftige im Einzelnen und im Konkreten wahrzunehmen, und die Fähigkeit, daran als an das in allem wirkende Moment sich anzuschließen, und das geschliffene Bewußtsein, das für das Vernünftige und Rechte Wege auskundschaftet, damit der gute Wille – trotz gegenwärtiger Verpönung ist das weiterhin der Name für die tätige Vernunft! – damit der gute Wille also nicht auf halber Strecke liegenbleibt und resigniert und traurig oder zynisch wird ... – nur *die* Philosophie, die es zu einem solchen Selbstverständnis bringt, ist begabt und berufen, in der Philosophischen Praxis ihre Wirklichkeit zu finden.

---

14   Ebd. S. 141.
15   Ebd. S. 142.

Was die Philosophen über die Wirklichkeit sagen, ist oft ebenso irreführend, wie wenn man bei einem Trödler auf einem Schilde liest: Hier wird gemangelt. Würde man mit seinem Zeug kommen, um es mangeln zu lassen, so wäre man genasführt; denn das Schild steht bloß zum Verkaufe aus.

*Søren Kierkegaard*


Es muß nichts so anwendbar auf die Wirklichkeit sein, so gerechtfertigt sein als das, was aus der Philosophie kommt, so wie auch nichts so sehr individuell, lebendig und bestehend sein können muß als ebendasselbe.

*Georg Wilhelm Friedrich Hegel*

## Zum Anfang

In der Philosophischen Praxis macht nicht die Philosophie, in der Philosophischen Praxis macht der Gast den Anfang. Um das Verhältnis mit einem Bild aus dem Schachspiel zu illustrieren, hatte ich gesagt: Der Besucher zieht die weißen Steine, also der, der zu uns kommt, beginnt.

Denken wir uns dies einmal als Regel, folgte allerdings daraus: Das Erste und Eröffnende wäre genau *nicht* der Besucher, sondern am Anfang stünde die *Regel*, die Vorschrift, oder vornehm geredet: *das Setting*. Ist das nicht ein Widerspruch? Offenbar. Doch der läßt sich beheben.

Ich modifiziere den einleitenden Satz und sage: Ich, der philosophische Praktiker, muß den Anfang machen, *damit* der Besucher anfangen kann. Oder: Ich fange damit an, ihm den Anfang zu erleichtern, ihm den Anfang zu ermöglichen. Ich eröffne nicht das Gespräch, aber ich eröffne dem Gast den Raum, der für ihn offenstehen muß, damit er seinerseits das Gespräch beginnen kann.

Wie nun? Ist das nicht wiederum – oder immer noch – ein Widerspruch? Ist es damit nicht genau dasselbe wie soeben, da es hieß: die Regel, wonach der Gast beginne, setze doch gerade die Regel an den Anfang? Allerdings. Doch auch dieser Widerspruch läßt sich beheben.

Wenn es nämlich an uns ist, das Gespräch *gesprächsermöglichend* zu eröffnen, also, im Bild, dem Gast die Tür aufzutun, damit er hindurchgehen kann und wir nach ihm, dann heißt das: Wir haben *das* Gespräch zu beginnen, das *noch nicht* das *Gespräch* ist, jedenfalls noch nicht das verbindliche, das „eigentliche" Gespräch, noch nicht das Gespräch, das wir Philosophische Praxis nennen. Obwohl: Ganz richtig ist auch dies nicht, denn, was ich mit meinen Reflexionen über den Anfang ja gerade zeigen möchte, ist: Auch das anfangende oder eröffnende Vorspiel zur Philosophischen Praxis gehört eben zur Philosophischen Praxis selbst. Eine hübsche Paradoxie? Dann hoffe ich, man läßt sie mir durch.

Und damit zurück: Ich sagte, der philosophische Praktiker habe die Aufgabe, mit *dem* Gespräch zu beginnen, das im „eigentlichen" und strengen Sinn noch gar nicht „das Gespräch" sei, das allerdings den Auftrag habe, das Gespräch und seinen Anfang allererst möglich zu machen. Was ist das für ein Vorgespräch?

Geeigneterweise wird dieses Gespräch vor dem Gespräch bestimmt durch die Höflichkeit, durch Umgangskonventionen oder Floskeln.

„Sie haben gut hergefunden?"

„Sie hatten, hoffe ich, eine angenehme Reise?"

„Tee?" – „Kaffee?"

Man soll nicht meinen, das seien nichtssagende Redensarten. Oder sie seien *nichts als* nichtssagende Redensarten. Denn einerseits ist es wohl wahr: Sie *sind* nichtssagend, denn sie *sollen* es sein, da sie noch nicht das Gespräch sind. Was vielsagend gleich gesagt werden wird, soll die Sache des Gastes sein.

Andererseits aber – ich schiebe ein: Das Ethos der Philosophie überhaupt, in der Philosophischen Praxis aber das *leitende* Ethos ist die Aufmerksamkeit – andererseits aber ist eine schwer abschätzbare Menge in so angeblich „nichtssagender Weise" zu sagen, zum Teil auch zu hören – es bedarf nur der Ohren, die hören.

Um das zu demonstrieren, genügt es, die genannten „nichtssagenden" Eingangssätze ein wenig zu variieren.

„Meine erste Tasse Kaffee heute ..."

Klar ist damit: Hier herrscht keine Routine. Oder als ausdrücklicher Willkommensgruß:

„Ich habe mit dem Kaffee gewartet, bis Sie kommen würden, nun freue ich mich auf ..."

Oder, eine weitere Variante, von denen es selbstverständlich unzählige gibt:

„Diese Kaffeeautomaten sind eine echte Versuchung. Aber was bringt uns nicht alles in Versuchung?"

Hier wird bereits eine gehörige (vielleicht aber auch ungehörige) Gemeinsamkeit antizipiert ... – und dieser Zug läßt sich natürlich ausbauen und in zunächst noch unverbindliche kleine Reflexionen hinüberleiten, die zumindest schon einmal eine Atmosphäre des Denkens ankündigen.

„Diese Maschinen sind eine Versuchung. Aber was bringt uns nicht alles in Versuchung? Vielleicht kommt es ja nur darauf an zu wissen, wann man widerstehen muß und wann man sich mit Freuden in Versuchung führen lassen darf."

Solche kleinen Einlagen, um mir nochmals die Redensart bei den Schachspielern auszuleihen, haben allerdings ihr Richtiges nur unter der Bedingung, daß sie „am Brett" einfielen, also keine vorbereiteten Züge sind.

In diesem Sinne lassen sich auch schon einmal einige Mehrdeutigkeiten, solange sie im Plauderton daherkommen, einbauen, wobei ich nicht selten bemerken konnte, daß sich dann, im späteren Gespräch, zwanglos daran anschließen ließ – was bei ausdrücklichen Mehrdeutigkeiten ja kein Wunder ist. Es sind gewissermaßen „Einsichten im Schwebezustand", die dann jeder auf seine Weise auf sein Niveau herunterbricht. Beispiel:

„Geben wir der Versuchung nach, solange wir es noch können. Man wird früh genug vernünftig."

Mit einer solchen Floskel kann sich vielerlei eröffnen. Zum einen habe ich möglicherweise einen Gast begrüßt, der u. a. seine eigenen Probleme mit dem Altern hat. Dann aber ist auf die unauffälligste Weise mit einem solchen „Spruch" ein Vorurteil in Frage gestellt, das so mancher mit in die Beratung bringt, etwa: Die Philosophie habe es in ausnahmsloser und verbissener Weise mit dem „Vernünftigen" zu tun. (Zwischenfrage: Wie „vernünftig" ist das „Nur-Vernünftige"?)

Eine ähnliche und doch auch wieder andere Rolle kann – beim Zubereiten des Kaffees – einer kleinen Geschichte oder Anekdote zufallen. Beispiel:

> „Ein Althistoriker und Kenner des Orients hat mir erzählt, bei den alten Beduinen gebe es die verpflichtende Tradition, der, mit dem man gemeinsam esse oder trinke, genieße als Gast alle herausragenden Rechte des Freundes. Aber das gelte nur, solange man beisammen sitze. Danach ... – Seien wir also froh, daß wir Mitteleuropäer und keine Wüstenleute sind."

Eine solche Floskel kann sich als klug erweisen, wenn sich etwa, was in der Regel sogleich bemerkt werden wird, eine konfliktreiche Beratung anbahnt. Dann hätten wir, auf die eleganteste Art der Welt, schon einmal vorsorglich mitgeteilt: Seien Sie auf der Hut, Sie genießen hier zwar Gastrecht, aber machen Sie Ihre Rechnungen nicht ohne den Wirt.

Es hätte seinen berechtigten Reiz, mit weiteren Varianten auf die Beredtheit angeblich nichtssagender Eingangswendungen hinzuweisen und sie in ihren Konsequenzen zu bedenken. Doch will ich es dabei belassen, denn andernfalls kämen andere Gesichtspunkte, die ich vorstellen möchte, zu kurz.

Gehen wir also einen Schritt weiter, örtlich rekonstruiert von dem Kaffeeautomaten in die Gesprächsecke, wo nun tatsächlich das eigentliche Gespräch beginnen soll.

Wir haben anzufangen, hatte ich gesagt, damit der Gast anfangen kann. Üblich unter solchen Anforderungen ist der Einfall, mit einer Frage zu eröffnen, wobei die Überlegung Pate stehen mag, es sei ja noch gar nicht die Frage, mit der ein Gespräch beginne, sondern eigentlich erst die Antwort. Doch diese Hintergrundsüberzeugung ist nicht nur fraglich, sie ist womöglich grundfalsch.

Ich demonstriere dies an einem gewöhnlichen Fall. Wir denken uns, jemand beginne, wie wir dies bekanntlich von manchem Arzt hören, mit der Erkundigung:

> „Was führt Sie zu mir?"

Viktor von Weizsäcker hatte vorgeschlagen, mit der Frage danach, was dem Patienten denn „fehle", zu eröffnen, was immerhin bereits in eine andere Richtung weise als die Erkundigung, was er „habe" ...

Oder denken wir uns als Alternative – wie immer in einige Höflichkeitsformeln eingepackt und so um die Schroffheit der Erkundigung gebracht – die eröffnende Frage:

> „Was ist Ihr Problem?"

Mit solchen Eröffnungsfragen wäre gleich eingangs vieles vorentschieden und der Gast vom philosophischen Praktiker womöglich auf falsche Fährten gelockt. Sind wir denn als Berater vordringlich an den *Problemen* des Gastes interessiert? Nicht vielmehr vor allem an *ihm*?

Außerdem: Eine recht wahrscheinliche Antwort des Besuchers auf eine solche Erkundigung könnte sein:

> „Ja, wenn ich das wüßte ..."

Vor allem aber: Mit einer solchen Eröffnung wäre ein bedenklicher Anfang gemacht. Denn im Grunde wäre nun, daß unser Besucher *nicht weiß*, was sein Problem ist, als „sein" Problem gesetzt. Aber ist es das wirklich?

Also gut, wir werden solche verfänglichen Fragen vermeiden, statt dessen vielleicht mit der unverfänglicheren, einfachen Bemerkung eröffnen: „Nun haben wir Zeit!" – womit grundsätzlich dem Gast freigestellt ist, die Zeit zu nutzen und nun *seinerseits* zu eröffnen. Doch dann ist nicht unwahrscheinlich, daß wir als Erstes zu hören bekommen:

> „Ja, wie fange ich an ...?"

Unterstellen wir, dies sei nicht nur der Auftakt zu weiterem, was sich sogleich anschließen soll, sondern dem Besucher mache es wirklich Schwierigkeiten, einen ihm angemessen erscheinenden Anfang zu finden, wollen wir einmal überlegen, wie sich die zwei folgenden gedachten Interventionen ausnähmen ... Die erste lautete:

> „Nichts dümmer als der Satz, aller Anfang sei leicht. Oder einfach."

Die zweite hieße etwa:

> „In der Tat: Aller Anfang ist schwer."

Logisch semantisch untersucht, machen beide Wendungen keinen bedeutenden Unterschied. Sehen wir jedoch genauer hin, bemerken wir, wie der verneinende Satz: „Nichts dümmer als ..." usw. sich mit dem Besucher zunächst einmal solidarisiert – und das mit gutem Grund nebenbei bemerkt, denn die weiteren Reflexionen über das Anfangen werden verdeutlichen, inwiefern alles Beginnen schwierig ist ... Darüber hinaus wäre mit einer solchen Wendung dem Gast die hübsche Chance zugespielt, zu widersprechen, da er sehr wahrscheinlich vorzugsweise die *geläufigere* sprichwörtliche Variante kennt: „Aller Anfang ist schwer". So sagt er jetzt etwa (und das ist vorgekommen): „Heißt es nicht, aller Anfang ist schwer?" Und schon wäre der Anfang gemacht, ein Faden ausgelegt, an den wir als der philosophische Praktiker nurmehr anzuknüpfen haben.

Doch nehmen wir uns eine andere, häufig wiederkehrende Variante der Eröffnung vor. Der Besucher beginnt etwa:

> „Ich weiß eigentlich gar nicht, *wo* ich anfangen soll."

Oder – mit bedeutender Differenz:

> „Ich weiß eigentlich gar nicht, *wie* ich anfangen soll."

Mit einer solchen Eröffnung hätte uns unser Gast eine vorzügliche Vorlage zugespielt, die sich auf die unterschiedlichste Weise nutzen läßt. Und je nachdem, wie wir darauf reagieren, lenken wir unauffällig das weitere Gespräch bereits in bestimmte Bahnen, was Vorsicht und Behutsamkeit erforderlich macht ... Wir schließen beispielsweise an:

> „Ach, wissen Sie, das ist kein Problem. Denn im Grunde ist es immer so. Der wahren Anfänge werden wir uns eigentlich immer erst nachträglich bewußt."

Das klingt ungewohnt, womöglich widersprüchlich, jedenfalls interessant, und manchem erscheint es vielleicht sogar paradox, was zu begrüßen wäre, weil es in der Regel neugierig macht und zu Nachfragen einlädt. Der Gast reagiert etwa:

> „Wie meinen Sie das?"

(Ich unterstelle einmal, der Gast ist dankbar, daß nicht sogleich die gesamte Last des Anfangens auf ihn gewälzt wurde ...)

> „Na ja, sehen Sie, wir fangen an zu erzählen, aber das Erzählte liegt ja schon zurück, ist längst geschehen. Oder wir wollen berichten, doch das, wovon wir berichten wollen, hat sich ja schon ereignet. Oder: Wir fangen an, uns Gedanken zu machen. Aber worüber denn? Doch über das, was schon lange *gedankenlos unser Fall ist*. Oder wir stecken mitten in einer Geschichte, und irgendwann fragen wir uns: Was ist das denn eigentlich für eine Geschichte, in der wir da stecken? und so weiter."

Vielleicht fügen wir noch das eine und andere von dem an, was wir aus Sloterdijks hübschen Reflexionen zum Anfangen[1] gewonnen haben; etwa:

> „Es ist ja mit unserem ganzen Leben so: Wenn wir auftauchen, liegen unsere Anfänge schon weit zurück. Niemand ist in der Lage, mit dem wirklichen Anfang anzufangen. Wir setzen immer bloß ein oder setzen fort, was schon mit uns angefangen hat oder mit uns angefangen wurde ..."

Solche recht allgemeinen Reflexionen lassen sich natürlich vielfältig variieren, und mit ein bißchen Glück oder einer glücklichen Hand werden wir mit einer solchen *allgemeinen* Reflexion bereits anstoßen, was dem Besucher *im*

---

1 Sloterdijk, Zur Welt kommen – Zur Sprache kommen, Frankfurt a.M. 1988; darin besonders die zweite Vorlesung, „Poetik des Anfangens".

*besonderen* auf dem Herzen liegt. Das wäre der Vorteil *allgemein gehaltener Reflexionen*. Es ist darum nicht unwahrscheinlich, daß er Ihnen ins Wort fällt:

„Da sagen Sie was ..."

... und schon sind wir mitten im Gespräch und dürfen damit rechnen, nun werde unser Besucher beginnen, zu berichten.

Ich stelle eine weitere, nicht seltene Variante vor. Der Gast, nachdem er einen Schluck Kaffee getrunken hat, beginnt:

„Ich habe ein Problem."

Eine Vorlage ganz anderer Art. Und nicht wenig heikel. Denn auch hier könnten wir mit unterschiedlichen Reaktionen bereits eine außerordentliche Fülle von Vorentscheidungen treffen. Ich will das anhand eines Beispiels erläutern. Einmal begann ein Gast tatsächlich auf genau diese Weise. Und ich:

„Sie Glücklicher!"

„Wie?"

„Sie Glücklicher! Ich habe nicht ein, ich habe *viele* Probleme."

Gefährlich zweifellos, eine Gratwanderung! Doch wenn's gelingt ..., wenn wir es schaffen, diese kleine Intervention ohne alle Häme und Verachtung hinzubekommen, wenn wir es vielmehr schaffen, es damit tatsächlich ganz ernst zu meinen, *kann* es gelingen, damit eine Stimmung der Entspannung und Lockerung zu schaffen. Es wäre gewissermaßen eine Überrumpelung gelungen und einer „Problem-Depotenzierung" vorgearbeitet. Doch wahrscheinlich ist alsbald eine Einschränkung fällig, mit der sich dann tatsächlich ein Gespräch eröffnen ließe.

„Natürlich ist das nur halb wahr. Ebenso wahr ist: Wer viele Probleme hat, hat eigentlich keins. Das ist wie mit den vielen Göttern und dem einen Gott. Unter dem Gewimmel der vielen Götter lebt es sich vergleichsweise kommod, unter dem Regiment des Einen wird's ernst."

So wäre es gerettet und wir wären wieder – nur nach einem kleinen Umweg – bei dem Eröffnungssatz des Gastes angelangt; und er könnte weitermachen.

Eine solche, natürlich mit Mitteln der Überraschung arbeitende Eröffnung läßt sich selbstverständlich vielfältig verschärfen oder in ihrer Wirkung auch abschwächen. Ich will darauf ein wenig eingehen, um ein Gefühl für den Variantenreichtum schon im Blick auf die ersten „Züge" zu vermitteln.

Er: „Ich habe ein Problem."

Ich, vieldeutig lächelnd: „Das glaube ich nicht."

Auf die Nachfrage hin läßt sich dann sehr korrekt zeigen, daß man niemals *nur ein* Problem hat, sondern in der Regel das zusätzliche Problem, nicht zu wissen, wie man damit umgehen sollen. Was aus dem *einen* schon *zwei* Probleme macht.

Oder man bekommt mit sich Probleme, weil man dieses *eine* Problem hat. Was schon wieder aus dem einen zwei Probleme macht. Oder aber man hat mit anderen Probleme, weil man dieses (angeblich) *eine* Problem hat usw. All das läßt sich leichthin erläutern und dem Gast ist auf diese Weise übermittelt, er dürfe sich Zeit lassen und Ruhe gönnen – was ja gar nicht nötig wäre, ginge es nur darum, „das *eine* Problem" vorzustellen.

Wobei dies als allgemeine Überlegung eingeschoben sein soll: Oft ist schon viel erreicht, wenn dem Besucher der Eindruck vermittelt wird, er müsse von den Schwierigkeiten, die ihn in die Beratung führten, keineswegs in der Kürze berichten, wie er dies vielleicht von Besuchen beim Rechtsanwalt oder Arzt gewöhnt ist. Die eigentliche Ressource der Philosophischen Praxis nämlich ist *Zeit, die eingeräumt wird*.

Ich habe da soeben Varianten angedeutet, die das Gemeinsame haben, für den Besucher irgendwie *überraschend* oder *unerwartet* zu sein. Dazu ein Wort: Auf solche Weise signalisieren wir ihm – was vorteilhaft sein kann –, ihn erwarte in der Philosophischen Praxis ein Gespräch, wie er es bisher mit seinem Freund noch nicht geführt hat und mit seiner Freundin höchstwahrscheinlich auch nicht.

Eine andere Variation:

> Er: „Ich habe ein Problem."
>
> Ich: „Nun gut: Sie erzählen, und ich revanchiere mich, indem ich auf Erklärungen verzichte."

So hätte ich mit einem einzigen Zug – und dies gewissermaßen mit der linken Hand – ein wenig in die Philosophie Philosophischer Praxis eingeführt ...

Doch als Zwischenfrage: Was unternehme ich hier eigentlich? Ich mache auf Beiläufigkeiten aufmerksam, die ihre eigene und gar nicht unbedeutende Rolle spielen. Und wieder muß ich sagen: Das ließe sich selbstverständlich *ad ultimo* fortsetzen, was ich jedoch unterlasse, um die Gelegenheit zu erhalten, auf ein weiteres, ebenso reizvolles Thema hinzuweisen, das in den Umfang von Überlegungen zum Anfang gehört. Ich möchte nämlich einmal einige *Typen* von Besuchern unterscheiden und sie mit bestimmten, kennzeichnenden Anfängen in Beziehung setzen.[2]

Da ist, wie ich ihn nennen möchte, *der Angriffslustige* – den wir auch als den auffassen können, der von sich meint, er müsse sich sicherheitshalber präventiv verteidigen. Er lauert zunächst ein wenig, zögert demonstrativ, und erklärt dann vielleicht, er sei bereits da und dort bei diesem und jenem gewesen – was natürlich alles „nichts gebracht" habe –, und dann fügt er diesem einleitenden Bericht noch die Kampfansage hinzu:

> „Das ist ja ziemlich kurios, was Sie da anbieten, oder? Ich meine, ‚Philosophische Praxis' - klingt das nicht ein wenig verstiegen?"

Nun, sollte da tatsächlich einer von jener Klientel den Weg zu uns gefunden haben, den man in Therapeutenkreisen den „Therapeutenfresser" nennt, könnte es empfehlenswert sein, sogleich entschieden – wenn auch freundlich – gegenzusteuern. Ich erinnere mich, auf eine derartige Eröffnung geantwortet zu haben:

> „Sie sind zur falschen Tageszeit gekommen."
>
> Er: „?"
>
> Ich: „Das Duell findet im Morgengrauen statt."

Wobei ich nicht ausgeschlossen haben will, es ließe sich auch zunächst einmal versöhnlicher auf die kleine Eingangsunverschämtheit reagieren. Etwa so:

> „Kurios. Sie haben recht. Aber bedenken Sie: Nur eine kuriose Einrichtung wird mit kuriosen Gästen fertig."

*Ein anderer Gast* – von dem ich bisher nicht weiß, wie ich ihn nennen soll, er gehört aber sicherlich auch zur größeren Gruppe der Angriffslustigen –, ein anderer muß zunächst einmal prüfen, ob er es mit einem Menschen auf gleicher Augenhöhe zu tun hat, ob der Philosoph, den er da aufgesucht hat, belastbar ist, ob er etwas aushält usw.

Dieser gedachte Gast, der seine Angriffslust – aus welchen Gründen auch immer – etwas nachdrücklicher in Anschlag bringt, beginnt also etwa so:

> „Sie vertragen die Wahrheit?"

Das wäre die Gelegenheit, einmal über die sogenannte „Schlagfertigkeit" nachzudenken, von der behauptet wird, der eine „habe" sie, ein anderer eben nicht; was aber wahrscheinlich falsch ist. Man kann sie sich – ein Stück weit jedenfalls – durchaus erwerben. Man kann sich vorab in Verfassungen versetzen, die Einfällen erlaubt zu „kommen" ...

Wäre man sehr gut in Stimmung – übrigens: der hier zu schildernde „Angriffslustige" verrät sich ja nicht erst mit seiner ersten Wortmeldung, vielmehr sind wir in der Regel längst auf eine „angriffslustige" Eröffnung gefaßt,

---

2 Daß zumal der philosophische Praktiker nicht mit „Typen" zu tun hat in der Philosophische Praxis, sondern Menschen als Individuen begegnet, versteht sich wohl. Wenn also hier einmal ausnahmsweise von „Typen" die Rede ist, so lediglich der Übersichtlichkeit wegen.

nachdem wir ihn begrüßt haben ... –, also nochmals: Wäre man sehr gut in Stimmung und wirklich geistesgegenwärtig, könnte eine glänzende Parade etwa so aussehen:

> „Ach, wissen Sie, ob ich die Wahrheit vertrage ... Was für eine Frage! Viel schwieriger und interessanter ist doch, ob die Wahrheit mich erträgt ..."

Aber wer ist schon so reaktionsstark? Also weiter. Der Gast sagt etwa im Tonfall betonter Sachlichkeit:

> „Ich verbinde, um ehrlich zu sein, wenig Hoffnung mit meinem Besuch bei Ihnen."
>
> Ich: „Ich auch."

Das kann man dann erläutern.

Auch hier wäre selbstverständlich eine gemäßigtere, entspannte Variante möglich:

> „Noch ist nicht aller Abende Morgen."

Oder:

> „Schön, schön. Mein Grundsatz ist: den Abend nie vor dem Morgengrauen zu verfluchen."

Nehmen wir einen anderen „Typus" als Exempel. Nennen wir ihn *den Prüfenden*. Er hat bereits etliche Stunden, die er Sie besucht hat, hingehen lassen. Und jetzt endlich kommt er mit der folgenden Bemerkung heraus:

> „Sie haben mich gar nicht gefragt ..."
>
> „Wollten Sie lieber Rede und Antwort sitzen?"

Vor allem muß jetzt natürlich ein Grundsatz der Philosophischen Praxis erläutert werden, die Distanz zum anleitenden Fragen nämlich.

*Der Frager*. Was ist die Philosophische Praxis usw.? Hier sind vorsichtige Differenzierungen möglich, doch die sollten so vorgetragen werden, daß sie jederzeit unterbrochen werden können, denn mit hoher Wahrscheinlichkeit ist der Besucher nicht gekommen, um sich über unseren Beruf aufklären zu lassen ...

Als eine „Spezialität" würde ich die *geschickten* Besucher ansehen, die also nicht unmittelbar aus eigenem Antrieb kommen, sondern von anderen zu uns geschickt wurden. In der Regel sind es Jugendliche, manchmal aber ist es auch der Ehepartner beispielsweise. In einem solchen Fall pflege *ich* schon einmal zu beginnen. Und zwar etwa so:

> Ich: „Was halten Sie davon, wenn ich Ihnen zuerst einmal sage, was ich von Ihnen bereits weiß? Beziehungsweise besser: gehört habe. Oder noch besser: über Sie gehört

habe. Denn: Was man von oder über jemanden gehört hat, das weiß man selbstverständlich noch nicht von ihm."

(Da ist bereits elegant eine nicht nur mögliche, sondern wahrscheinliche Differenz zwischen dem, der zu uns geschickt wurde, und dem Schickenden gesetzt.)

Einen anderen „Typus" möchte ich *den Freundlichen* nennen. Ich skizziere dazu einen typischen Fall, wie er mir so schon einmal begegnet ist:

„Ich habe Sie neulich in der Fernsehsendung gesehen."

Nun, dem werden wir gleich mitteilen, daß er es nicht nötig hat, seine Worte als Dienstleistung an den Berater zu wählen.

„Und da sind Sie trotzdem gekommen?"

Auf diese Weise verschaffe ich mir Spielraum, indem ich die Einschätzung des anderen, die er wahrscheinlich auf Grund jener Sendung von mir gewonnen hat, irritiere.

Eine weitere Spezialität: *Er und sie* sind gemeinsam gekommen.

Sie: „Willst Du?"

Er: „Mach nur."

Nach einer Weile ich:

„Weiß zieht und gewinnt."

Oder:

„Szenen einer Ehe. *Einer* von beiden ist das Problem."

Sie geht darauf ein ... – dann:

„Liebe Frau, Sie haben mich falsch verstanden. Das Problem ist der, der den andern für das Problem hält, verstehen Sie? Und das potenzierte Problem ist der, dem's gelingt, daß der, der *vermeintlich* das Problem ist, anfängt, dies von sich selbst zu glauben. Aber solche reizenden Dinge aufzuklären, dafür sind Sie ja hier."

An einem vorletzten Beispiel will ich auf *ein Grundproblem* aufmerksam machen, das sich etwa so formulieren läßt: Vor allem kommt es darauf an, dem anderen *die Fortsetzung der Gesprächseröffnung* zu ermöglichen. Beispiel:

Er (indem er auf die Bücherwände der Bibliothek zeigt): „Haben Sie die alle gelesen?"

Ich: „Gelesen schon, *überwiegend* wenigstens."

Und dann kann ich erläutern – falls er nachfragt, was bei einer solchen Auskunft kaum ausbleiben wird –:

> „Das meiste habe ich Gott sei Dank wieder vergessen. Manche meinen ja, das Geheimnis des Gehirns sei, wie es speichert. Aber wahrscheinlich ist sein eigentliches Geheimnis, wie dieses Organ es schafft zu vergessen. Vor allem das, was man guten Gewissens vergessen darf. Und das ist nicht wenig."

Ein Stichwort für eine – wie ich meine: nicht unwichtige – Zwischenbemerkung: Das wirklich Bemerkenswerte am Schachcomputer ist die gedrosselte Spielstärke. Das ist ein Ideal auch der philosophischen Gesprächsführung.

Doch noch einmal zurück zu jenen auswahlweise vorgeführten *„Typen"* von Gästen und ihren Eröffnungen. Eine etwas allgemeinere Bemerkung dazu halte ich für reizvoll. Sie will ich einleiten, indem ich ein längeres Zitat von Adorno voranstelle:

> Ich muß Ihnen den Gedanken ein wenig näher ausführen, daß die Philosophie nicht ihren Gegenstand hat, sondern sucht. Sie bringt zunächst das Subjekt ganz anders ins Spiel, als das in den objektivierten und objektivierenden Einzelwissenschaften der Fall ist. Das hängt mit dem Ausdrucksmoment zusammen; sie will mit dem Begriff eigentlich das Nichtbegriffliche ausdrücken. Wenn der berühmte Wittgensteinsche Satz sagt, daß man nur das sagen soll, was man klar aussprechen kann, über das andere aber schweigen, dann würde ich dem den Begriff der Philosophie geradezu entgegensetzen und sagen, die Philosophie sei die permanente und wie immer auch verzweifelte Anstrengung, das zu sagen, was sich eigentlich nicht sagen läßt. ... Im Tasso heißt es, daß, wenn der Mensch in seiner Qual verstummt, ihm ein Gott gab zu sagen, was er leide. Das ist es eigentlich vielmehr, was die Philosophie inspiriert; man möchte fast sagen, sie wolle den Schmerz in das Medium des Begriffs übersetzen. Philosophie ist also nicht ein nach außen gehaltener Spiegel, der irgendeine Realität abbildet, sondern viel eher der Versuch, Erfahrung oder dieses Es-sagen-wollen doch verbindlich zu machen, zu objektivieren: Denken im emphatischen Sinn, also dort, wo es nicht schon nach den Anforderungen irgend welcher Disziplinen oder Zwecke zugerichtet ist, hat davon gewiß immer etwas. Doch die ernstesten Dinge, da, wo es wirklich um die Wahrheit geht, sind immer die allerzerbrechlichsten. Die Wahrheit ist nicht etwas Festes, was man in der Hand hält und dann getrost nach Hause tragen kann ... Sie ist immer und ohne Ausnahme etwas außerordentlich Zerbrechliches, und so steht es auch um den Begriff der Philosophie.[3]

Wohl ist einzuwenden, Adorno zitiere hier falsch. Tasso, das ist die Pointe gerade, weiß zu sagen, „wie" er leide, nicht „daß" oder „was". Und damit vermag er *als Dichter*, was „dem Menschen" *nicht* gegeben ist. Doch nach dieser Korrektur ließe sich nun sagen: Der Sinn Philosophischer Praxis sei es, dem Besucher zu verhelfen, zumindest so weit „Dichter" zu werden, wie nötig ist, um auszudrücken, *wie* er leidet.

---

3  Adorno, Philosophische Terminologie, Bd. 1, Frankfurt a. M. 1973, S. 82f.

## Zum Anfang

*Das* aber *ist* das Problem vieler Besucher der Philosophischen Praxis, daß sie eben *keine* Dichter sind. Womit die Aufgabe Philosophischer Praxis ausgesprochen wäre: Wir haben eine neue *Mäeutik* nötig, wir haben Geburtshelferdienste zu leisten. Es kommt darauf an, dem Gast die Möglichkeit zu verschaffen, zu sagen, *wie* er leidet.

Daß *dies* das Schwere ist, ist sicherlich der Grund, der viele anfangs stocken, wenn nicht verzagen läßt, der Grund auch, der ihnen ihre Zweifel einträgt, ob überhaupt wird gesagt werden können, was es sie zu sagen drängt. Manche Besucherin weint.

Ich: „Mit Worten geht es nicht. Schreiben Sie Tagebuch?"

Eine Variante dieses Zweifel-Anfangs verzagter Besucher ist es, wenn sie eingangs ihre Probleme herunterspielen. „Es ist ja albern, aber ..."

Im Blick auf alles Vorgeführte wurde hoffentlich deutlich: Regeln anzugeben – oder „Methoden", nach denen zu verfahren sei –, ist im strikten Sinn nicht möglich. Und wären sie möglich, wären sie hinderlich, wenn sie nicht sogar alles von vornherein verderben würden.

Wie ist dann aber zu lernen?

Studieren wir Romananfänge! *Viele* Romananfänge. In nicht wenigen Fällen wird eigens über das Problem des Anfangs und das Eröffnen eines Raums für die Erzählung reflektiert. Vorzüglich von Thomas Mann zu Beginn seines gewaltigen Romanwerks „Joseph und seine Brüder":

> „Tief ist der Brunnen der Vergangenheit. Sollte man ihn nicht unergründlich nennen?"

So wird für großes, ausführliches Erzählen Platz geschaffen. Und übrigens liest sich dieser Auftakt wie eine Reminiszenz an Thomas Manns Lieblingsphilosophen Arthur Schopenhauer. Er eröffnete den zweiten Band seiner „Parerga und Paralipomena" bekanntlich mit folgendem Bild:

> „Der Grund und Boden, auf dem alle unsere Erkenntnisse und Wissenschaften ruhen, ist das Unerklärliche. Auf dieses führt daher jede Erklärung, mittelst mehr oder weniger Mittelglieder zurück; wie auf dem Meere das Senkblei den Grund bald in größerer, bald in geringerer Tiefe findet, ihn jedoch überall zuletzt erreichen muß."

Zweifellos ein großartiger Anfang! Das Rätselhafte, das Unergründliche, *das* ist der Boden allen Erzählens. Und wessen es dann noch bedarf, dafür haben wir zumindest ein Wort: *produktive Einbildungskraft*. Und *Geistesgegenwart*. Und ein Ideal: *Jede Beratung finge idealerweise so einmalig und unaustauschbar an wie ein Roman.*

Die Devise des Novalis gibt die Richtung vor: Der Philosoph in der Philosophischen Praxis hat zu „romantisieren". So hilft er, aus dem Keim zu einer Geschichte einen unendlichen Roman zu entwickeln.

## Schlußbemerkungen

Den Anfang macht nicht das Verstehen eines Problems, sondern am Anfang zeigt sich, ob wir das Problem des Anfangens verstehen, ob wir uns *auf* das Anfangen verstehen. (Das nennen wir „Umgangswissen".)

Übrigens: Den Anfang macht überhaupt nicht das Problem, das der andere vermeintlich hat. Denn wir fangen mit unserem Gast an ‑ und dann erst, in zweiter Linie, mit seinen Problemen.

Der Sprachgebrauch hat immer den als Philosophen bezeichnet,
der jedem Vorkommnis die beste Seite abzugewinnen weiß;
denn einzig das hilft.

*Alain*



Wie die Bienen Honig sammeln aus dem Thymian,
dem herben, trockenen Kraut,
so gewinnt der Weise oft aus den mißlichsten Umständen
Nützliches und Gutes.

*Plutarch*

## Philosophie als Beruf[1]

Philosophische Praxis ist also nicht nur keine „neue Therapie", sie ist vielmehr ganz entschieden *keine* Therapie; soviel war bereits festgestellt worden. Was statt dessen? Antwort: Philosophie soll Praxis werden, kommunikative Handlung, dialogische Problem-Erkundung und -Gestaltung, was in einem Zuge die Kritik „verzerrter Kommunikation" bedeutet, exemplarisch: jeglicher „Behandlung". Was die Frage nach der Konzeption Philosophischer Praxis aufwirft, die ich vorläufig – und vorerst umrißhaft – zu beantworten versuchen werde.

Ich beginne mit einem simplen Faktum: Der Mensch ist ein kompliziertes Wesen. Gar nicht fähig, nur zu leben oder einfach dazusein, muß er, ob er will, ob nicht, zu seinem Leben Stellung nehmen. Also macht er sich Gedanken.

Aber damit nicht genug, ist er außerdem imstande, über seine eigenen Gedanken nachzudenken. Und in manchen Fällen tut er gut daran, von dieser Möglichkeit Gebrauch zu machen.

Daß er nun zur Reflexion auf seine eigenen Gedanken überhaupt begabt ist, macht: Er ist das konstitutionell philosophierende Wesen.

Mit andern Worten: Er *hat* nicht einfach nur Gedanken (wie man Hände hat, um zuzupacken), er setzt sich auch mit ihnen auseinander. (Das so beliebte, dabei inflationär gebrauchte Bild der „Auseinandersetzung" – hier paßt es einmal: Hier meint es die von Helmuth Plessner in die Anthropologie eingebrachte Kategorie der „Exzentrizität" des Menschen, die Tatsache, wonach der Mensch vermag, „sich von sich zu distanzieren, zwischen sich und seine Erlebnisse eine Kluft zu setzen".[2])

Das aber tut er nur selten ohne Grund, denn dieses „zweite Denken", wie ich es einmal nennen möchte, ist entschieden unbequem. Immerhin: Es gibt Anlässe genug, die die Macht entfalten, ihn mit den eingeschliffenen Verfahren seines Denkens zu entzweien; dann vor allem liegt es nahe, die Unbequemlichkeit des „zweiten Denkens" nicht zu scheuen.

Zu solchen Anlässen und Gründen möchte ich zum Beispiel die Erfahrung rechnen, sich irgendwie im Kreis zu drehen, sich mit seinen An- und Einsichten gewissermaßen auf der Stelle zu bewegen, mit dem eingeübten und vertrauten Denken nicht voranzukommen oder in Problemen festzusitzen, die man weder löst noch los wird. Häufiger wird heute allerdings der Fall sein, daß das selbstverständliche, gewohnte Denken als gewissermaßen unle-

---

1 Hier gebe ich lediglich einen kurzen Auszug aus einem frühen Vortrag zur Philosophischen Praxis wieder, den ich 1982 an der Universität Osnabrück gehalten hatte. Ausführlich in: Gerd B. Achenbach, Zur Einführung der Philosophischen Praxis, Köln 2010, S. 147–159.
2 Helmuth Plessner, Die Stufen des Organischen und der Mensch, Berlin/New York ³1975, S. 2

bendig und schematisch, jedenfalls als langweilig erfahren wird und man spürt, es lasse keine neuen, wirklichen Erfahrungen mehr zu, auf eine eigenartig schlimme Weise sei es fertig, abgeschlossen, unbeweglich, routiniert und darum unempfindlich – also zwar erprobt und tüchtig, aber ohne das Talent, unser Leben zu bereichern.

Die dominanten Grundempfindungen, die den Menschen unter solchen Umständen befallen, sind Interesselosigkeit und Apathie, das innere Gefühl wie ausgebrannt, die Lust zu leben irgendwie erloschen, der Antrieb, Neues anzufangen, ist verpufft.

Zur Erklärung dieses Zustandsbildes möchte ich nun eine Hypothese wagen: Ungeklärte, schwimmende Bedürfnisse sublimer, avancierter Qualität sind infolge dauerhafter Frustration in eine tiefere und unzugänglichere Ebene der Stimmungen und quasi-pathologischen Befindlichkeiten abgetaucht – bis hinab ins Soma – und dort wirken sie dann weiter, unerklärlich und diffus, als sich selber unbekannter Anspruch. Schließlich ziehen sie dem Leben alle Farbe ab und es wird grau. Jedenfalls: Der Mensch beginnt zu leiden. Doch: woran?

Eigentlich nicht unter Schmerzen (oder doch nicht unbedingt), auch nicht qualvoll, sondern eher dumpf, gedrückt, irgendwie um irgendwas betrogen und beraubt, und vor allem: dauerhaft und scheinbar ohne Ausweg.

Eine bittere Gestimmtheit stellt sich ein: Was dem Menschen klar ist, langweilt, was jedoch ein intensives Interesse, Anteilnahme und Lebendigkeit erwecken könnte, ist ihm unbekannt. Ich könnte auch sagen – und zögere zugleich, da der hierher gehörige Begriff inzwischen unsäglich verhunzt ist –, es sei ein Defizit an Bildung, das sich in der beschriebenen Lebens-Verstimmung niederschlage. Der Verlust an Bildung aber ließe sich als verminderte Liebesfähigkeit bestimmen:

> „Bildung ist eben das, wofür es keine richtigen Bräuche gibt; sie ist zu erwerben nur durch spontane Anstrengung und Interesse, nicht garantiert allein durch Kurse, und wären es auch solche vom Typus des Studium generale. Ja, in Wahrheit fällt sie nicht einmal Anstrengungen zu sondern der Aufgeschlossenheit, der Fähigkeit, überhaupt etwas Geistiges an sich herankommen zu lassen und es produktiv ins eigene Bewußtsein aufzunehmen, anstatt, wie ein unerträgliches Cliché lautet, damit, bloß lernend, sich auseinanderzusetzen.
> Fürchtete ich nicht das Mißverständnis der Sentimentalität, so würde ich sagen, zur Bildung bedürfe es der Liebe; der Defekt ist wohl einer der Liebesfähigkeit."[3]

Wenn der Eindruck, wie ich ihn geschildert habe, stimmen sollte, fehlten nicht so sehr „Gehalte", an die der Mensch sich halten könnte, die ihm einen Standpunkt unterschöben, sondern es fehlte ein Geist, der mit dem

---

3 Th. W. Adorno, Philosophie und Lehrer, in: drs., Gesammelte Schriften, Bd.!0/2, S. 485.

eingerückten Wort Adornos auch als der der Bildung und der Liebesfähigkeit beschrieben werden dürfte: der übrigens zugleich aus einem öden und erlebnisarmen Einerlei des Lebenstrotts befreite, Überraschungen bereitete, wach machte, aufmerksam, gespannt, lange abtrainierte Neugier neu entfachte, Ausgeschlossenes erschlösse, andere und neue Perspektiven und bisher versperrte Aussichten eröffnete und auf diesem Wege Übersehenes ins Licht stellte, Starres und Ermattetes bewegte, Festgesetztes aus der Stelle rückte – alles dies Signifikanz von Bildung, die im philosophischen Gespräch entschieden eher eine Chance hat als in jeder Form von Unterrichtung.[4]

Meine eigene bisherige Erfahrung jedenfalls widerspricht der noch immer populären Unterstellung, der Mensch habe vor allem sogenannte geistig-metaphysische Bedürfnisse nach Sicherheit und Festgestelltem, ausgehungert und begierig nach gewissen „letzten Resultaten", an denen sich nicht weiter rütteln ließe (das ist Philosophen-Preußentum der Punkt-und-Basta-Geste ...). Ich bin vielmehr überzeugt, daß er eher einen Mangel spürt an Denk-Erlebnissen und geistig hellen Augenblicken, die seine innere Erregbarkeit erwecken und ihn so für unvorhergesehene bzw. unbedachte Daseins- und Entfaltungs-Chancen oder für verdrängte Möglichkeiten offen und sensibel machen.

Nun, aus diesem (unterstellten) Bedürfnis ergibt sich – indirekt spricht die besondere Bedürfnis-Interpretation dies ja schon aus –, was die Philosophische Praxis zu sein intendiert; ich kann es in kürzester Form mit einem Aphorismus von Novalis sagen:

> „Philosophistiren ist dephlegmatisieren – Vivificiren."[5]

An anderer Stelle habe ich den Übersetzungsvorschlag gemacht: „Philosophieren heiße ‚auf die Sprünge helfen und beleben'".[6] Doch wird damit die Frage unausweichlich: Inwiefern sollten ausgerechnet Philosophen dazu ausersehen sein, all das zu vollbringen?

Und die erste Antwort wird wohl lauten müssen, daß die meisten oder jedenfalls doch viele dazu sicherlich *nicht* in der Lage sind. Philosophie studiert

---

4 Was Bildung im hier gemeinten Sinne ist, entwickelt Robert Spaemann in „einer Promotionsrede", die unter dem Titel „Wer ist ein gebildeter Mensch?" wieder erschien in: drs., Grenzen. Zur ethischen Dimension des Handelns, Stuttgart 2001, S. 513–516.
5 Novalis, Werke, Tagebücher und Briefe, hrsg. von H. J. Mähl und R. Samuel, Band 2, Darmstadt 1978, S. 317. *Nachträgliche Ergänzung:* Da Novalis' eigenwillige Schreib- und Ausdrucksweise Mißverständnisse provoziert hat, wird es gut sein, das angeführte Fragment einige Zeilen weiter zu zitieren. Es heißt im Anschluß: „Man hat bisher in der Untersuchung der Philosophie, die Philosophie erst todtgeschlagen und dann zergliedert und aufgelöst. Man glaubte die Bestandtheile des Caput mortuum wären die Bestandtheile der Philosophie. Aber immer schlug jeder Versuch der ... Wiederzusammensetzung fehl."
6 Achenbach, „Der Philosoph als Praktiker", in: drs., Zur Einführung der Philosophischen Praxis, Köln 2010, S. 132.

zu haben, reicht dazu gewiß nicht aus, denn das Studium macht keinen Philosophen.

Als zweite Antwort aber darf man sicherlich behaupten, das Studium der Philosophie habe, mehr als jede Ausbildung in einer Einzelwissenschaft, den Vorzug, einen nicht-borniertten, nicht-fixierten, freien Geist, ein waches, offenes Problem-Bewußtsein zu begünstigen, es fördere mithin ein Widersprüche und Konflikte nicht beseitigendes, sondern wesentlich durch sie bewegtes, mit andern Worten: ein lebendiges, konkretes Denken – das aber (vor allem und zunächst) ist für die Philosophische Praxis erforderlich.

Um das Wesentliche kurz in einem Satz zu sagen, der – philosophisch amplifiziert – die ganze Philosophie der Philosophischen Praxis entwickeln würde: Die Philosophische Praxis ist ein freies Gespräch.

Was heißt das aber? Oder: Was heißt das zumindest auch, wenn die umfassende Amplifikation dieses Anspruchs im Moment nicht zu leisten ist?

Es heißt: Sie schert sich nicht um philosophische Systeme, verordnet keine Philosopheme, konstruiert keine Philosophie, verabreicht keine philosophische Einsicht, sondern sie setzt das Denken in Bewegung: philosophiert.

Und um nun nicht mit bekannten Bestimmungen dessen, was als Philosophieren aufzufassen sei, zu langweilen, will ich zumindest einige Assoziationen im freien Stil anfügen, die vielleicht einen ersten Eindruck vermitteln von dem, was in der Philosophischen Praxis jedenfalls de facto geschieht.

Philosophieren, würde ich in diesem freien, assoziativen Stil sagen, ist...

- ein Verstehen, das freilegt und nicht aufdeckt
- ein Wahrnehmen, das hinsieht ohne die Absicht, zu durchschauen
- ein Klären eher als ein Erklären
- urteilslose Offenheit, die Falsches ausspricht ohne ‚Billigung und Tadel'
- Skepsis gegenüber üblichen Verfahren und damit zugleich die Lust an Einsicht, die der „Theorie" entgeht
- ein Sensorium für Widersprüche, nicht um sie gleich auszuräumen oder zu versöhnen, sondern um zu prüfen, ob sie sich nicht fruchtbar machen ließen
- das Bemühen, Gegensätze zu verschwistern oder Ungeordnetes in Stimmigkeiten zu verwickeln
- entspannte Konzentration, ruhiges Bedenken, Sprechen ohne Vorsatz, Überlegen ohne Hinterabsicht
- die Verführung des Monologs zum Dialog
- im Ergebnis öfter das Verstummen einer alten Leier, das Zur-Ruhe-Legen einer abgegriffenen Thematik und das Spinnen eines neuen, roten Fadens, der über den gelebten Augenblick hinaus Motiv sein könnte, das ein Leben

Richtung-gebend innerlich durchzieht und allezeit begleitet und so den Lebens*lauf* zum Lebens*weg* gestaltet.

Philosophisches Denken...

- weiß nicht Bescheid, manchmal aber weiter
- hakt ein, nicht ab
- argumentiert diskursiv und nicht strategisch (ist Anti-Strategie schlechthin)
- macht aus dem Einfachsten ein Abenteuer (Hermeneutik des Alltags-Lebens) und aus dem Schwierigsten ein (möglichst) einfaches Problem (riskante Kontingenz-Bewältigung durch den Einsatz von vorläufig-vorbehaltlich plausiblen, synthetisierenden Einsichten)
- bedeutet Amplifizieren (Erweitern, Konkretisieren, Genau-machen) gegen alle Verführung zur Reduktion

... und hat (u. a.) drei Feinde: die voreilige Überzeugung, die kalte Richtigkeit und die seelenlose Wahrheit.

Seine Vernünftigkeit ist die des „denkenden Herzens" ( Hegel). Ich übersetze: Die Utopie Philosophischer Praxis wäre die vernünftige Seele oder die empfindende Vernunft.

Soviel zur Konzeption Philosophischer Praxis – *nicht* zu ihrem „Konzept", denn ein Konzept liegt ihr nicht zugrunde.

Für den Besucher heißt das: Mit jedem beginnt (idealerweise) eine ganz und gar individuelle philosophische Geschichte (Realisation dessen, was im esoterischen Milieu bisher als „Denkweg" galt ...) und eine Selbstaneignung durch verarbeitete und gestaltete Erinnerung zur erzählbaren Biographie. Erst als „Mini-Tradition" des einzelnen gewinnt sie jene Überschaubarkeit, die die unerläßliche Bedingung legitimer Anerkennung ebenso wie jeder grundsätzlichen Infragestellung ist. Keine philosophische Kur jedenfalls wird der anderen gleichen, oder sie war schlecht.

> „Nein, antworte ich, gerade eine solche (Philosophie, wie sie in der ‚im Ganzen noch so unklaren Zeit ... doppelt notwendig' ist,) könnte nicht vorgeschrieben werden. Denn wer kann sagen: die wahre Philosophie ist da, oder sie ist dort? Philosophie soll nun einmal und kann ihrer Natur nach keinen Einfluß ausüben als durch freie Überzeugung, sie muß mit jedem wieder von vorn anfangen, sich an jedem neu bewähren, denn kein Mensch kann für den andern glauben oder für den andern überzeugt seyn."[7]

Philosophischer Praxis schwärmt also nicht aus, um sich bei andern einzunisten, sondern ist so eingerichtet, daß andere sich an sie wenden können.

---

7  Schelling, Werke I/9, S. 360.

Nicht die andern nimmt sie in Anspruch, sondern von den andern läßt sie sich in Anspruch nehmen. Kurz und bildlich: Sokrates eröffnet eine Praxis.

Das hat wesentliche Konsequenzen. Nicht mehr *er* ist das Insekt, das der Gott den schläfrigen Athenern in den Nacken setzte, sondern die Probleme und das Leiden jener, die sich an ihn wenden, stechen nunmehr in den *corpus philosophicum*, und es ist nicht ausgeschlossen, daß ihn dieser Stachel erst aus einer langen Nacht spekulativer Träume aufweckt und noch weiter stachelt, bis der Blick, ans Tageslicht gewöhnt, die Prosa des Alltäglich-Gegenwärtigen, die Wirklichkeit entschieden auch der individuellen Lebenswelt, als seinen Gegenstand entdeckt.

Seit Sokrates sind wir daran gewöhnt, andere zu überprüfen – in der philosophischen Beratung aber kehrt sich dies Verhältnis um: Nicht der Philosoph sucht heim, sondern er ist selbst der Heimgesuchte. Gingen ehedem die andern durch das Purgatorium der kritischen Befragung, das der Philosoph zu schüren sich berechtigt glaubte, ist die Reihe jetzt an ihm, und es wird sich umgekehrt erweisen, ob der philosophische Gedanke Flammen schlägt und sich verzehrt, oder ob er sich bewährt und standhält.

Diese Feuerprobe ist der Test, den Philosophie riskiert, indem sie Praxis wird. Vielleicht ist es die schwierigste und heikelste Bewährungsprobe, in die jeder Philosoph verwickelt wurde – nicht allein sein Denken übrigens, sondern wesentlich er selbst –, indem er nicht mit überlieferten, aus einer langen Tradition herausgefilterten und somit in der Regel vorgedachten Fragen haushält, sondern unvorhergesehenen Problemen ausgesetzt wird, die der Mensch, der ihn in seiner Praxis aufsucht, selber nicht zu lösen weiß.

War der Philosoph bisher der Treuhänder für Schwierigkeiten, die das Fach ihm zugetragen hatte, hat er nun für Fragen einzustehen, die ihm exoterisch als die Fragen eines anderen begegnen.

Der Philosoph, der den Schritt in die Praxis wagt, steht angesichts solcher Erwartungen bisher ganz „am Anfang" – das allerdings dürfte ihm vertraut sein: Es ist die praktische Variante des ältesten theoretischen Pathos aller Philosophie, der nichts ferner lag als die Routine. Ein Zitat von Walter Schulz mag dies belegen und zugleich meine eigenen Überlegungen beschließen:

> „Philosophie im Sinne eines besonderen Berufes: das kann und darf ... nichts anderes bedeuten als die Bereitschaft, die Fragen, die aus dem Leben selbst kommen, in die Form einer Ausdrücklichkeit zu überführen und sie solchermaßen zu radikalisieren, das heißt, bis auf ihre Wurzeln zurückzugehen und sie von diesen her zu reflektieren. Schopenhauer hat einmal erklärt: ‚Zum Philosophieren sind die zwei ersten Erfordernisse diese: erstlich, daß man den Mut habe, keine Frage auf dem Herzen zu behalten; und zweitens, daß man alles das, was sich von selbst versteht, sich zum deutlichen Bewußtsein bringe, um es als Problem aufzufassen.' Diese beiden Erfordernisse – keine

Frage zu unterdrücken und alles Selbstverständliche zum Problem zu erheben – sind unerläßliche Grundbedingungen für jeden, der sich zum Philosophieren entschließt."[8]

---

[8] Walter Schulz, Philosophie als Beruf, in: Philosophie als Beruf, hg. v. J. Schickel, Frankfurt a.M. 1982, S. 60.

„Die einzige Kritik einer Philosophie,
die möglich ist und die auch etwas beweist,
nämlich zu versuchen, ob man nach ihr leben könne,
ist nie auf Universitäten gelehrt worden:
sondern immer die Kritik der Worte über Worte."

*Friedrich Nietzsche*

Was den Philosophen betrifft,
so kann man ihn gar nicht als Arbeiter am Gebäude der Wissenschaften,
d. i. nicht als Gelehrten,
sondern muß ihn als Weisheitsforscher betrachten.

*Immanuel Kant*

## Søren Kierkegaard, die Philosophische Praxis und Bildung sowie die Frage, wer philosophischer Praktiker ist[1]

Gefragt wird, ob – und wenn ja: in welcher Weise – die „Philosophische Praxis eine Frage der Bildung" sei. Da diese Erkundigung aber in Kopenhagen eingeholt wird, hätte es gewiß ebenso nahegelegen, nach dem Verhältnis der Philosophischen Praxis zu Søren Kierkegaard zu fragen. Ja, an diesem Ort wäre selbst der Titel „Die Philosophische Praxis auf den Spuren Søren Kierkegaards" zu rechtfertigen gewesen, denn wirklich ist der Däne berufen, einer der Hauptbezugsquellen für unsere praktische Philosophie zu werden, sofern er es nicht bereits ist. Ich ergänze: Für mich ist er in der Tat einer der wichtigsten Ideenlieferanten und Anreger.

Wer hätte wie er, noch bevor es die Philosophische Praxis als Einrichtung gab, den beispielhaft vorbildlichen Verlauf einer philosophischen Beratung auf höchstem Niveau als Dichtung präsentiert – mit seinem genialen „Entweder-Oder"? Das dialektische Raffinement, mit dem der Ethiker, Ehemann und Familienvater den existentiellen Augenblicksmenschen, Verführungsvirtuosen und Verantwortungsflüchtling in dessen Widersprüchen fängt, um ihm so zu Einsichten zu verhelfen, die den Lebenskünstlern notwendig verschlossen bleiben – das ist geradezu ein Lehrstück Philosophischer Praxis!

Was also spräche dagegen, einmal „den Begriff der Bildung" in seiner Bedeutung für die Philosophische Praxis „mit ständiger Rücksicht auf Kierkegaard" abzuhandeln?[2]

Natürlich weiß ich, daß die Philosophie des Dänen gewöhnlicherweise nicht eben mit „Bildung" in Verbindung gebracht wird. Doch wieso eigentlich nicht? Ist nicht sein charmant-hingeworfenes Jugendwerk geradezu ein Beispiel klug inszenierter Bildung in praktischer Absicht? Was führt denn hier der Philosoph ins Feld, um seinem Zeitgenossen ein Auge für sich selbst zu öffnen? Eine Interpretation der Antigone, Gedanken über das Tragische, Reflexionen über Goethes Wahlverwandtschaften, die umfangreiche Amplifikation des Don Giovanni, eine beiläufige Theorie der Oper, eine ironische Vorführung sogenannter „Lebenskunst" und die listige Verhöhnung der heute allgegenwärtigen Unterhaltungswirtschaft und Zerstreuungsökonomie – bei ihm unter die Rubrik „Wechselwirtschaft" gebracht. Dies und anderes, nicht zu vergessen sein unerreichtes Meisterstück: „Das Tagebuch des Verführers",

---

1 Es handelt sich bei diesem Text um den überarbeiteten Vortrag, mit dem ich 2004 den 7. Internationalen Kongreß zur Philosophischen Praxis in Kopenhagen eröffnet habe. Das Tagungsthema lautete: „Philosophische Praxis – eine Frage der Bildung?" Die ursprüngliche Fassung unter dem Titel „Philosophische Praxis und Bildung" in: Achenbach, Zur Einführung …, S. 253–265.
2 Man hört die Anspielung auf Kierkegaards Dissertation heraus, die in deutscher Übersetzung unter dem Titel „Über den Begriff der Ironie. Mit ständiger Rücksicht auf Sokrates" herauskam.

die Präsentation des scheinbar heillos heillosen Bewußtseins; die Karikatur des Glücks, das objektiv Verzweiflung ist; die Anmaßung der Macht, die in Wahrheit auf der Flucht ist; die Gestalt des siegreichen Eroberers, der in Wirklichkeit leer ausgeht usw. ...

Ich denke, einen Philosophen, der sich solcher Register zu bedienen vermag und seine Gedanken mit einem solchen Reichtum von Bildern und Überlieferungen lebendig zu machen weiß, dürfen wir einen *gebildeten* Philosophen nennen. Da herrscht nicht die Enge der Stube, auch nicht bloß das Sonderwissen des Buchgelehrten und Bibliothekenhockers, sondern da öffnet sich die Weite und Vielfalt der Welt und zumal die Tiefe der Geschichte. Um genauer zu sein: Den Philosophen, der darüber verfügt, dürfen wir *gebildet* nennen in einem ersten, verbreiteten und eben darum zu beachtenden Sinn von Bildung. Ausweis der Bildung ist hier die umfangreiche Kenntnis der Überlieferung und Tradition, die erworbene Fähigkeit, sich jenseits aller Grenzen des Spezialistentums in Literatur, Musik, Kunst und Theater auszukennen. Und „auskennen" heißt hier: sich darin bewegen wie in einer zweiten Heimat.

Dabei weiß ich selbstverständlich, daß Bildung in diesem Verständnis nicht selten verachtet wird. Da ist rasch das Vorurteil zur Hand, das den „Bildungsbürger" belächelt. Doch wieso „Bildungsbürger"? Ist der Gebildete in diesem ersten Verständnis nicht ebenso oder eher noch der „Intellektuelle" besten Sinnes? In Dänemark steht exemplarisch Morris Cohen dafür, der sich Georg Brandes nannte, der Däne, Kopenhagener und Prototyp des modernen, gesamteuropäischen Intellektuellen und meisterlich gebildeten Menschen mit weitester Übersicht, der Nietzsche das Versprechen abnahm, Kierkegaard zu lesen – freilich zu spät, denn Nietzsche brach kurz darauf zusammen ...

Nun, ich möchte für Bildung in diesem ersten Verständnis ein Wort einlegen und außerdem zeigen, inwiefern auch sie Sache der Philosophischen Praxis ist.

Vom Gebildeten ist nämlich zuerst zu sagen, daß er in mehr als *einer* Welt lebt, und vor allem ist er nicht an seine Gegenwart versklavt. Das ist es, was für ihn spricht. Ein Wort Nietzsches könnte ihm zum Motto dienen:

„Wir Philosophen brauchen zuallererst vor *einem* Ruhe: vor allem „Heute".[3]

Und wie verschafft sich der Gebildete die Ruhe vor der Tyrannei des „Heute"? Dadurch, daß er in anderen Zeiten ebenso zuhause ist und so die Großen früherer Epochen gewissermaßen seine Zeitgenossen wurden. Diesen Vorzug aber verschafft nur eines: Bildung nämlich, und zwar in jenem ersten, durchaus gewöhnlichen Sinn.

---

3 Nietzsche, Genealogie der Moral, KSA V, S. 353.

Doch inwiefern ist die Philosophische Praxis auch eine Sache solcher Bildung? Warum ist die Weite des Horizontes und ein erworbenes Heimatrecht in den vielfältigen Epochen des Geistes Voraussetzung für den philosophischen Praktiker? Warum verlangen wir von ihm, daß er die Borniertheit eines nichts-als-modernen Menschen hinter sich gelassen und überwunden hat?

Weil ihn Menschen aufsuchen werden, die – vielleicht ohne es zu wissen – unter den Diktaten des „Heute" leiden! Weil ihm in seiner Praxis Menschen beggenen, die sich korrekt als Gegenwartskrüppel beschreiben ließen, Menschen, die das Opfer zeitfälligen Denkens und Empfindens sind. Oder, um mich des drastischen Bildes zu bedienen, das Kierkegaard dafür fand: Es kommen Menschen, die sich zum „Kriegsdienst" für die „Forderung der Zeit verpflichtet" fühlen, sich dieser Fron allerdings zu verweigern suchen, vielleicht in der unbestimmten Vorstellung, sie hätten sich selber die Treue zu bewahren, statt sich „der Forderung der Zeit" zu unterwerfen. Das Nähere dazu findet sich in Kierkegaards „literarischer Anzeige". Ich zitiere:

> „Ich selber ... habe Gott sei Dank mit der Forderung der Zeit, als ein zum Kriegsdienst für sie Verpflichteter, nie etwas zu tun gehabt. Es ist mir mit der Forderung der Zeit ergangen, wie es mir seinerzeit mit der Militärdienstpflicht erging: ich erhielt unverzüglich meinen Abschied, und beidemal war dies ganz nach meinem Wunsch. Wenn man aber mit der Verabschiedung beginnt, hat man stets den Vorteil, daß man nicht zu tief in die Sache hineingerät."[4]

Tatsächlich ist mein Eindruck, daß es für die Mehrzahl der Menschen gegenwärtig keine Instanz gibt, die in vergleichbarer Weise Forderungen legitimierte wie jenes dubiose „Heute"! Auch Geltungen, sofern von ihnen noch die Rede ist, beziehen ihren Schein vermeintlicher Selbstverständlichkeit daraus, daß sie „zur Zeit" in Umlauf sind. Nicht schlecht ließe sich darum die Moderne überhaupt als Tyrannei der Gegenwart beschreiben, als Despotie des Gegenwärtigen, als die Diktatur des Tages und die unbarmherzige Macht der Mode, die alles erfaßt, und das heißt: auch das Denken, Urteilen, Wünschen, Schätzen, Hoffen und Fürchten. So aber, wie dies für viele Diktaturen gilt, so gilt auch hier: Viele fühlen sich in ihrer Obhut wohl, einige hingegen leiden unter ihr. Die meisten schwimmen auf der Welle, einige wenige aber gehen in ihr unter. Und ich ergänze aus Erfahrung: Es sind diese Wenigen und Seltenen, die uns in der Philosophischen Praxis aufsuchen. Was erwartete sie dort, hätten sie *nicht* die Chance, einen *gebildeten* Menschen anzutreffen, der, wie Kierkegaard, seinen Abschied aus dem Kriegsdienst für die „Forderung der Zeit" genommen hat? Sie erwartete ein ... „Zeitgenosse", also ein Exemplar jener Spezies, vor der sie doch bei uns gerade Zuflucht suchen!

---

4  Kierkegaard, Gesammelte Werke, hg. v. E. Hirsch und H. Gerdes, 17. Abteilung, Eine literarische Anzeige, Gütersloh 1983, S. 6f.

## Søren Kierkegaard, die Philosophische Praxis und Bildung

Den Kennern Kierkegaards als Frage vorgelegt: Darf man wohl sagen, daß in diesem Sinn Kierkegaard wie wenige seiner philosophischen Weggefährten von Platon bis Habermas ein Repräsentant der Bildung war? Wer wäre – außer vielleicht Nietzsche – mehr als er Gegenwarts-Dissident und Modernitätskritiker gewesen? Damit aber ist er der natürliche Verbündete all jener, die unter dem Absolutismus des „Heute" leiden. Übrigens erkenne ich den gebildeten Kierkegaard daran, daß ihm Sokrates näher stand als mancher seiner zugeknöpften und verstockten Zeitgenossen. Und mit wem hat er sich entsprechend unterhalten? Mit Hegel! Und tat gut daran! Denn in wem hätte er einen gescheiteren, umfänglicheren Gesprächspartner finden können? Sollte da etwa als Einwand verfangen, Hegel habe doch gar nicht mehr gelebt? Was für ein lächerlicher Einwand! *Für Kierkegaard lebte er, für ihn* war er lebendig-gegenwärtig wie kein anderer! Das aber ist das Verhältnis, das ich sogleich als konstitutiv für jede Art Bildung nehmen werde. Doch dazu ein wenig später mehr und das Nötige.

Zuvor, eher eingestreut, als These und Wink am Rande: Ich erkenne in Kierkegaard den gebildeten Menschen auch daran, daß er, gewissermaßen instinktiv, die Presse verabscheute. Sein Ausruf:

> „Wehe, wehe über die Tagespresse! Käme Christus heute in die Welt: so wahr ich lebe, er nähme nicht die Hohepriester usw. aufs Korn – sondern die Journalisten."[5]

... steht gleichberechtigt neben Nietzsches Invektive: „Noch ein Jahrhundert Zeitungen – und alle Worte stinken."[6] Beide, Kierkegaard wie Nietzsche, hatten noch das feine Ohr, das aus dem Wort „Zeitung" „Zeit" und aus „Journalismus" „le jour" heraushörte ... Bildung hingegen strebte seit jeher über Tag und Stunde hinaus, Jahr und Tag galten ihr einerlei, und nie hatte sie nur die Nase im Wind, sondern stets atmete sie den Geist der Jahrhunderte, der Zeitalter, wenn nicht den der Weltalter.

Nun sagte ich – und komme damit auf indirektem Wege *zu einem zweiten Sinn von Bildung* –, konstitutiv für Bildung sei seit jeher gewesen, daß ihr Wissen und ihre Kenntnisse nichts Fernes oder Abgelebtes sind, sondern Gegenwärtiges, Lebendiges. Denn nicht nur rückt Bildung das allzu Nahe heilsam in die Ferne, sondern ebenso ist sie der Zauber der Vergegenwärtigung: Vergangenes ist ihr gerade *nicht* vergangen.

Verweilen wir wenige Augenblicke bei diesem Gesichtspunkt, werden wir näher sehen, inwiefern unter allen Gestalten der Philosophie keine so sehr die Sache der Bildung ist wie eben die Philosophische Praxis! Es bedarf nur der Erlaubnis, zur Erläuterung ein wenig auszuholen ...

---

5 Kierkegaard, Tagebücher 1849, X$^1$ A 258.
6 Nietzsche, KSA X, 73.

Große Philosophie – ich nenne als Namen, die in neuerer Zeit für sie stehen: Hegel, Schelling, Schopenhauer, Kierkegaard, Nietzsche –, große Philosophie ist immer auch als Bildungs*kritik* vorgetragen worden. So haben die, die ich nannte, Bildung kritisiert, auf daß niemand, was philosophisch gemeint ist und gesucht wird, damit verwechselt! Und ich meinerseits will nun *jene Bildung, die das Resultat solcher Bildungskritik ist*, in einem zweiten Schritt vorstellen und in ihrer Bedeutung für die Philosophische Praxis würdigen.

Eine beispielhaft radikale Kritik an der Bildung hat Hegel in seiner „Phänomenologie des Geistes", im Kapitel „Der sich entfremdete Geist. Die Bildung", vorgetragen. Was Hegel dort als den entfremdeten und ebenso entfremdenden Geist der Bildung vorstellt ist ein „Urteilen und Sprechen", das „alles überwältigt" und dessen Sprache bloß „geistreich" ist.[7] Als solche aber sei sie die „Eitelkeit", die nicht nur „alles ... zu beurteilen und zu beschwatzen, sondern geistreich die festen Wesen der Wirklichkeit wie die ... Bestimmungen, die das Urteil setzt, in ihrem *Widerspruche* zu sagen weiß".[8]

Darf ich kurz sagen, was dieser Geist in der Philosophischen Praxis anrichten würde? Er wäre die Macht, jedes Problem in den Säurebädern geistigen Scharfsinns aufzulösen und alles Lastende intellektuell zu evaporieren – bis am Ende nichts zurückbleibt als der Dunst des Geredes. Das literarische Beispiel einer solchen alles zersetzenden und zerstäubenden Macht der Bildung, deren Geschichte Hegel mit dem bedenkenlosen Raffinement der Sophistik anheben sah, hatte er in Diderots „Rameaus Neffe" gefunden, den kein Geringerer als Goethe übersetzt hatte. Der Triumph dieser intellektuellen Bildung ist zuletzt der Zynismus, der aus allem fein heraus ist, frei schwebend im Nirgendwo, erhaben über die Niederungen, wo die Mühseligen und Beladenen ihr jämmerliches Leben fristen. Ist es nötig, wortreich zu begründen, inwiefern der Geist Philosophischer Beratung als das genaue Gegenteil solchen Lebensleichtsinns zu begreifen ist?

Doch nicht nur diese schillernde Gestalt einer salon-intellektuellen Bildung wurde von Hegel kritisiert, sondern ebenso die andere einer bloß sammelnden und hortenden Bewahrung des Überlieferten, was die Sache der „Buchhalter des Geistes" ist, die „wie Kontorbediente eines Handelshauses ..., die nur über fremden Reichtum Buch und Rechnung führen ..., ohne eigenes Vermögen zu bekommen", sich „mit Wahrheiten (beschäftigen), die Wahrheiten *waren*, nämlich für andere".[9] Ihnen wurde die philosophische Wahrheit zu einem Vorrat von Meinungen und Gedanken-Dingen, die sie behandeln wie Steine oder Klötze, wenn auch wie Edelsteine, die man in gepflegten Schaukästen ausstellt. Der konservierende philosophische Bildungsmensch – um Hegels Bild fortzuführen – hortet Schätze, die als Zahlungsmittel schon

---

7 Hegel, Theorie-Ausgabe Bd. III, S. 386.
8 Ebd. 389.
9 Theorie-Ausgabe Bd. XVI, S. 48f.

lange nicht mehr in Umlauf sind, für die er sich also gar nichts mehr kaufen kann ...

Ich rate allerdings zur Vorsicht, falls wir gesonnen sein sollten, uns Hegels Kritik der einen wie der andern Gestalt der Bildung ohne Abstrich zu eigen zu machen. Denn was ist der Einwand, den er gegen beide in Anschlag bringt? Sie seien stumpf gegen die Wahrheit, das Substantielle, weshalb sie den verbindlich-gültigen Gehalt wahrer Geltungen und objektiver Anforderungen nicht kennen. Bildung, ließe sich seine Einschätzung geschichtsphilosophisch kurz fassen, tritt auf den Plan, sobald das Subjekt vom bindend Wahren nichts mehr weiß. Bildung ist der Schleier, der dem geistigen Nihilismus übergeworfen wird. Mit der Bildung schmückt sich der Moribunde, der seine Schleife über dem Kehlkopfkrebs bindet.

Doch, wie gesagt, ich rate zur Vorsicht! Bei aller Sympathie für die Philosophie Hegels: Wer mir den Anschein erweckt – zumal als philosophischer Praktiker –, er stehe wie eh und je auf vertrautem Fuße mit der Wahrheit, dem mißtraue ich vorerst. Womöglich ist für den praktischen Philosophen in der Beratung weniges so verhängnisvoll wie der erweckte Anschein, über ein Vermögen zu verfügen, das wir nicht haben und von dem wir nicht zu sagen wüßten, woher wir es beziehen sollen ...

Da lohnt es sich, wie ich meine, einen Blick auf die Kritik der Bildung zu werfen, die Nietzsche in Anschlag brachte. Dem Anschein nach tritt sie so wuchtig auf wie Hegels Kritik. Ich vermute allerdings, daß der Anspruch, der sich aus ihr ergibt, vom praktischen Philosophen eher zu erfüllen ist ...

Was wird bloßgestellt? Alles bloße Wissen, das nicht wirklich angeeignet und zur eigensten Angelegenheit wurde. Der moderne, gebildete Mensch, heißt es etwa in der 2. Unzeitgemäßen Betrachtung, schleppe „zuletzt eine ungeheure Menge von unverdaulichen Wissenssteinen mit sich herum, die dann bei Gelegenheit auch ordentlich im Leibe rumpeln, wie es im Märchen heißt." Es sei dieses Rumpeln, das „Bildung" verrate ...[10] „Es ist ein Geschlecht von Eunuchen", fügt er an, und dann: „dem Eunuchen ist ein Weib wie das andere, eben nur Weib", er selbst aber ist „weder Mann noch Weib, ... nur Neutrum". Das sei der „ausgehöhlte Bildungsmensch", zu „ewiger ... Objektivität ausgeblasen".[11]

Die Steigerung und Übertreibung des Gebildeten dieses Typs schließlich sind die Gelehrten, die Zarathustra verspottet:

> „Gleich solchen, die auf der Straße stehn und die Leute angaffen, welche vorübergehn: also warten sie auch und gaffen Gedanken an, die andre gedacht haben.
> Greift man sie mit Händen, so stäuben sie um sich gleich Mehlsäcken, und unfreiwil-

---

[10] KSA I, 272f.
[11] Ebd. 283f.

lig: aber wer erriete wohl, daß ihr Staub vom Korne stammt und von der gelben Wonne der Sommerfelder? ...
Gleich Mühlwerken arbeiten sie und stampfen: man werfe ihnen nur seine Fruchtkörner zu! – sie wissen schon, Korn klein zu mahlen und weißen Staub daraus zu machen."[12]

Aber ich hüte mich, weiter zu zitieren, denn am Ende präsentierte auch ich nichts als einen Haufen „geleimter Zettel", wie sie Zarathustra überall im „Lande der Bildung" findet.[13]

Also breche ich ab, um nach alledem zu fragen: Was hat die Philosophische Praxis mit solcher Bildungskritik zu tun? Es ist die Philosophische Praxis, die wie keine andere Gestalt der Philosophie diese Kritik der Bildung zu *ihrer* Sache macht. Warum?

Als erste Antwort noch ein „Zettel", einfach deshalb, weil ich ihn liebe, und weil, was hier als Auskunft und Erklärung fällig ist, bildlich drastischer und treffender kaum irgendwo zu finden ist. Der Zettel ist von der Hand Schopenhauers:

> „Andere nähren kann man nicht mit unverdauten Abgängen, sondern nur mit der Milch, die aus dem eigenen Blute sich abgesondert hat."[14]

Ergo: Mit allem bloß Angelesenen, Einstudierten und Nachgeredeten wird der philosophische Praktiker in seiner Praxis notwendig scheitern, schlimmer noch: sich lächerlich machen. Niemandem, der sich in seiner Not an uns wendet, ist damit gedient, daß wir ihm Brocken von fremden Tafeln hinwerfen, und niemand kommt zu uns, um von uns nachgeredet zu bekommen, was andere gedacht haben. Sondern unser Gast kommt, um sich *mit uns* zu unterhalten. Diese Unterhaltung aber hat ihren Anfang und ihre Basis nicht darin, daß wir dozieren oder Gelerntes herzusagen wissen, sondern darin, daß wir hören und verstehen.

Damit ist der Kern jener philosophischen Bildungskritik ausgesprochen: Ob uns, was wir uns philosophisch anzueignen vermochten, wirklich zu eigen wurde, erweist sich nicht dadurch, daß wir es repetieren, auch nicht daran, daß wir es unsererseits verstanden haben, sondern einzig dadurch, daß wir *mit ihm* verstehen! Was uns philosophisch zuwuchs und dann den Ehrentitel philosophischer Bildung verdiente, zeigt sich nicht in dem, was wir unserem Besucher mitzuteilen wissen, sondern in dem, wie wir unsererseits aufzufassen in der Lage sind, was unser Besucher uns mitteilt.

*Philosophische Bildung* in diesem geläuterten zweiten Sinn *ist* somit *keine Schulung des Mundwerks, sondern Verfeinerung des Gehörs.*

---

12 KSA 4, 161.
13 Ebd. 153ff.
14 Schopenhauer, Werke in 5 Bänden, hg. v. L. Lütkehaus, Bd. 5, Parerga u. Paralipomena II, S. 426.

*Den philosophisch Gebildeten* in diesem zweiten Sinn *erkenne ich nicht an dem, was er sagt, sondern daran, wie er zuhört.*

Und das erwarte ich von ihm: daß er als einer, der gelernt hat, vielen Philosophen zuzuhören – und damit denkbar verschiedenem Denken, außerdem höchst differenten Mentalitäten und Charakteren –, daß er ein feines Ohr für Nuancen ausgebildet hat, für Ober-, Unter- und Zwischentöne, für Eigenwilligkeiten, Stimmungen und Befindlichkeiten, daß er Gedanken nicht als spröde Argumente nimmt, um sich sogleich daran zu schaffen zu machen und sie wie mit Zangen hin und her zu wenden, sondern daß er einen Sinn entwickelte für Tönungen und Farben, in die sich ein Gedanke hüllt, vielleicht kleidet, vielleicht verbirgt, womöglich vermummt – so daß man ihn versteht, indem man ihn errät.

Ist es nun noch eigens nötig zu sagen, daß solche Forderungen die Kritik der äußerlichen Bildung voraussetzen, die Sache der Philosophischen Praxis also nicht das bloße Wissen und Kenntnisse-Sammeln ist, der philosophische Praktiker mithin nichts braucht, womit er seine Besucher päppeln könnte, sondern daß die Frage lautet, ob er seinerseits und selber philosophisch gut genährt ist und gestärkt – also ob er verdaut, womit der Gast ihn füttert?

*Das* ist die Frage der Bildung, wie sie sich im Blick auf die Philosophische Praxis stellt, die Bildung in einem zweiten, gewichtigen Sinn. Ihre Probe besteht sie, indem sie sich als die Fähigkeit bewährt, gehaltvoll zuzuhören, so wie in „Entweder-Oder" der Ethiker jenem haltlosen Lebensvirtuosen zuzuhören und zuzusehen versteht, bis er dahin gelangt ist, den Verstandenen besser und gründlicher zu verstehen, als der sich selber zu verstehen jemals in der Lage war.

Doch legen wir „Entweder-Oder" für den Moment auf die Seite. Ich möchte nämlich die Gelegenheit nutzen, auf ein Werk des Dänen hinzuweisen, das in großen Zügen eine Theorie praktisch wirksamer Philosophie entwickelt und uns deshalb vor allem wertvoll ist. Kierkegaard hat es unter dem Titel „Der Gesichtspunkt meiner Wirksamkeit als Schriftsteller" veröffentlicht.

Darin führt er u. a. vor, wie sich Bildung in jenem zweiten Verständnis als die Kunst bewährt, zuzuhören. Und er nennt diesen gebildeten Zuhörer einen „anderen Lehrer". Und wir haben gute Gründe, in diesem anderen Lehrer das Inkognito des philosophischen Praktikers zu erkennen. Was ist der entscheidende Unterschied, der jenen „anderen" vom „normalen" Lehrer unterscheidet? Nun, er hat es, so Kierkegaard, nicht mit „einem Unwissenden" zu tun, dem er „Wissen beibringen soll", da ist also kein „leeres Gefäß", das man füllen" könnte, so auch kein „reines Blatt, das man beschreiben" dürfte nach Belieben, sondern der andere ist seinerseits in Gedanken befangen, und die seien ihm zuerst unsicher zu machen, bevor es gelingen könne, anderem bei ihm Zugang zu verschaffen. Von diesem *anderen* Lehrer also, dem philosophischen Praktiker *in spe*, sagt Kierkegaard nun weiter:

> „Ein Lehrer ist man nicht damit, daß man sagt: so und so ist das; auch nicht damit, daß man eine Lektion aufgibt; nein, den Lehrer macht in Wahrheit das, daß er lernen kann und will. Die Unterweisung beginnt damit, daß du, der Lehrer, vom Schüler lernst, dich in das hineinversetzest, was er verstanden hat und (falls du es zuvor selbst nicht verstanden hast) wie er das Verständnis davon gewonnen hat; oder hast du es schon verstanden, so mußt du dich gleichsam von ihm abhören lassen, um ihm den Eindruck zu geben, daß du das Deine sicher weißt ... Das ist die Einleitung; und dann kann das Lehren in anderem Sinne beginnen."[15]

Es ist für die Philosophische Praxis viel gewonnen, wenn wir eine solche Haltung als erworbene Bildung begreifen und verstehen, daß sie vom philosophischen Praktiker erwartet wird. Indem ich dies aber nochmals mit zwei ausgeliehenen Passagen aus Kierkegaards „Gesichtspunkt meiner Wirksamkeit als Schriftsteller" bekräftige, bereite ich zugleich einen nächsten, weiteren, dritten und letzten Begriff jener Bildung vor, wie er für die Philosophische Praxis unverzichtbar wurde. Doch zunächst jene beiden Zitate, die sich an das bisher Angeführte zwanglos anschließen.

> „Will man einen andern auf einen bestimmten Punkt bringen, so muß man vor allem ihn da zu finden wissen, wo er ist, und hier beginnen."[16]

Diese Empfehlung erläutert er dann wie folgt:

> „Dies ist das Geheimnis in aller Kunst zu helfen. Wer sich auf das nicht versteht und doch meint, er könne einem andern helfen, ist selbst in einer Einbildung befangen. Will ich einem andern in Wahrheit helfen, so muß ich mehr verstehen als er, vor allem aber muß ich doch wohl das verstehen, was er versteht. Wo nicht, so hilft es ihm gar nichts, daß und was ich mehr verstehe. Will ich dies gleichwohl geltend machen, so tue ich das aus Eitelkeit oder Stolz; im Grunde möchte ich dann nicht sowohl ihm nutzen, als von ihm bewundert sein. Alles wahre Helfen [hingegen] beginnt mit einer Demütigung. Der Helfer muß sich zuerst unter den, dem er helfen will, demütigen und dabei verstehen, daß helfen nicht herrschen heißt, sondern dienen; daß man beim Helfen nicht der Herrschsüchtige, sondern der Geduldige sein muß; daß der Helfer bis auf weiteres bereitwillig sich darein zu finden hat, daß er Unrecht habe und nicht verstehe, was der andere versteht."[17]

In kürzester Fassung findet sich, worauf es hier ankommt, in einer Notiz Goethes aus den „Wahlverwandtschaften":

> „Sich mitzuteilen ist Natur; Mitgeteiltes aufzunehmen, wie es gegeben wird, ist Bildung."[18]

Indem ich aber diese Sentenz zitiere, ist bereits jener *dritte Gesichtspunkt der Bildung* eröffnet, den ich angekündigt hatte. Bildung in diesem dritten, vielleicht wesentlichen, in jedem Falle aber im Blick auf die Philosophische

---

15 Kierkegaard, Der Gesichtspunkt für meine Wirksamkeit als Schriftsteller, Jena 1922, S. 21.
16 Ebd. 19.
17 Ebd. 19f.
18 Goethe, Hamb. Ausg., hg. v. Trunz, Bd. VI, S. 384.

Praxis unverzichtbaren Sinne ist wirklich als eine erworbene *Haltung*, als *Habitus*, nicht allein Inhalt möglichen Wissens, sondern die *Verfassung* einer Person. Kurz gesagt: Die Philosophische Praxis ist insofern eine Frage der Bildung, als es in ihr nicht so sehr, zumal nicht allein darauf ankommt, was der philosophische Praktiker weiß oder denkt, sondern darauf, *wer er ist*. Genauer: wer er *wurde*. Das Resultat dieses Werdens aber ist das Resultat seiner Bildung.

Dabei ist an dieser Stelle angebracht, drauf hinzuweisen, daß „Bildung", jedenfalls als Wort und Begriff, eine ursprünglich sehr *deutsche* Angelegenheit ist. Was hat das Deutsche als Fremdwort sonst schon anderen Sprachen vermacht? Den berühmten „Kindergarten" - Fröbel sei Dank! Und „Rucksack", wie ich hörte. Nun ja. Dann aber und vor allem den zentralen Begriff, der uns beschäftigt: Bildung.

Ich will nun nicht darauf eingehen, wie dieses Wort seinen Weg in die deutsche Sprache fand - durch Meister Eckehart, der *seine* Stadienlehre fand und für die höchste, dem Menschen erreichbare Stufe jene sechste hielt, in der der Mensch sich „entbildet", um von Gottes Ebenbildlichkeit „überbildet" zu werden; das ist eine theologisch höchst anspruchsvolle Lehre, die sich kurzem Referat widersetzt.[19]

Ich möchte statt dessen auf jenen hinweisen, der in Deutschland den womöglich anspruchsvollsten Bildungsbegriff vertreten hat, und ich füge hinzu: diesen wohl anspruchsvollsten Bildungsbegriff hat jetzt die Philosophische Praxis zu beerben, sofern es mit ihrer Sache ernst werden soll und sie sich den Titel, eine *philosophische* Praxis zu sein, tatsächlich verdienen will. Dieser Bildungsbegriff, den ich hier in zählender Manier einmal den dritten genannt habe, ist der Wilhelm von Humboldts, des bedeutenden Gründers der Berliner Universität, die heute seinen Namen trägt.

Was ist für Humboldt Bildung? Die Erfüllung der „Aufgabe unseres Daseins", und das ist: „dem Begriff der Menschheit in unserer Person" einen so umfangreichen „Inhalt, als möglich, zu verschaffen".[20] Die Endabsicht aber sei, „daß Bildung, Weisheit und Tugend" den „inneren Wert" eines Menschen so hoch entwickelten, „daß der Begriff der Menschheit, wenn man ihn von ihm, als dem einzigen Beispiel, abziehen müßte, einen großen und würdigen Gehalt gewänne".[21]

Was Humboldt damit als Ziel und Maß der Bildung aufgestellt hat, pflege ich mir an einer ausgedachten, zwar kuriosen, dafür aber vorstellungsdienli-

---

19 Siehe Meister Eckehart, Deutsche Predigten und Traktate, hg. v. J. Quint, München 1963, darin: „Vom edlen Menschen", S. 140ff.
20 W. v. Humboldt, Theorie der Bildung des Menschen, in drs.: Bildung des Menschen in Schule und Universität, Heidelberg 1964, S. 6.
21 Ebd. S. 7.

chen Geschichte klarzumachen. Sie lautet – gedacht als Ansprache an ein vorgestelltes Publikum:

„Stellen Sie sich vor, wider alle Wahrscheinlichkeit landete doch eines Tages ein Raumschiff auf der Erde, das die überlegenen Einwohner eines fernen Planeten zur Erkundung ausgeschickt hätten, und nun nähmen diese Fremden *Sie* als das einzige Exemplar der Menschheit mit an Bord, damit man sich auf dem Heimat-Planeten der Fremden eine Vorstellung vom Menschen machen könne. Und nun fragen Sie sich, ob Sie reinen Gewissens überzeugt sein dürfen, daß jene Fremden eine gute Wahl trafen, als sie sich entschlossen, Sie auszuwählen, daß also die Menschheit in Ihrer Person zu ihrem Besten vertreten sei und Ehre mit Ihnen für sich einlege. Wenn Sie sich *diese* Frage in *dieser Weise* stellen, stellen Sie sich im Humboldtschen Sinne die Frage nach dem Stand Ihrer Bildung."

Wir bemerken an dieser fiktiven Geschichte, wie „komplex" die Beantwortung dieser Frage ausfiele, wie man heute sagt. Jede Einseitigkeit wäre hier ohne Rechte – schwer vorstellbar, daß sich die Menschheit in einem Molekularbiologen oder Zirkus-Trapezkünstler gültig vertreten sähe, und ich würde meine Zustimmung ebenso verweigern, wenn ein Auswahl-Gremium auf die kurios-schamlose Idee käme, den Außerirdischen einen Dressman oder eine Wochenschönheit aus dem Playboy-Magazin als Vertreter anzubieten. Da wäre mir dann in der Tat der Mensch mit der „schönen Seele" – um Sokrates zu zitieren – lieber als Repräsentant der Menschheit – und wäre es der Gnom und Fuchs von der Athener Agora höchst selbst in seiner imposanten Häßlichkeit.

Vor allem aber hätte er über alle guten Eigenschaften zu verfügen, die wir traditionellerweise die *Tugenden* nennen. Er hätte besonnen und weise zu sein, klug in der Wahl seiner Mittel zu vernünftigen Zwecken, nachsichtig in der Wertschätzung anderer Menschen, liebevoll im Umgang mit den Seinen, aufgeschlossen für alles, was unser Interesse verdient, gelassen angesichts eines unwägbaren Schicksals. Treu stünde er zum gegebenen Wort und Vertrauen schenkte er, wo immer zu mißtrauen kein Anlaß besteht. Seine Ansichten wären wohl erwogen, Erfahrungen auf verzweigtesten Wegen gesammelt, sein Urteil, im Stillen gereift, wäre gerecht, denn in allem suchte er den besten Ausgang der Dinge, und nicht nur seinen Vorteil. Was er will, das wüßte er, und zuvor noch weiß er, was er vermag, denn er scheut sich, sich zu überschätzen – dies wäre *seine* Weise, sich in Demut zu üben ...

Sein Charakter wäre klar und deutlich, so daß Verlaß auf ihn ist. Die Besten wären ihm Vorbild, und so verschmähte er es, sich auf die Schlechten herauszureden oder auch nur beim Mittelmaß unterzuschlüpfen. Was zu fordern ist, das forderte er zuerst von sich, nicht von andern. Seine Rede wäre aufrichtig, seine Gesinnung lauter, sein Herz gütig, sein Denken aufgeräumt, sein Hoffen ein Versprechen, sein Fürchten berechtigt, und angesichts der

Kürze des Lebens verstünde er es, sich mit Humor durchzuhelfen. So wäre er heiteren Gemüts, in der Regel guter Dinge, und, aufs Ganze gesehen, mit sich und seinem Schicksal einverstanden, was sich ihm in guten Stunden als Anlaß aufdrängt, dankbar zu sein - selbst dann, wenn er nicht bündig sagen könnte, wem.

Hat diese kleine Auswahl und Aufzählung ausreichend illustriert, worauf es mir ankam? Selbstverständlich wäre die Schilderung, die ich versuchte, *ad ultimo* auszudehnen und genauer zu machen. Doch wahrscheinlich ist es gar nicht nötig. Wahrscheinlich ist inzwischen klar genug geworden, was ich unter Bildung in jenem dritten Sinn, als der erworbenen Haltung, verstehe, und zwar durchaus im Einvernehmen mit der zu Recht berühmten Idee der Menschenbildung, wie Humboldt sie dachte. Und so genügt es, an diese Klärung noch einmal die Frage anzuschließen: Ist die Philosophische Praxis eine Frage *solcher* Bildung? Ist ihre Berechtigung und ihr Erfolg daran geknüpft, daß sich der philosophische Praktiker an diesem anspruchsvollsten Maßstab zu messen nicht scheuen muß? Meine Antwort heißt: ja.

Schließlich aber hat die Philosophische Praxis in diesen Begriffen der Bildung, wie ich sie in drei Schritten vorzustellen bemüht war, auch ihr anderes Maß noch, ihr Ziel gewissermaßen, ihr „Wo-hinaus" im Gespräch mit ihren Gästen und Besuchern. Mit andern Worten: Weder Gesundheit noch Cleverness, weder der eingesackte Erfolg in den Geschäften noch die Beliebtheit bei den Leuten beispielsweise sind es, was die Philosophische Praxis im Schilde führt, sondern sie sucht die Bildung jener zu fördern, die sich an die Philosophische Praxis wenden.

Ihr schönster Erfolg wäre es, wenn sie die, die sich an sie wenden, zuletzt als Lebenskönner entließe. Denn das ist das neue Wort für Bildung: Lebenskönnerschaft. In ihr ist enthalten, was heute Bildung heißen könnte.

Der Mensch ist ein Geschöpf, dem man allein durch Überforderung gerecht wird.
Er ist das Wesen, das zu sich kommt, wenn man von ihm mehr verlangt als nur das unter sprechenden Großaffen Übliche. ...
In verwandtem Sinne wird Kierkegaard dozieren: Wer es mit den Menschen gut meint, muß ihnen Schwierigkeiten bereiten.

*Peter Sloterdijk*

## Die Philosophische Praxis und die Tugenden[1]

Ich erlaube mir zur Eröffnung eine These: Für den philosophischen Praktiker ist der Berufsalltag nur eine Art „Sonderfall" seines sonstigen, sagen wir: „privaten" Lebens, weil die ihm abverlangte Bewährung im Beruf von der ihm abverlangten Bewährung in der Prosa seines Alltagslebens in keiner wesentlichen Hinsicht unterschieden werden kann. Zwar ist der philosophische Praktiker in der Beratung selbstverständlich in „besonderer" Weise gefordert, doch *wie* er dieser besonderen Anforderung gerecht wird, unterscheidet sich nicht grundsätzlich von seiner sonstigen Befähigung, mit Lebensproblemen und schwierigen Situationen zurechtzukommen – *sollte* sich jedenfalls nicht davon unterscheiden. M. a. W.: Vom Philosophen wird erwartet, daß er zwischen sich als der Privatperson und sich als dem Berufsmenschen nicht unterscheidet, wie dies sonst im bürgerlichen Berufsalltag – und ebenso im Reich der Wissenschaften – üblich ist.

Dasselbe ließe sich auch so ausdrücken: Wie der philosophische Praktiker sein Leben führt, so wird er auch in der Praxis angetroffen. Und ich ergänze: So *müssen* ihn die Besucher seiner Praxis antreffen können. Doch warum? Weil die Menschen, die ihn in der Praxis aufsuchen, eben *dieselbe* Frage auf ihrem Herzen haben, die der philosophische Praktiker lebenspraktisch auf seine Weise für sich selbst im Blick auf sein eigenes Leben beantworten muß – und das ist die Frage: „Wie soll ich leben?" oder: „Wie lebe ich eigentlich?"

Unserem Besucher aber, der in der Regel *mit seinem Leben* nicht zurechtkommt und mir *sich selber* zumutet, ist der berechtigte Anspruch zuzugestehen, daß der Philosoph, dem er gegenüber sitzt, sein Problem mit Erwägungen beantwortet, die in überzeugender Weise lebensbewährt sind, also nicht „bloße" Gedanken, deren lebensbelangvolle Bedeutung dahingestellt bleibt. In irgendeiner Weise also werde ich als Philosoph, dessen Rat in dringlichen Lebensfragen gesucht wird, immer auch „mit mir selbst" antworten müssen – und das auch dann, wenn Erwägungen naheliegen, die ich selbst in meinem Leben nicht zu bewähren vermochte: dann nämlich hat der Besucher ein Recht darauf, zu erfahren, inwiefern der entwickelte Gedanke, den ich ihm zu denken gebe, mir selbst zu realisieren nicht möglich war, warum ich ihn also „bloß" als Gedanken zu erörtern in der Lage bin. Denn eine Empfehlung zu geben, der ich als Philosoph – d. h. als selbstbewußter Mensch – meinerseits zu folgen nicht bereit sein sollte, beziehungsweise der zu entsprechen ich selbst nicht fähig wäre, liefe auf Betrug, zumindest auf Täuschung hinaus.

Kurz und gut: Wie sich der Mensch in der Praxis mir zumutet, so bleibt mir nichts anderes, als mich meinerseits meinem Gast zuzumuten – und eben das

---

1 Diesem Text liegt der Vortrag zur Eröffnung der 4. Internationalen Konferenz zur Philosophischen Praxis zugrunde, die 1998 am Geburtsort der Philosophischen Praxis, in Bergisch Gladbach, stattfand.

## Die Philosophische Praxis und die Tugenden

macht die Frage nach der eigenen Lebensführung dringend, nach der Form mithin, die ich mir selbst als das Problem, das ich bin – für mich und andere –, zu geben vermochte. Die Tugenden sind darum in erster Linie für den philosophischen Praktiker von Belang, weil die Verfassung seines Lebens in der philosophischen Beratung nicht als sogenannte „Privatsache" außen vor bleiben kann, sondern den Fortgang in der Praxis maßgeblich mit bestimmt.

Erschwerend kommt hinzu, daß ich die Zumutung, die ich sonst für Menschen bin, in besonders erheblichem Sinne bin für meine Besucher in der Praxis. Denn denjenigen, die bereits von sich selbst und ihren Problemen überfordert sind, fehlt in aller Regel die Widerstandskraft oder Unbeirrbarkeit, nun auch noch die Probleme, die ein anderer ihnen bereitet – diesenfalls der Philosoph in der Praxis –, schadlos zu verkraften.

Also, um die ersten Überlegungen zusammenzufassen: Die Tugend als erworbene und lebenslang zu erwerbende Lebensführungskönnerschaft gehört in die Mitte der Philosophischen Praxis. Denn das ist es, was die Besucher der Praxis für sich suchen – die Fähigkeit nämlich, mit dem Leben gut, zumindest besser zurechtzukommen –, und das ist es, was in derselben Weise der praktische Philosoph sucht, wenn es nicht überhaupt das ist, was Philosophie ausmacht und allererst ihr Ernst ist. Das gilt seit Sokrates, das gilt (historisch auf halbem Wege zu uns) für meinen Freund Michel de Montaigne – „Das herrlichste Meisterstück eines Menschen ist, recht zu leben. Alle andere Dinge, regieren, Schätze sammeln, bauen, sind nur kleine Anhänge, und aufs höchste Hülfsmittel."[2] –, und, um einen hoch angesehenen Gegenwartszeugen anzuführen, das gilt auch heute noch, wie der Philosoph Hilary Putnam lapidar erklärt: „Die zentrale philosophische Frage ist, wie man leben soll."[3]

Nun ließe sich befürchten, mit solchen Bestimmungen sei der praktizierende Philosoph allen Schutzes beraubt – den der Spezialist, der Fachmann oder der Dienstleistungsanbieter genießt – und allemal sei er *über*-fordert: Wessen Leben wäre schon derart in vorbildlicher Form, daß es sich ernstlich sehen lassen könnte?

Erst recht ließe sich diese Befürchtung bestärken durch den Hinweis auf die große Zahl der Lebensversager unter den sogenannten „Philosophen", die den Aufgaben, die eine Philosophische Praxis an sie stellte, freilich auch nicht gewachsen wären. Und ich gestehe zu: Sich diesen Typus – oftmals graue, irgendwie verkrochene oder geknickte Menschen, für den teilnehmenden Blick eigentlich erbärmliche Gestalten, wie sie da in ihren Seminaren zwischen den Büchern kauern, sofern wir sie nicht auf gespenstisch-drollige Weise „vergeistigt" durch die Gänge huschen sehen –, sich einen dieser lebensflüch-

---

2 Essais, übersetzt v. Tietz, Zürich 1992, Bd. III, S. 428.
3 „Pragmatismus – eine offene Frage", 1995.

tigen Gelehrten in der Beratung vorzustellen, wie er anderen lebenshilfreiche Unterrichtung zuteil werden läßt, hieße in der Tat, sich eine Farce ausmalen und eine unfreiwillige Komödie.

Womit das Vorhaben, von der „Tugend" und von den „Tugenden" zu handeln, und zwar mit besonderer Berücksichtigung ihrer Bedeutung *für* die Philosophische Praxis beziehungsweise *in* der Praxis, vorerst gerechtfertigt sein dürfte.

Doch zuerst ist ein Einwand zu bedenken: „Tugend" nämlich scheint ein Wort zu sein, das so vollends aus dem Sprachverkehr verschwunden ist – wie sein Konterpart, das „Laster" beziehungsweise die „Torheit" oder „Narretei" –, daß davon zu reden, als stehe es noch in Ansehen, eine unverzeihliche Naivität wäre. „Tugend" sei ein Wort, heißt es bei Nietzsche einmal, bei dem man sich nichts mehr denken könne, „ein altmodisches Wort, über das man lächelt – und schlimm, wenn man nicht lächelt, denn dann wird man heucheln".[4] Und Paul Valéry hat befunden, „Tugend" und „tugendhaft" seien heutzutage nur noch „im Katechismus, in der Posse, in der Akademie und in der Operette anzutreffen".[5]

Der Tugend wurde damit übrigens ein ähnliches Begriffsschicksal zuteil wie dem anderen großen Begriff lebenspraktisch orientierter Ethik: auch „Sittlichkeit" und „sittlich" scheinen aus dem Sprachverkehr gezogen ... Schon Schopenhauer befand, „sittlich" sei „ein schwacher und zahmer Ausdruck, schwer zu unterscheiden von „sittsam", dessen populäre Benennung „zimperlich" ist".[6] Ich könnte mit ähnlichen Zitaten lange amüsieren, ich sammele nämlich solche reizvollen Stellen. Doch ich fasse mich kurz: Der „Leumund" des Begriffs ist denkbar schlecht. In seinen „Überlegungen zur Tugendethik" hat Norbert Hinske einleitend zugestanden, das Wort „Tugend" wecke „heute Assoziationen, die die Sache, um die es geht, eher verstellen als klären". Ja, aus dem einstmals gründlich-ernsten Begriff sei „eine Sottise geworden".[7]

Natürlich lassen sich auch andere Stimmen anführen, die mit mutiger Besonnenheit und um alle modisch aufgemachten Denkdiktate unbekümmert für die Aktualität der Tugend um Verständnis werben – so Hermann Lübbe beispielsweise:

> „Je moderner wir leben, je emanzipierter wir sind, um so lebensbedeutsamer wird die Tugend – unsere Könnerschaft nämlich im Umgang mit den Regeln selbstbestimmter

---

4 KSA Bd. I, 345.
5 Zit. bei E.E. Geissler, „Erziehung zu neuen Tugenden? Ethik und dynamische Gesellschaft", in: Elite. Zukunftsorientierung in der Demokratie, Veröffentlichungen der Walter-Raymond-Stiftung, Bd. 20, Köln 1982, S. 55.
6 Werke in 5 Bänden, hg. v. Lütkehaus, Bd. III, 552 (Anm.).
7 Norbert Hinske, „Welche Eigenschaften braucht der Mensch? Überlegungen zur Tugendethik" in: Forschung & Lehre 7/98, S. 348–350.

Lebensführung. Die Herausforderung in der modernen Welt lautet, aus Freiheit Sinn zu machen. Fragen fälliger Lebensführung beantworten sich einfach, wenn Not mit ihren evidenten Notwendigkeiten uns bedrängt. Könnerschaft in Selbstbestimmung zu sinnvollem Tun, Tugend also, wird hingegen freiheitsabhängig verlangt."[8]

Und einer der Vordenker der US-amerikanischen Kommunitaristen, Amitai Etzioni, schloß ein SPIEGEL-Interview mit der für meinen Geschmack reichlich pathetisch-plakativen Behauptung: „Die Bürger der Welt-Gesellschaften sehnen sich nach einer Tugenddebatte."[9] Auch mag immerhin zu denken geben, daß in Frankreich das Buch des Philosophen André Comte-Sponville über die Tugenden zu einem Bestseller wurde („Petit traité des grandes vertus") – zu denken gibt allerdings ebenso, daß es der deutsche Verlag für angemessen befand, die vermutete Unzeitgemäßheit dieses „kleinen Breviers der Tugenden und Werte" im Stile mutigen Trotzes gleich im Titel einzubekennen: „Ermutigung zum unzeitgemäßen Leben" heißt es auf dem Cover der deutschen Übersetzung.

Wie kommt es also, daß die Gebildeten unter den Befürwortern der Tugend meinen, sie sei zuerst einmal gegen die Aburteilung durch den Geist der Zeit zu verteidigen?

Im Sinn der besten Traditionen erklärt Norbert Hinske von den Tugenden, sie seien diejenigen „Eigenschaften, die jeder Mensch braucht, um seine spezifischen Möglichkeiten auf Dauer auszuschöpfen und so, allen Unberechenbarkeiten des Schicksals zum Trotz, ein erfülltes Leben zu führen", oder, wie Hinske ergänzt: sie seien die „Eigenschaften, durch die man zu sich selbst findet".[10] Muß man nach dieser Aufklärung nicht fragen, wie ein solches Verständnis der Tugenden jemals hinfällig werden konnte?

Liegt hier etwa nur ein Mißverständnis vor oder philosophisch unbelehrter Unverstand, so daß es genügen würde, die Menschen über ihr Vorurteil aufzuklären, damit sie zur alt-tradierten Hochschätzung der Tugend als Lebensführungsvermögen und -kunstfertigkeit zurückfinden?

Ich vermute: nein. Ich nehme vielmehr an, der Reputationsverlust der Tugend ist tief mit einer wirklich *revolutionären*, gewöhnlich aber übersehenen Veränderung des Selbstverständnisses verbunden, die sich für den Menschen bei seinem Eintritt in die Moderne ergab. Schlicht gesagt: Der moderne Mensch denkt anders von sich, als dies der vor-moderne Mensch tat. Und zwar denkt er in einer Weise von sich, die mit den Grundlagen jedes Tugendverständnisses unvereinbar ist. Ich will diese Vermutung kurz erläutern; kurz, das heißt mit dem Mut zu gewagter Vereinfachung.

---

8 Hermann Lübbe, „Tugend tut not", in: DIE ZEIT 37/10.9.93, S. 44.
9 SPIEGEL vom 4.3.1996 („Hart im Sinkflug. Über den Zwang zu Werten in der Gesellschaft").
10 A.a.O., S. 348.

Als die Grundlage jeglichen Tugendverständnisses ließe sich die Geltung der Überzeugung ansehen, die in denkbar griffiger Weise Arnold Gehlen ausgesprochen hat: der Mensch sei das Wesen, „das nicht lebt, sondern sein Leben *führt*".[11] Das ist, brillant aufs Wesentliche reduziert, der vor-moderne, jedenfalls *antike* Grundsatz. Dort galt: Der Mensch wird nur, was zu werden er bestimmt ist, sofern er sich darum bemüht. Das hieß: Ein Leben, das gelingt, galt als Resultat der Arbeit an sich selbst. Das hieß zugleich: Ohne Klugheit und Besonnenheit, ohne Einsicht und Distanz zu sich, ohne daß Vernunft und Weisheit der Erfahrung als die eigentlich und letztlich menschlichen Instanzen dieses Leben führen – kurz: ohne den Erwerb der Tugenden –, muß das Leben scheitern oder bleibt es arm und schal, banal und flach – es verfällt den Augenblicksansprüchen der Affekte, wird hin- und hergerissen und findet weder Form noch Fassung. Das gelungene und ansehnliche Leben ist im Gegensatz dazu das Werk vernunftgemäßer Lebensführung, ein geprüftes Leben, das Respekt verdient, das wir verdientermaßen anerkennen, das wir als Vorbild schätzen und dem wir darum Achtung zollen. Ich schlage vor, dieses Menschenbild das „stolze" zu nennen. Denn es ist der Stolz des Menschen, daß er sich *seiner* Tüchtigkeit und Tugend, daß er sich *sich selbst* verdankt, seiner *Sorge um sich selbst*.

Dann galt, nach-antik, im Zeichen Roms und unter dem der Taufe – statt des Philosophen avanciert der Priester jetzt zum Seelenführer –: der Mensch steht himmelsseitig unter Vorbehalt und ist der Gnade anvertraut, denn aus eigenem Vermögen ist das gute Leben nicht zu meistern. Von Natur aus ist der Mensch das traurige und kranke Tier, und jenen „Schein des Himmelslichts" – „er nennt's Vernunft" –, braucht er „allein, / nur tierischer als jedes Tier zu sein". (Faust, Prolog im Himmel)

Also: Aus sich selbst vermag er nichts, denn der Mensch ist, gerade *weil* er *Mensch* ist, Sünder, das gefallene Geschöpf, Vertriebener des Paradieses, verdorben und verloren, bedürftig der erbarmenden Erlösung. Ein tapferer Reaktionär, den ich sehr schätze, Nicolás Gómez Dávila, hat dieses Menschenbild aphoristisch verknappt: Der Mensch sei das Problem, für das es keine menschliche Lösung gebe.[12] Kürzer läßt es sich nicht formulieren. Der Stolz ist gebrochen, Demut die Antwort, doch die Abhängigkeit des Menschen verbindet ihn immerhin noch mit der allerhöchsten Stelle. Wir taugen zwar, so wie wir nun mal sind, nicht viel – zugleich jedoch und dennoch sind wir „Himmelskinder". Das gelungene Leben ist das dem Vater in den Himmeln anvertraute und geschuldete, das fromm *gewidmete* Leben.

---

11 Arnold Gehlen, „Anthropologische Forschung", Reinbek 1961, S. 38: Die Vorstellung, „um mit Goethe zu reden", wir hätten das „Kunststück«unseres Lebens" zu bewältigen, werde verständlich erst „aus jener Grundtatsache des menschlichen Wesens: das nicht lebt, sondern sein Leben *führt*, aus Erfahrungen und Leistungen heraus, die es selbst angelegt und großgezogen hat ...".

12 Nicolás Gómez Dávila, „Auf verlorenem Posten", Wien 1992, S. 267: „Reaktionär sein heißt einsehen, daß der Mensch ein Problem ohne menschliche Lösung ist."

Ich schlage vor, dieses Menschenbild das „demütige" zu nennen. Des Christen Demut ist, nicht hochmütig sich selbst, sondern Gott und seiner Gnade zu vertrauen. An die Stelle des Bewußtseins, sein Leben *selbst zu führen*, tritt die glaubensfromme Zuversicht, *geführt zu werden*.

Doch dann betritt Rousseau die Bühne. Nebenbei: Das Bild der *Bühne* scheint mir unverzichtbar: sein Auftritt ist entschieden „theatralisch", Jean-Jacques setzt sich in Szene. Kurz und gut: Der Urahn aller Heutigen und überhaupt Modernen meldet sich zu Wort. Und was er uns verkündet, ist eine wahrhaft neue Botschaft, die Epoche machen wird. Ich will versuchen, sie zu übersetzen.

Hatte der antike Mensch sein Leben *selbst* – aus eigener Berufung zur Vollkommenheit – *geführt*, wandelte der Christ auf Erden *unterm Auge Gottes* in der Zuversicht auf dessen Leitung, so wird jetzt Rousseau – ich zitiere Ernst Cassirer – „die Verantwortung an eine Stelle (rücken), an der sie vor ihm niemals gesucht worden war". Jean-Jacques erfindet „gewissermaßen ein neues *Subjekt* der Verantwortung, der ‚Imputabilität'" – und das ist nicht mehr „der einzelne Mensch, sondern die menschliche Gesellschaft".[13]

Ich ergänze: Diese neue „Imputabilitäts"-Instanz, also „die Gesellschaft", der jetzt die Verantwortung für unser Leben zufällt, ist ein Begriff von derart großzügiger Weite und ausfüllbarer Offenheit, daß er von vornherein zu Umbesetzungen gewissermaßen einlädt. Beschränken wir uns also darauf zu sagen: Nicht der einzelne, jeder einzelne für sich, trägt die Verantwortung, schon gar nicht dankt er sie der Gnade, die der Himmel spendet, sondern verantwortlich ist nunmehr das Ensemble der *Verhältnisse*. Jetzt gilt: Weder ist der Mensch das Resultat der selbstverantwortlichen Lebens*führung*, noch weiß er sich als das *geführte* Kind des Himmels, vielmehr findet er sich vor als das Ergebnis, das Umstände aus ihm gemodelt haben. Und so beginnt er sich zu fragen, wer und was es war, was ihn so werden ließ, wie er geworden ist. Die Geschichte der *unendlichen Neugier des modernen Menschen auf sich selbst* beginnt, und der Mensch verhält sich fortan zu sich selber vorzugsweise *theoretisch*: „Wie war es möglich, daß ich der wurde, der ich bin?" ist seine Frage. Peter Sloterdijk diagnostizierte sie als Symptom der zeitgenössischen „Wer-bin-ich-Neurose".

Die Idee wird leitend, das Leben, solange es nur ungestört, das heißt „normal" verlaufe, gelinge von allein. Das heißt: Sofern es nicht gelingt, war da irgendetwas, was es am Gelingen hinderte. Das dürfte übrigens die tiefere Bedeutung der rousseauschen Hypothese des „von Natur aus guten Menschen" sein: Entdeckt er sich als schlecht, als irgendwie nicht richtig, muß er verdorben worden sein, also begreift er sich als Opfer, analysiert er sich als einen, der traumatisiert, neurotisiert ist – in vulgärer Fassung: „den man

---

13 Cassirer, „Das Problem Jean-Jacques Rousseau", Darmstadt 1970, S. 31f.

kaputt gemacht hat"–, er ahnt, irgendetwas müsse vorgefallen sein, was ihn in seinem Gutsein hemmte, ihn aus der Bahn geworfen hat, und so beginnt er nach den Umständen zu fahnden, die ihn nicht werden ließen, was er von sich aus ganz gewiß geworden wäre: nämlich der normale, gute, richtige, gesunde, lebenslustige, orgasmusfreudige und arbeitsame, friedliche und sanfte Mensch, allen Freund und mit sich selbst im Reinen. Zwangsläufig gerät der Mensch jetzt auf die Bahn, Heteronomien aufzuspüren, um sich von ihnen zu befreien, denn Freiheit verwechselt er mit der Befreiung aus den Zwängen, die ihm ein autonomes Leben nicht gestatten. Er lernt sich als das Wesen zu verstehen, das von Fremdem seiner selbst entfremdet wurde, er erkennt sich als von andern um sich selbst gebrachtes Wesen, und seine Arbeit wird entsprechend sein – Negation der Negationen –, Schicht für Schicht das Fremde an sich selber abzutragen in der Hoffnung, unter allen lebensbiographischen Verschüttungen und psychisch abgelagerten Verwerfungen werde endlich doch das eigentliche, wahre, das befreite, das *gesunde* Ich zutage treten. Ziel und Lebensauftrag wird, nach langem und beschwerdereichem Umweg endlich „zu sich selbst zu kommen" – das heißt, die Psychologen sind am Zuge: Wie der stolze Mensch sich selbst ermahnte, wie der fromme demütig im Beichtstuhl kniete, liegt der moderne Mensch bei seinem Psychotherapeuten auf der Couch.

Wie aber sollen wir dieses Menschenbild nennen, das uns das stolze unverständlich und das demütige schleierhaft hat werden lassen? Vielleicht das „traurige"? Oder das „aufsässige"? Beides läuft auf ein und dasselbe hinaus. Ich könnte es, einer Notiz Nietzsches folgend, das „würdelose" nennen:

> „*Das allgemeinste Zeichen der modernen Zeit*: der Mensch hat in seinen eigenen Augen unglaublich an *Würde* eingebüßt."[14]

Er beginnt sich vor sich selbst zu ekeln, hat den Respekt vor sich verloren – infolge dessen auch vor anderen –, er klagt und jammert und weiß sich nicht zu helfen. Er leidet irgendwie, ist irgendwie bedrückt, es geht ihm irgendwie nicht gut, doch er weiß nicht, was das ist, schon gar nicht, was ihm helfen könnte. Im buchstäblichen Sinne ist sein Elend, daß ihm etwas „fehlt", ohne daß er wüßte: was. Man möchte Nietzsches beklemmend grandiose Prophezeiung des „letzten Menschen" noch einmal erzählen, der sich in dieser Lage sein kleines, angenehmes Glück erfindet. Doch das unterlasse ich.

Denn was ich suchte, eine mögliche Erklärung dafür, daß die Tugend gegenwärtig eine schlechte Presse hat und die Menschen offensichtlich nicht recht wissen, was mit ihr anzufangen wäre, ist gefunden – bei allem Vorbehalt, der solchen geistesgeschichtlichen Großspekulationen gegenüber angebracht bleibt.

---

14  KSA Bd. 12, S. 254.

## Die Philosophische Praxis und die Tugenden

Nun ist das eine, zu konstatieren, die Tugend sei für den gegenwärtigen Menschen zur unverständlichen Vokabel geworden, etwas anderes hingegen die Frage, ob ihm dieses Vergessen bekommen ist. Und das Thema, das nach dem Verhältnis der Philosophischen Praxis zur Tugend fragt, hätte den Nachdruck der Dringlichkeit für sich, ließe sich zeigen, daß jener Verlust der Tugendperspektive den Menschen *nicht* bekommt, vielmehr ihr Unglück – über das sie klagen – mit bewirkt, ihr Bedrücktsein befördert und an ihren Leiden – von denen sie uns in der Praxis berichten – ursächlich teilhat. Vollends dringlich aber erwiese sich unser Thema, wenn wir annehmen dürften, ein Wiedergewinn jener Tugendperspektive wäre für die Menschen, die uns aufsuchen, hilfreich – für sie wie für uns. Das aber nehme ich in der Tat an.

Übrigens – soviel in Parenthese – ist sogar denkbar, das Aufkommen der Philosophischen Praxis selbst – und das sich allmählich findende Interesse an ihr – als ein Anzeichen dafür anzusehen, daß einige Menschen jenen Zusammenhang zu ahnen beginnen und inzwischen einen Ausweg aus ihrem „würdelosen" Selbstverständnis suchen, indem sie die zeitlagenbedingte Entlastung von ihrer Verantwortung für sich zu verschmähen beginnen. Das aber ist tatsächlich mein Eindruck.

Zum Beleg, es handele sich beim „Verlust der Tugend" (Alasdair MacIntyre) tatsächlich nicht um einen befreienden Lebensgewinn, sondern um die Ursache erheblicher Lebensbeeinträchtigungen, möchte ich einige Fragmente aus Gesprächen in der Praxis mitteilen – ohne vorbereitenden Kommentar, vielmehr einzig mit der Versicherung, die kleine Auswahl habe etwas mit unserem Thema zu tun.

In entscheidenden, möglicherweise alles wendenden Gesprächsaugenblicken sagen Besucher etwa:

– Das sei ausgeschlossen, das verbiete ihnen ihr Stolz.

Ein anderer sagt etwa:

– Gewiß, er habe selbst schon des öfteren darüber nachgedacht, und er leugne überhaupt nicht, daß dies richtig und überzeugend sei. Doch wenn er ehrlich sein solle, müsse er gestehen, im Grunde habe er einfach keine Lust dazu. „Mag ja sein", fügt er an, „daß ich einfach zu bequem bin, wissen Sie, oder, wenn Sie so wollen, zu träge. Aber wer springt schon über seinen Schatten?"

Ein wieder anderer erzählt:

– Eigentlich habe er in seinem Leben „nur so herumgehangen", und wenn er etwas gemacht habe, dann, weil es ihm Spaß gemacht habe: „Na, eben Fernsehen, Computerspiele, ja, oder wenn Freunde kommen, gehen wir irgendwo hin, wo etwas los ist, Frauen natürlich ..." – etc.

Eine Besucherin berichtet:

– Es sei ja eigentlich schrecklich, sie gebe es ja zu, aber wenn sie sich richtig aufrege, dann gebe es eben kein Halten mehr, dann verliere sie derart jede Fassung, dann „raste" sie dermaßen aus, dann sei eben einfach alles „zu spät", dann sei ihr übrigens auch alles „schnurz-egal", sie steigere sich dann da derart hinein – „Ich weiß", sagt sie dazwischen, „Sie können sich das gar nicht vorstellen, denn ich erzähle ja jetzt bloß ganz relaxed davon; aber Sie sollten mich mal erleben ...!" – also kurz, dann sei sie eben völlig außer sich. Das letzte Mal habe sie das Hochzeitsgeschenk der Schwiegereltern, die ja immer mit so sündhaft teurem Zeugs ankämen, also die große chinesische Vase, die natürlich ein kleines Vermögen gekostet habe, die habe sie – übrigens mit kalter, um genau zu sein: mit eiskalter Berechnung – genommen und vor ihm in der Küche auf den Keramikfliesen zerdeppert. „Ich sage Ihnen, das war ein Knall, das war, als wenn das Gerät explodierte", fügt sie an. Und dann läßt sie eine Pause eintreten, bevor sie ergänzt: „Ich weiß, ich mache ihm das Leben zur Hölle. Ja natürlich. Aber was ist denn mit mir? Wie geht es mir denn? Geht es mir etwa gut? Soll er doch genauso schmoren!"

Eine andere Besucherin sagt:

– Wissen Sie, daß ich ihn manchmal hasse? Der sonnt sich in seinem Erfolg, genießt das Leben, es fliegt ihm ja auch alles zu, und dann tut er auch noch großmütig und nervt andere mit seiner entsetzlichen Gelassenheit, die er sich ja wunderbar erlauben kann. Ja klar, in seiner Lage könnte ich natürlich auch die gelassene Tour fahren: alles schön ruhig, und erst mal überlegen, und: „Schau doch mal ..." und: „Überleg' doch mal ..." und: „Sollten wir nicht ..." und so weiter diese ganze Litanei ... Den bringt nämlich überhaupt nichts aus der Ruhe. Sie glauben gar nicht, wie mir diese Attitüde auf den Wecker geht! Ich will Ihnen sagen, was das ist: Der ist sich in Wirklichkeit seiner Position derart sicher, daß da einfach keiner drankommt. Da beißen Sie sich die Zähne dran aus. Ich werd' noch wahnsinnig, sag' ich Ihnen!

Schließlich sagt ein Gast in der Beratung, und zwar im Blick auf eine Lebenslage, die Entschluß und Entscheidung von ihm verlangte:

– Ich denke ja gar nicht daran! Verstehen Sie? Ich denke gar nicht daran!

Nun möchte ich mit einem kleinen, letzten Umweg abschließend sagen, was ich mit dieser knappen Blütenlese aus Beratungen im Schilde führte. Als ich über den Verlust der Tugenden nachdachte, fiel mir nach und nach auf, daß zugleich mit ihrem Verlust der ihres Gegenteils einhergeht – also der Verlust der Laster. Doch fragt es sich, ob sich von Tugenden noch reden läßt, wenn von den Lastern geschwiegen wird. Gibt es überhaupt Tugenden, wenn es für das Bewußtsein keine Laster mehr gibt?

Doch dann fragt sich, ob womöglich nur das Bewußtsein von Lastern verschwand – was den tatsächlichen Lastern allerdings keinen Abbruch täte. Vielleicht verhält es damit wie mit dem Teufel, dem gar nicht daran gelegen ist, daß jemand an ihn „glaubt", ihn auch nur als solchen „erkennt"? Baudelaire, der wohl für sich beanspruchen darf, Kenner auf diesem Gebiet zu sein, hat diesen Zusammenhang zwei lapidaren Zeilen anvertraut:

> „Die schönste List des Teufels ist, daß er uns überzeugt, er existiere nicht."[15]

Um dem Bösen oder Verruchten, das gern unerkannt und unbenannt bliebe, diesen Gefallen nicht zu tun, erlaube ich mir also die Frage, ob nicht in den kleinen Fragmenten aus der Philosophischen Praxis, wenn auch inkognito, die alt-klassischen Laster zu entdecken wären, und zwar ordentlich der Reihenfolge ihres Auftretens nach:

- superbia – das Kardinallaster schlechthin, der Stolz, der Hochmut[16]
- acedia, die Unlust oder Trägheit
- luxuria, die Vergnügungssucht
- ira, der Zorn
- invidia, der Neid – von dem Max Scheler einmal sehr klug bemerkte, er sei in seiner schlimmsten, den Menschen innerlich vergiftendsten Form der „Existenzialneid"[17] – und schließlich
- aphrosyne, die Unbesonnenheit.

Wagen wir ruhig die These: Die Laster, von denen nicht mehr die Rede ist – von ihnen noch weniger als von den Tugenden –, schießen tüchtig ins Kraut, solange sie übersehen werden. Mit botanischem Bild: Sie wachsen von allein wie das Unkraut.

Mag sein, der philosophische Praktiker muß auch noch Gärtner werden? Den Tugenden schaffte er Luft, indem er zurückdrängt, was ins Kraut schießt. Allerdings „schneidet" er nicht zurück und rauft auch nicht aus: Der Hebel, den er ansetzt, heißt Aufklärung, Schärfung des Bewußtseins, ist das Benennen dessen, was gern verschwiegen wird. So macht er aufmerksam auf das, was schonend übersehen wurde. Was sich die Dunkelheit reservierte, bringt er ans Licht.

---

15 Zitiert bei Denis de Rougemont, Der Anteil des Teufels, München 1999, S. 19. In entsprechendem Sinn: Leszek Kolakowski, „Gespräche mit dem Teufel", München 1963, 60ff.

16 Max Scheler, „Reue und Wiedergeburt", in: Vom Ewigen im Menschen, 3. Aufl. Berlin 1933, S. 21: „Der Mensch ist verhärtet und verstockt weit mehr aus Stolz und Hochmut denn aus der aus seiner Konkupiszenz geborenen Furcht vor Strafe, und er ist es um so mehr, je tiefer die Schuld in ihm sitzt und je mehr sie gleichsam ein *Teil* seines Selbst geworden ist. Nicht das Bekenntnis, sondern zuerst die Selbstpreisgabe vor sich selbst ist dem Verstockten so schwer."

17 Vgl. dazu Max Scheler, „Das Ressentiment im Aufbau der Moralen", in: GW Bd. 3, Bern 1955, S. 44f.

In der Geschichte der Philosophie gilt ganz allgemein:
Sage mir, wie du es mit Sokrates hältst, und ich sage dir, was du für eine Philosophie hast.

*Odo Marquard*

# Worauf kommt es an? Was ist wahrhaft wichtig? Was ist letztlich entscheidend? Leitende Gesichtspunkte in der Philosophischen Praxis[1]

Drei Fragen möchte ich diskutieren, Fragen, die einander ähneln wie die Mitglieder einer Familie, so daß wir von ihnen sagen könnten, sie seien gewissermaßen *eine* Frage. Und dann möchte ich zeigen, inwiefern sich aus der Beantwortung dieser drei beziehungsweise dieser einen Frage leitende Gesichtspunkte für die Philosophische Praxis ergeben.

Worauf kommt es an? Was ist wahrhaft wichtig? Was ist letztlich entscheidend?

Und damit „zur Sache".

Ich wage eine erste These: Ich behaupte, diese Fragen geben uns nicht nur eine Leitlinie in unserer Praxis an die Hand, sondern: sie sind in Wahrheit *die eigentlichen Fragen der Philosophie*, zumindest der philosophischen Tradition. Und das ist es, was sie für die Philosophische Praxis qualifiziert, wodurch sich aber zugleich unsere Praxis als *philosophische* Unternehmung legitimiert.

Ich möchte das erläutern. Wenn wir nach unserem philosophischen Urahn gefragt werden – wen nennen wir? Zweifellos werden die meisten von uns auf Sokrates zeigen. Und wir tun recht daran, so wie schon Cicero Sokrates den „Vater aller Philosophie" genannt hat und das schöne Wort von ihm prägte, er sei es gewesen, der „die Philosophie vom Himmel heruntergeholt und sie in den Städten angesiedelt" habe, ja, „sogar in die Häuser" habe er sie „eingeführt" und die Menschen „gezwungen, nach dem Leben, den Sitten und dem Guten und Bösen zu fragen".[2]

Bemerken wir, wie hier Cicero im Blick auf Sokrates bereits eine wesentliche Entscheidung trifft beziehungsweise sagt, worauf es ankommt? Nämlich nicht darauf, „die Dinge am Himmel zu erforschen", sondern sich für das zu interessieren, was hier unten, in der Polis, für die Menschen von Belang ist.

Aber jetzt kommt's, und das ist entscheidend: Sokrates, der Protophilosoph, läßt sich nicht etwa auf die Themen und Sorgen ein, die seine lieben Mitmenschen nun mal so hatten, wenn sie dahinlebten in den Zerstreuungen ihres Alltagslebens. Nein, er ist vielmehr überzeugt, sie lebten in aller Regel wie Somnambule und machten vielerlei Umstände um Dinge, die den Aufwand nicht wert sind, sie setzten gewissermaßen das ewig gleiche Stück in Szene, das Shakespeare „Much Ado about Nothing" betitelte und fragten

---

[1] Diesem Text liegt der Vortrag zur Eröffnung des 15. Internationalen Kongresses zur Philosophischen Praxis in Mexiko am 25. Juni 2018 zugrunde. Der Vortrag wurde in englischer Übersetzung vorgetragen.
[2] Cicero, Tusculanae disputationes, 5,10. [Gespräche in Tuskulum].

sich mithin gerade *nicht,* worauf es ankommt, statt dessen hätten sie lauter Nebensächlichkeiten und Krimskrams um die Ohren, anstatt sich um das zu kümmern, was wirklich Gewicht hat. Darum sagt Cicero, Sokrates habe die Menschen „gezwungen", sich Fragen zu stellen, mit denen sie im Grunde nichts zu tun haben wollten. Er stieß sie also auf Gedanken, die sie gerade *nicht* hatten oder die sie sogar *vermieden,* denen sie vorsichtshalber *auswichen,* die sie gern *umgingen.*

Was folgt daraus? Es folgt daraus: Von Anfang an war Philosophie *unbequem,* manche empfinden sie sogar als *lästig* und andere als *Störung* ihrer liebgewordenen Lebensroutine. Philosophie, mit andern Worten, betreibt Sabotage. Und ich setze sogleich hinzu: Eine Philosophie, die dies nicht mehr täte und nicht störte, wäre es nicht wert, beachtet zu werden.

Der deutsche Philosoph Robert Spaemann – Wegbegleiter der Philosophischen Praxis von Anfang an – steht ganz in dieser sokratischen Tradition, wenn er bündig erklärt, Sache der Philosophie sei es nicht, „die Lösungen leichter, sondern die Aufgaben schwerer zu machen".[3] Und das, obwohl die meisten Menschen es lieber hätten, wenn ihnen Schwierigkeiten abgenommen und Schweres leicht gemacht würde ... Was Spaemann so gut weiß, wie es Sokrates wußte, und ich weiß es auch.

Was nun diesen grundsätzlichen Zug der Philosophie betrifft – sagen wir so: ihre Art, die Menschen respektvoll zu überfordern, statt ihnen zu Willen zu sein und sich von ihnen in Dienst nehmen zu lassen –, so wäre es mir ein Vergnügen, einen Zeugen nach dem anderen für diese Haltung auftreten zu lassen. Doch ich beschränke mich darauf, einen einzigen weiteren Kronzeugen anzuführen, einen Südamerikaner erfreulicherweise – seit geraumer Zeit ein Geheimtip unter Intellektuellen bei uns in Deutschland –, den kürzlich verstorbenen Kolumbianer Nicolás Gómez Dávila. Dieser grandiose Einzelgänger hat ganz im Sinne der Philosophischen Praxis erklärt:

> „Die kranke Seele gesundet nicht, indem sie an ihren armseligen Konflikten herumlaboriert, sondern indem sie sich in edle Konflikte stürzt."[4]

Darum geht's: Darum, Menschen auf den Weg zu bringen, daß sie sich überhaupt diese Frage stellen, worauf es eigentlich und letztlich ankommt. Denn: Sofern wir sie *verführen* konnten, sich allen Ernstes diese Fragen zu stellen, beginnen sie schon, sich aus einem banalen, bedeutungslosen, oftmals

---

3 Robert Spaemann, Die zwei Grundbegriffe der Moral, in: ders., Grenzen. Zur ethischen Dimension des Handelns, Stuttgart 2001, S. 78.
4 Nicolás Gómez Dávila, Einsamkeiten, Wien 1987, S. 111. (Tatsächlich lautet die hier übernommene Stelle: „Die kranke Seele gesundet nicht, indem sie ihre armseligen Konflikte *unterdrückt,* sondern indem sie sich in edle Konflikte stürzt." Da es sich allerdings um eine Übersetzung handelt, erlaube ich mir die sinnstärkende Umformulierung: „indem sie an ihren armseligen Konflikten *herumlaboriert ...* ".

belanglos-fahrigen Leben, aus ihrem alltäglichen Dahin- und Durchwurschteln, zu befreien.

Nochmals: Zunächst ist noch nicht einmal die wichtigste Frage, *wie* Menschen die Frage nach dem, worauf es ankommt, beantworten, sondern sehr viel ist schon gewonnen, *sobald sie sich diese Frage überhaupt stellen*. Indem wir uns nämlich fragen, was wirklich wichtig ist, bekommt unser Leben Gewicht – oder mit Dávila: stürzen wir es in „edlere Konflikte". Das eine ist, das wir dies oder jenes „wollen" – ein anderes ist, daß wir uns fragen: *Was wir wirklich, wirklich wollen*. Dann „wollen" wir nicht nur, sondern machen wir unser Wollen zum Thema – d.h.: unser Denken steht nicht länger im Dienst unserer Wünsche, sondern unser Wollen und Wünschen hat vor unserem Denken – besser: unserem Nachdenken – zu bestehen. Was nicht selten auf eine Kritik des uns in aller Regel so liebgewordenen Wunschprinzips hinausläuft.

Nun ist aber folgendes wichtig – und ich komme damit zurück zu unserem frühen philosophischen Meister, zu Sokrates also. Es ist nämlich nichts damit getan, *andere* dazu zu bringen, das Verhör im Sinne jener Fragen mit sich zu veranstalten. Vielmehr kommt alles darauf an, daß zuerst einmal *uns selbst* die Bedeutung dieser Fragen aufgegangen ist und wir *unser eigenes Leben* im Licht dieser Fragen führen. Und dies aus einem sehr gewichtigen Grund, der uns wiederum im Blick auf jenen Griechen bewußt werden kann.

Doch um das zu erläutern, bin ich genötigt, ein wenig auszuholen ... Und das will ich tun.

Stellen wir zunächst einmal folgendes fest: Sokrates, der bekanntlich anderen mit dem Bekenntnis seines Nichtwissens lästig wurde und ihnen schließlich, nach zumeist beschwerlicher Prozedur, das Eingeständnis abnötigte, auch mit ihrem Wissen sei es nicht so weit her, wie sie zunächst meinten, Sokrates, dessen Ironie darin bestand, sich zu stellen, als sei er der Belehrung bedürftig ..., dieser selbe Sokrates hat im entscheidenden Moment, nämlich vor Gericht in seiner Verteidigungsrede durchaus gewußt, was wirklich wichtig ist, worauf es letztlich ankommt, und was schließlich in die Waagschalen fällt. Und dies wußte er sogar ohne alles Wanken und Zweifeln, er wußte es so unerschütterlich und so unirritierbar, wie man nur etwas wissen kann. Und was ist das? Das, was er am Ende die Athener bittet, ihm zu Gefallen nach seinem Tode an seinen Söhnen zu exerzieren. Nämlich dasselbe, was er seinerseits mit den Athenern, die er auf der Agora an den Wickel bekam, getan hat.

Erinnern wir uns, was er sich ganz zuletzt von den Männern, die ihn zum Tode verurteilen, erbittet?

> „An meinen Söhnen, wenn sie erwachsen sind, nehmt eure Rache, ihr Männer, und quält sie ebenso wie ich euch gequält habe, wenn euch dünkt, daß sie sich um Reich-

tum oder um sonst irgend etwas eher bemühen als um die Tugend; und wenn sie sich dünken, etwas zu sein, sind aber nichts: so verweiset es ihnen wie ich euch, daß sie nicht sorgen wofür sie sollten, und sich einbilden etwas zu sein, da sie doch nichts wert sind."[5]

Aber nicht nur das! Tatsächlich „weiß" Sokrates in seiner Verteidigungsrede vor den Athenern sehr vieles und er weiß es unwankend, er weiß es, wie man sagt: „felsenfest", und das Entscheidende: Er weiß es nicht etwa, weil er es auf seine nur zu bekannte Art und Weise *argumentativ* oder *dialektisch* ermittelt hätte, sondern es ist schlicht und einfach seine „Überzeugung" (lógo), die sich ihm „beim Überlegen als die beste herausgestellt" habe.[6] Und so habe er es immer gehalten, sagt er.

Was sind solche „Überzeugungen"? Wahrlich die grundsätzlichsten Dinge. Nehmen wir etwa jene Frage, die er sich rhetorisch aufbereitet selber stellt: Soll man den Tod fürchten? Und? Was antwortet er? Er wisse zwar nicht viel von dieser anderen Welt, dem Hades, doch eines wisse er sehrwohl:

> „Unrecht zu tun und einem Besseren nicht zu gehorchen, sei es ein Gott oder sei es ein Mensch: daß das schlecht und schändlich ist, weiß ich."[7]

Oder: Wenn man ihn frage, ob er sich nicht schäme, „einer Beschäftigung nachzugehen, die [ihn] das Leben kosten" könne, dann antworte er:

> „Du sprichst nicht wohl, Mensch, wenn du meinst, es dürfe niemand die Gefahr um Leben und Tod in Betracht ziehen, der auch nur einigermaßen etwas wert ist – statt allein darauf zu blicken, ob er, sooft er etwas tut, recht oder unrecht daran tut und ob er wie ein anständiger Mann handelt oder wie ein Lump."[8]

Ergo? Sokrates *weiß*, was richtig, was vorbildlich ist. Und mehr: Er „weiß" auch Dinge, die wir heute mehrheitlich wahrscheinlich entschieden anders sehen und nachdrücklich anders beurteilen würden als er. Da gilt offenbar: andere Zeiten, andere Sitten. Gleichwohl sollten wir uns das Vergnügen gönnen, ihn anzuhören. Er „weiß" etwa ...

> „daß Archill recht daran tat, den Tod seines Freundes Patroklos an Hektor zu rächen", denn schmachvoll sei es, „als ein Feigling zu leben und seine Freunde nicht zu rächen" ...[9]

Und er weiß – ich zitiere mit indirektem Zitat –:

> Auf dem Posten, auf den man gestellt worden sei, gelte es auszuharren, denn Tod und Gefahr sind nichts im Vergleich zur „Schande".[10]

---

5 Platon, Apologie des Sokrates, 41e (Übersetzung Schleiermacher).
6 Platon, Kriton, 46b (Übersetzung Schleiermacher).
7 Platon, Apologie des Sokrates, 29b (Übersetzung Manfred Fuhrmann).
8 Ebd. 28b.
9 Ebd. 28c.
10 Ebd. 29a.

Ich will es aber bei jenem *einen* Satz belassen, von dem ein deutscher Philosoph, Franz Vonessen, gesagt hat, es sei <u>der</u> *Satz des Sokrates*. Welcher ist das?

Es ist der Satz, mit dem Sokrates seinen Athener Richtern erklärt: Wenn sie ihn, Sokrates, töteten, schadeten sie nicht ihm, sondern sich selbst. Wörtlich heißt es in der Apologie:

> „Mir wird Meletos so wenig gefährlich werden wie Anytos; steht das doch gar nicht in seiner Macht; denn es verträgt sich, dächt' ich, nicht mit der göttlichen Weltordnung, daß der bessere Mensch von dem schlechteren Leid erfahre."[11]

Ja, und diese Haltung – und um eine *Haltung* handelt es sich! – erläutert Sokrates wenige Zeilen später so:

> „Natürlich kann [Meletos] mich töten oder in die Verbannung schicken, oder er kann mir die bürgerlichen Ehren nehmen. Doch diese Dinge hält vielleicht er selber oder sonstwer für große Übel, ich hingegen halte sie nicht dafür, sondern viel eher das, was er jetzt tut: daß er es unternimmt, jemanden ungerechterweise ums Leben zu bringen."[12]

Ist deutlich, welche tiefe, zugleich alles überbietende Überzeugung dahinter steht, die Gewißheit, die Sokrates im Dialog Gorgias schließlich als seine Conclusio und Gewißheit formuliert? Sie lautet:

> „daß man sich [nämlich] mehr hüten müsse vor dem Unrechttun als vor dem Unrechtleiden und daß ein Mann vor allem anderen danach trachten müsse, nicht gut zu scheinen, sondern gut zu sein."[13]

Ich erlaube mir die Frage: Wollen wir zugestehen, daß dies wahrhaft *grundsätzliche Überzeugungen* sind, tragende Grundsätze, Maximen gewissermaßen, in denen mit wünschenswertester Deutlichkeit ausgesprochen ist, worauf es Sokrates ankam, was ihm allein und letztlich wichtig war, oder: was für ihn in letzter Instanz galt und den Ausschlag gab? Es sind Überzeugungen, die man nicht irgendwie „hat" so wie man einen Hut hat oder eben nicht; oder Geld; oder eine Ansicht, und wenn nicht diese, so eben eine andere ... – sondern: eine solche Einschätzung – nochmals hier im Falle des Sokrates: Schlimmer sei Unrecht zu tun als Unrecht zu erleiden –, eine solche Einschätzung taucht die gesamte Sicht der Welt und der menschlichen Dinge und der eigenen Stellung darin in ein anderes, geklärtes Licht. Da „klärt sich" im genauen Wortsinn etwas „auf" und es wird hell, wo hingegen die übliche Maxime: Hauptsache sei, man selber komme glimpflich davon – die Welt in ein diffuses Zwielicht taucht.

Soviel zur These, nicht so wichtig sei, was Sokrates den Menschen sagte, sondern wichtig sei, wer er selbst gewesen ist. Und dies wiederum habe ich

---

11  Ebd. 30b-c (Übersetzung Otto Apelt).
12  Ebd. 30d (Übersetzung Manfred Fuhrmann).
13  Platon, Gorgias, 527 (83) (Übersetzung Otto Apelt).

angeführt zur Erläuterung der anderen These: Es sei zweitrangig, was wir den Menschen, die zu uns kommen, sagen; entscheidend sei vielmehr: Was wir uns selbst haben „gesagt sein lassen".

Doch nun lautet die nächste Frage: Wie kommt Sokrates dazu, so zu denken? Wenn er sagt, er *wisse*, daß dies so ist, frage ich jetzt: Woher *weiß* er dies? Hat er „Gründe" dafür? Haben ihn „Argumente" zu dieser Einsicht gebracht? Die Antwort lautet: Nein, nein, nein!

Sondern: Er *steht* dafür. *Er selbst* steht dafür ein. Die Grundlage dieser philosophischen Sätze ist der lebende Philosoph, ist Sokrates selbst. Es ist *sein* Bekenntnis, sein entschiedenes Credo, nach dieser Devise gelebt zu haben und nach ihr bis zuletzt leben zu wollen, es ist *sein* Bekenntnis, diese Haltung für *die einzig würdige* zu erachten.

Übrigens sollten wir nicht vergessen: *Das* war es, was die Schüler des Sokrates – und *was* für Schüler, die unterschiedlichsten waren darunter ...! – bewegt und überzeugt hat! Nicht seine so oft haarsträubende Argumentiererei, sein Hin- und Herdiskutieren, was man dann „Dialektik" nannte, und schon gar nicht seine angeblichen „Beweise", die er sich provisorisch für diesen und jenen Schluß zusammengebastelt hat – das alles fällt in seinem Falle unter die Rubrik „*Ironie*". Fragen wir uns doch selbst[14] (ich wähle ein Beispiel!): Haben auch nur einen von uns seine Argumente für die Unsterblichkeit der Seele überzeugt – und seither sagt und bekennt er also: Ja, so ist es – und wir wären Gläubige der Unsterblichkeit geworden? Ich glaube kaum ...

Was anderes ist es allerdings, wenn der Athener seinen Leuten mit ein paar dialektischen Kniffen ihre vermeintlichen Sicherheiten durcheinander bringt und als Resultat hängt dann alles gewissermaßen in der Luft als Produkt der Skepsis. So geht es aus, wenn er vor Gericht erklärt, den Tod zu fürchten hieße „nichts anderes, als sich für weise zu halten, ohne daß man es ist", denn es bedeute ja, „daß man zu wissen glaubt, was man gar nicht weiß". Niemand aber wisse, „ob nicht der Tod für den Menschen die größte aller Wohltaten ist, und doch fürchten ihn die Leute, als ob sie genau wüßten, daß er das größte aller Übel ist."

Ja, wie wir wissen, geht es oft so zu bei diesem Kauz und Satyr, wie Alkibiades ihn nannte – aber das alles ist nur rhetorisches Brimborium und Ironie. Ernst hingegen – und das ist seinen Schülern nicht entgangen! –, wirklich ernst ist es Sokrates damit, vor seinen Anklägern, die er im Unrecht sieht, nicht sich zu erniedrigen, indem er sie etwa anfleht und um sein Leben bettelt.

Auf diesen Unterschied kommt es mir an und daß wir hier nichts verwechseln! Alles dialektische Erörtern des Todes fällt nicht ins Gewicht im Verhält-

---

14 Apologie 29a.

nis dazu, daß Sokrates selbst offenbar anderes mehr gefürchtet hat als den Tod. *Das* zählt, seine Unerschrockenheit vor dem Tribunal, das ihn zu Tode verurteilt, seine Ruhe und Gelassenheit, mit der er seinen Anklägern erklärt, sie schädigten sich selbst mehr als ihn, denn *sie* seien es, die Unrecht auf sich laden, und das sei das Schlimmste. Das allerdings hat die Schüler des Sokrates überzeugt, hat sie überwältigt und nicht zur Ruhe kommen lassen und schließlich zur Philosophie verführt. Denn sie dachten: Jemand, der imstande ist, in so grauenvoller Lage so ruhig und in sich selbst gelassen zu bleiben, dem muß die Philosophie eine Stärke und lebendig-belebende Sicherheit erworben haben, die sie nun ebenfalls für sich suchten. Das und nichts anderes – so lautet meine These – war *die praktische Wirkung* des frühen Philosophiepraktikers auf der Agora. Und das auch war seine Lektion, die sie begriffen haben. Übrigens: Im Unterschied zu den meisten der später akademisch auf ihren Stuhl gesetzten Philosophen; die haben's nämlich bisher nicht begriffen, weshalb ich es jetzt für nötig halte, mit meinen Überlegungen für diese Einsicht zu werben.

Allerdings ist vielen Philosophen später immerhin die Nähe unseres Sokrates zu jenem anderen aufgegangen, den sie als vermeintlichen „König der Juden" haben hinrichten lassen. Dessen ungeheures Wort, der Herr möge seinen Peinigern und Spöttern, die ihn ausgeliefert haben, vergeben, denn sie wüßten nicht, was sie tun (Lk 23,34) – dieses andere Wort steht der Haltung des Sokrates denn auch wirklich brüderlich zur Seite.

Und da ich ihn nun schon einmal genannt und damit ins Spiel gebracht habe: Jener Sohn der Maria und des Zimmermanns ist auch sonst in vielfältiger Weise ein geistiger Zwilling jener frühen Philosophen, deren Ziel und Streben es war, weise zu werden. Und zwar gerade in Hinsicht auf unsere uns jetzt beschäftigende Frage, worauf es ankommt und was wahrhaft wichtig ist. Denn ist nicht dessen berühmtes Gleichnis von dem reichen Kornbauern, das er seinen Jüngern erzählt zur Erläuterung der Mahnung, auch wenn jemand „im Überfluß" habe, bestehe sein Leben nicht in seinem Besitz, eine bemerkenswerte Parallele zu den Überzeugungen des Atheners und seiner späteren Schüler? Ich meine selbstverständlich das Gleichnis von dem reichen Bauern, dessen Land ihm viel eingetragen hatte, und nun dachte er bei sich selbst und sprach: „Was soll ich tun? Ich habe nichts, wohin ich meine Früchte sammle. Und sprach: Das will ich tun: Ich will meine Scheunen abbrechen und größere bauen und will darin sammeln all mein Korn und meine Güter und will sagen zu meiner Seele: Liebe Seele, du hast einen großen Vorrat für viele Jahre; habe nun Ruhe, iß, trink und sei guten Muts!" Aber Gott sprach zu ihm: „Du Narr! Diese Nacht wird man deine Seele von dir fordern. Und wem wird dann gehören, was du bereitet hast? So geht es dem, der sich Schätze sammelt und ist nicht reich bei Gott." (Lk 12, 13–21)

Ist schon deutlich, worauf ich hinaus will? Was ist denn, wenn andere – die, die nun umgekehrt dem Sokrates ein Ärgernis und Dorn im Auge waren –, was ist, wenn diese entschieden anders der Ansicht sind, es sei wohl doch besser, nicht zu leiden und schlimmstenfalls werde man schon hinzunehmen wissen, wenn es eben andern an den Kragen geht? Die volkstümliche Fassung dazu lautet: Jeder ist sich selbst der Nächste.

Oder wenn sie meinen, „natürlich" komme es zuerst einmal darauf an, Erfolg zu haben und viel Geld und Macht und Ansehen, eine gute Reputation, und wenn es das Schicksal ganz gut meine, komme noch etwas Glanz und Glamour dazu? Glaubt ihr im Ernst, es sei eine Sache unwidersprechlicher Argumente, Menschen, die so optieren, von ihrer Überzeugung abzubringen?

Dasselbe jetzt im Blick auf das Gleichnis des Herrn: Brächte wohl jemand mit guten Argumenten einen Menschen davon ab zu meinen, nein, auf diesen sogenannten „Reichtum bei Gott" verzichte er gern, solange er hier gute Tage habe und sein Vermögen solide und mit anständiger Gewinnaussicht angelegt sei? Überhaupt – sagt dieser Faust im Taschenformat –, überhaupt halte er nichts davon, hier auf Erden Abstriche zu machen in der vagen Hoffnung auf einen himmlischen Ausgleich im Dermaleinst. Dazu hat er dann die Überzeugung der Ideologiekritik zur Hand, mit diesem Trick hätten die Priester lange genug die armen Seelen betrogen usw.

Da mag sich, wer möchte, aufs Argumentieren verlegen ...! Am Ende, wenn er nichts ausgerichtet hat, wird er einsehen müssen: Es kommt auf anderes an. Darauf nämlich, wie *er selbst* zu diesen Fragen steht. Und da hilft es auch nichts, schlaue oder weise Sätze aus dem Fundus der Philosophie heran zu zitieren und damit Eindruck schinden zu wollen – mit großartigem Bild hat dies Schopenhauer auf den Punkt gebracht:

„Andere nähren kann man nicht mit unverdauten Abgängen, sondern nur mit der Milch, die aus dem eigenen Blute sich abgesondert hat."[15]

Ich erläutere das an einem Beispiel. Nehmen wir an, ein Mensch kommt zu uns, von der Sucht nach „Erfolg" zerfressen, einer, der immer alles allen recht hat machen wollen, um ihre Anerkennung einzuheimsen, der sich als Kamel durch jedes Nadelöhr geschlängelt hat – aber nicht, um sich den Himmel zu erwerben, sondern um sich den Posten zu ergattern, auf den er's abgesehen hatte; ein Mensch, der niemals zu dem Mut gefunden hat, Rückgrat zu zeigen und sich damit als Charakter andern zuzumuten, der nicht gelernt hat, aufrecht zu stehen, der gar nicht wüßte, was es heißt, zum gegebenen Wort zu stehen, der Verläßlichkeit für eine alte Floskel hält und Aufrichtigkeit eine reichlich altbackene Ideologie, der vielmehr immer nur versuchte, durchzukommen, auf irgendeine Weise mitzumachen, mit

---

15  Schopenhauer, Parerga und Paralipomena II, § 247.

dabeizusein, dabeizubleiben, nicht ausgebootet, nicht abgehängt zu werden ... – nehmen wir an, ein solcher Mensch – ihr wißt, wie höchst wahrscheinlich dieser Typus Mensch heute ist ... –, ein solcher Mensch kommt zu uns in unsere Praxis, inzwischen abgekämpft und ausgelaugt, erschöpft, verbrannt, enttäuscht, aber nach wie vor bewundert er, die es „geschafft" haben – wie er sich ausdrückt –, die oben „angekommen" sind, die Menschen des Erfolgs, die wenigen im Rampenlicht, die Vielgefragten, die Beneideten, die Glücklichen, wie er sie nennt.

Nun? Was werden wir tun, was ihm sagen? Ich denke, soviel ist sicher: Aus dieser Falle, in die er sich verrannt hat, zieht niemand ihn heraus, der seinerseits in seinen Lebensbelangen überall nach Erfolg und nach Bestätigung schielt, oder der seinerseits beispielsweise fürchtet, sein Gast könne ihm auf und davon gehen oder er könne ihm gram sein. Nein, wen dieser Mensch im idealen Falle finden müßte, wäre jemand, der jene Versuchungen, denen unser Gast erlegen ist, wohl seinerseits auch kennt, ihnen aber nachdenklich und ausdrücklich entkommen ist, der sich also selbst daraus befreit hat, und nun liegt's hinter ihm wie eine Kinderkrankheit, die man einmal durchgemacht haben muß, um für den Rest seines Lebens dagegen immun zu sein. Was also statt dessen?

Nun, vielleicht würde ich einen kleinen Angriff wagen, der unseren Gast auf die Probe stellt und erkundet, ob er Humor besitzt – also ob er sich verführen läßt, über sich selbst wenn nicht zu lachen, so doch zumindest ein wenig zu schmunzeln, was immerhin ein Anfang wäre ... Ich würde ihm zu diesem Zweck – wenn ich denn die Hoffnung haben dürfte, es sei imstande, sich ausnahmsweise einmal über selbst sich zu amüsieren – ein Gedicht vortragen, ein philosophisch höchst lehrreiches Gedicht *nota bene*. Kreiert hat's Robert Gernhardt, sein Titel lautet: „Immer". Da es zugleich unterhaltsam ist, möchte ich es hier nicht vorenthalten ...:

**Immer einer behender als du**

Du kriechst
Er geht
Du gehst
Er läuft
Du läufst
Er fliegt:

Einer immer noch behender.
Immer einer begabter als du

Du liest
Er lernt
Du lernst
Er forscht

## Worauf kommt es an? Was ist wahrhaft wichtig?

Du forschst
Er findet:

Einer immer noch begabter.
Immer einer berühmter als du

Du stehst in der Zeitung
Er steht im Lexikon
Du stehst im Lexikon
Er steht in den Annalen
Du stehst in den Annalen
Er steht auf dem Sockel:

Einer immer noch berühmter.
Immer einer betuchter als du

Du wirst besprochen
Er wird gelesen
Du wirst gelesen
Er wird verschlungen
Du wirst geschätzt
Er wird gekauft:

Einer immer noch betuchter.
Immer einer beliebter als du

Du wirst gelobt
Er wird geliebt
Du wirst geehrt
Er wird verehrt
Dir liegt man zu Füßen
Ihn trägt man auf Händen:

Einer immer noch beliebter.
Immer einer besser als du

Du kränkelst
Er liegt danieder
Du stirbst
Er verscheidet
Du bist gerichtet
Er ist gerettet:

Einer immer noch besser

Immer
Immer
Immer.

Soweit das Gedicht. Doch jetzt der Zusatz, der fällig ist: Es kommt alles darauf an, daß ich selbst tatsächlich diese Belehrung, die das Gedicht erteilt, als Lektion für mich bereits gelernt habe und daß unser ausgedachter Gast das an mir überzeugend bemerken und erleben kann.

Denn – das möchte ich gewissermaßen als die Conclusio des bisher Gesagten zusammenfassen:

Wer zu uns in die Philosophische Praxis kommt, sucht keine philosophische Belehrung, sehr wohl allerdings einen philosophisch nachdenklich gewordenen Menschen, im Sinne Kierkegaards ließe sich – mit freilich ungebräuchlicher Vokabel – sagen: einen philosophisch auferbauten Menschen.

Nun weiß ich selbstverständlich, daß ich soweit nicht allzu viel gesagt habe, wohl aber, so meine Überzeugung, etwas, worauf es ankommt und was für uns in der Praxis wichtig ist. Ich will es noch einmal so erläutern:

Wie wir wissen, ist in der Therapie-Forschung immer wieder festgestellt worden, daß es – was die Wirkungen der Therapien angeht – nicht so sehr auf die Art der therapeutischen Theorie ankommt, nach der gearbeitet wird, sondern auf den Therapeuten, und das heißt: welcher Mensch er ist. Was dann aber zur näheren Erläuterung angeführt wird, paßt ganz und gar und folgerichtig ins Milieu der Psychotherapien: Da wird dann von „Empathie" und Einfühlungsvermögen gesprochen, von freundlicher Verständnisbereitschaft usw. Wir kennen diese immer wiederholte Litanei, die wenig oder keinen Inhalt hat ...

Dennoch: In einer – und einer nicht unwesentlichen – Hinsicht werden wir im Blick auf die Philosophische Praxis dasselbe sagen: Also nicht so sehr darauf kommt es an, welche Philosophien im Hintergrund des philosophischen Praktikers ihre Rolle spielen, sondern auf den Philosophen selbst, den der Gast in der Praxis antrifft. Und das heißt: Die leitende Frage im Sinne der Philosophischen Praxis ist nicht mehr, „Was ist Philosophie?", sondern die Frage lautet jetzt: „Wer ist Philosoph?" Philosoph in der Praxis aber bin ich nicht als „Vertreter" irgendeiner Philosophie, als der „Sprecher" einer philosophischen Richtung oder Schule, sondern die Bekanntschaft mit der Philosophie und den Philosophen, die uns zum Vorbild und Ansporn wurden, muß in uns gewissermaßen „Fleisch geworden" sein. *Der Philosoph*, den der Gast *der Philosophischen Praxis* anzutreffen hofft, *ist die Philosophie als Institution in einem Fall: ihre „Inkarnation"* mit theologisch vorgedachter und hierhergehöriger Begrifflichkeit.

Doch nun, zum Schluß – gewissermaßen als Ausdruck des Respekts vor diesem „Gipfeltreffen" der philosophischen Praktiker aus aller Welt in mexikanischen Höhen – möchte ich etwas tun, was ich bisher eigentlich immer strikt vermieden habe. Bisher galt, daß ich schon den Begriff „Methode" peinlichst vermieden habe, etwa so, wie ihn auch Paul Feyerabend mied.

Doch einmal möchte ich mir untreu werden und zumindest einige Worte dazu sagen, „wie" wir unseren Gast dahin bringen, ihn vielleicht verleiten, ihn womöglich „verführen", sich Fragen auszusetzen, die ihm zunächst einmal, wie er meint, „fremd" sind.

Ich gehe zu diesem Zweck aus von einem Gedanken, den ich kürzlich bei Georg Picht, einem Schüler Heideggers, (in einem Vortrag aus dem Jahre 1971) fand. Er ist sehr schlicht und lautet:

> „Gebildet ist ein Mensch, wenn er das versteht, was er selber sagt."[16]

Nun – verstehen wir, was dieser Satz sagt ...? In ihm ist die tiefe Einsicht zum Ausdruck gebracht, daß allem, was wir sagen oder denken, was uns „bewußt" ist, eine unendliche Tiefe und Fülle von Unbewußtem zu Grunde liegt, von „Nicht-mit-Gedachtem", von Unverstandenem. Man könnte von unbewußtem Geist, von verkanntem Logos sprechen, oder auch von unbegriffenem Begriff. Ahnt ihr, was ich meine? Ein jedes Wort, das wir sprechen, jeder Begriff hat seine Geschichte, seine Implikationen, trägt eine Fülle von Gedanken, in denen er zu seiner Form und Fassung fand, mit sich. Jedes Urteil, das einer abgibt, wurde in langer, vielleicht bis in Vorzeiten hinein zurückzuverfolgender Geschichte erst möglich gemacht – und anderes, was nur als Allerweltsgerede daher kommt, weil es eben *en vogue* oder *à la mode* ist, selbst solches Geschwätz *verstünden* wir erst, wenn wir *begriffen*, wie es zur Konjunktur dieser Redensart hat kommen können, vielleicht sogar hat kommen müssen, was sie möglich oder populär machte.

Ich scheue mich nicht, ein ganz triviales Beispiel anzuführen: Wer hätte schon „verstanden", wie er dazu kam, etwas „cool" zu nennen, *wenn* er denn so redet – unter deutschen Jugendlichen ist diese Wendung außerordentlich populär und nahezu in aller Munde ... Und? Trauen wir uns zu, über diese Gewohnheit so aufzuklären, daß unserem Gegenüber gewissermaßen das „Weltbild" aufgeht, dem diese Redensart zugehört und das es vertritt? Und daß diese bestimmte Weltsicht zugleich die Urteile prägt, die entscheiden, worauf es ankommt, was wahrhaft wichtig ist und letztlich entscheidet? Das zu leisten aber *ist* der Beitrag der Philosophischen Praxis, Aufklärung in einem emphatischen Sinn.

Nun hoffe ich, mit diesen wenigen Andeutungen ein wenig verständlicher gemacht zu haben, was Picht mit seinem außerordentlich klugen Satz meinte, gebildet sei nur der, der verstehe, was er sagt. Denn es ist wahr: In jeden ausgesprochenen Satz sind unendlich viele Sätze, Gedanken, Urteile, Einschätzungen, Ansichten usw. eingegangen, die in aller Regel darin ruhen wie ungeborgene Schätze. Die Aufgabe des philosophischen Praktikers ist es, sie zu heben und zu bergen.

Ein erhabenes, höchst anspruchsvolles Ziel ist damit der Philosophischen Praxis gesetzt, eines, worin das sokratische Erbe sowohl aufgenommen als auch zugleich modifiziert ist. Ich fasse es so zusammen:

---

16  Georg Picht, Enzyklopädie und Bildung, in: Merkur 25 (279), 1971, S. 633ff.

Es gilt, die Menschen dahin zu bringen, daß sie verstehen, was sie sagen. Das aber beginnt damit, daß sie zu begreifen beginnen, welcher Geist sich „hinter (oder: in) ihren Sätzen" zu erkennen gibt, sich für sie jedoch zunächst darin verbarg. Gelingt es uns, diesen Geist zutage zu fördern und ihn nun dem Urteil unseres Gastes auszusetzen, sieht er dem ins Auge, was für ihn entschied, worauf es ankommt, was wahrhaft wichtig ist und was entscheidend. Jetzt mag die Revision beginnen. Und wir? Werden ihn dabei begleiten und ihn darin – nach der Maßgabe dessen, was uns für uns zum Maßstab wurde – unterstützen. Nicht selten gehört Mut dazu, der Mut, der eigenen Überzeugung zu trauen.

Im übrigen bin ich überzeugt: Die Mutlosen erreichen nichts – und den Gast, der sich an sie wendet, erreichen sie schon gar nicht.

Das bloße Wollen und auch Können ist an sich noch nicht zureichend,
sondern ein Mensch muß auch wissen, was er will, und wissen, was er kann:
erst so wird er Charakter zeigen, und erst dann kann er etwas Rechtes vollbringen.

*Arthur Schopenhauer*

## Schicksal und Charakter. Für die Philosophische Praxis ist vieles von Schopenhauer zu lernen[1]

Jeder, der sich die Muße zu einer eingehenderen Lektüre Schopenhauers gegönnt hat (ich hatte stets den Eindruck: Schopenhauer zu lesen sei etwas, das man sich „gönne" ...), jeder zumal, der sich diese Lektüre durch ein mitgehendes Interesse an Philosophischer Praxis zu einem besonderen und neuen Erlebnis werden ließ, weiß, daß eine Philosophie, die sich in der Praxis zu bewähren hat, von diesem Philosophen nicht nur Bestärkungen und Unterstützung zu erwarten hat, sondern mindestens ebensosehr von ihm in Frage gestellt wird.

Dabei spielen die Zweifel, die sich für den Philosophischen Praktiker aus Schopenhauers polemisch satt gewürzten Abrechnungen mit der „Universitätsphilosophie" ergeben mögen, womöglich noch die geringste Rolle; obwohl: niemand sollte übersehen, daß seine berühmt gewordene Kritik an der universitären Lehrstuhl-Philosophie ihrer besonderen Argumentation wegen die Philosophische Praxis noch schärfer trifft als die Universitätsphilosophie selbst: denn was er dieser bekanntlich in erster Linie vorwarf, ist ja, in philosophiefremde Interessen eingespannt zu sein, denen sie willfährig diene, und vor allem, im Sold von Auftraggebern zu stehen, die wohl wüßten, warum sie sich den Denkbetrieb der Philosophen leisten. Also: Schopenhauers Sorge war, die Wahrheit verkomme zur „Hure", sobald die ehrwürdige Philosophie „zum Brodgewerbe herabgewürdigt" werde.[2] Weil – so heißt es in der Vorrede zur zweiten Auflage seines Hauptwerkes – „die Regel ‚Weß Brod ich ess', deß Lied ich sing" von jeher gegolten hat, war bei den Alten das Geldverdienen mit der Philosophie das Merkmal des Sophisten." (ebd.)

Und wirklich war es Schopenhauers Pathos, das er selbst für eine unerläßliche Bedingung gehalten hat, ohne die die Wahrheit keinen Zutritt gewähre, daß „die Sache selbst [...] auch ihrer selbst wegen betrieben werden" müsse, sonst könne „sie nicht gelingen", denn von jeder Absicht drohe „der Einsicht Gefahr" (I/14).

Es gibt ein gewichtigeres Bedenken noch, das uns Schopenhauer zur Selbstprüfung auf den Weg gelegt hat. Ihm war dies so wichtig, daß er es in der bereits zitierten, 1844 verfaßten Vorrede zur zweiten Auflage von „Die Welt als Wille und Vorstellung" gleich eingangs zur Sprache brachte: Es sei „ja der Fluch dieser Welt der Noth und des Bedürfnisses, daß diesen Alles dienen und fröhnen" müsse, heißt es dort. Und er fügt an: „daher eben ist sie nicht so beschaffen, daß in ihr irgend ein edles und erhabenes Streben, wie das

---

[1] Vortrag, gehalten auf dem 9. Kolloquium der Gesellschaft für Philosophische Praxis GPP, das 1994 in Tübingen stattfand.
[2] Die Welt als Wille und Vorstellung, Ed. L. Lütkehaus, Bd. 1, S. 16 (im folgenden Text nur noch mit Band und Seitenzahl zitiert).

nach Licht und Wahrheit ist, ungehindert gedeihen und seiner selbst wegen daseyn dürfte". (I/15)

Es ist diese – äußerst vorbehaltliche – Einschätzung der Welt und ihres Wahrheitsbedürfnisses, die ihn jederzeit zur Resignation raten ließ: Wer eine Sache ernsthaft nehme und betreibe, habe zu wissen, daß er „auf die Theilnahme der Zeitgenossen nicht rechnen" dürfe. (I/14)

Und nun muß ich sagen: Sofern Schopenhauer recht hat, sofern Philosophie tatsächlich, soll sie keinen Schaden erleiden, ein Fremdling in dieser Welt bleiben müßte, hätte sie sich also wirklich als unanfechtbar in ihrer Distanz zum sonstigen Weltgetriebe zu erweisen, um sich nicht gemein zu machen und selbst zu verraten – ließe sich diese Anforderung, auf den ersten Blick jedenfalls, nur sehr schwer vereinbaren mit dem Vorhaben der Philosophischen Praxis, die Tür zur Philosophie jedem zu öffnen und vorab kein Interesse auszuschließen, das an sie herangetragen wird. Jedenfalls ist nicht zu übersehen, daß sich die Philosophie als Philosophische Praxis ins Weltgemenge einläßt, die Öffentlichkeit nicht scheut und durchaus an die Fragen anschließt, die auch sonst auf den Foren und in den Debattenrunden der Gegenwart diskutiert werden. Sie ist ohne Zweifel weniger asketisch und weltentrückt, als Schopenhauer ihr im Interesse unbehelligter Verpflichtung auf die Wahrheit auferlegen wollte.

Soviel zu den ersten Bedenken, die sich der Philosophische Praktiker in seiner Bemühung um die Philosophie Schopenhauers einhandelt ... – Fragezeichen, die einer gründlichen Beantwortung und Auflösung bedürften, sollen die Aufgaben der Philosophischen Praxis anders als naiv absolviert werden.

Auf der andern Seite – auch dies dürfte niemandem entgangen sein, der sich mit der Philosophie Schopenhauers vertraut gemacht hat – begegnen uns in seinem Werk wie in wenigen sonst auf jeder Seite nahezu bestärkende, womöglich wegweisende Erwägungen, die sich jederzeit als wertvolle gedankliche Unterstützung unserer Arbeit erweisen.

So beispielsweise – in unmittelbarem Zusammenhang mit den eingangs aus seiner Vorrede zitierten Bedenken – seine Erklärung, welches Philosophieren einzig in der Lage sei, sich auch für andere als hilfreich zu erweisen. Ich möchte dieses Zitat gern einfügen, denn es bezeichnet sehr genau, was als unerläßliche Bedingung jedes orientierenden Philosophierens in Gesprächen anzusehen ist:

„Nun aber steht es um philosophische Meditationen seltsamerweise so, daß gerade nur Das, was Einer für sich selbst durchdacht und erforscht hat, nachmals auch Andern zu Gute kommt; nicht aber Das, was schon ursprünglich für Andere bestimmt war. Kenntlich ist Jenes zunächst am Charakter durchgängiger Redlichkeit; weil man nicht sich selbst zu täuschen sucht, noch sich selber hohle Nüsse darreicht; wodurch dann alles Sophisticiren und aller Wortkram wegfällt". (I/17)

Daß aller „Wortkram" wegfalle, darauf kommt es allerdings in der Philosophischen Praxis an, denn nicht, daß sich etwas denken lasse oder einmal von andern gedacht worden ist, überzeugt, sondern, wenn überhaupt: daß es gedacht *wird*, und daß *der, der* den Gedanken denkt, für ihn auch einzustehen in der Lage ist.

An diesen Grundsatz Philosophischer Praxis zu erinnern, liegt gerade dann nahe, wenn wir über Schopenhauer sprechen. Denn aus welcher Philosophie sonst ließe sich ein derartiger Reichtum jederzeit verwendbaren Zitatguts ziehen, das den Gesprächen in der Praxis einen reizvoll gediegenen Glanz verleihen könnte? Ich will rasch ein Beispiel anführen aus einem kürzlich geführten Gespräch, in dem es sich als nötig erwies, auf die Anerkennung altersbedingt veränderter Lebenslagen hinzuarbeiten. Ich verwandte zu diesem Zweck eine der literarisch blendend formulierten Einschübe aus Schopenhauers „Aphorismen zur Lebensweisheit", und zwar aus jenem letzten Teil, der „Vom Unterschiede der Lebensalter" handelt:

> „Ist [...] der Charakter der ersten Lebenshälfte unbefriedigte Sehnsucht nach Glück; so ist der der zweiten Besorgniß vor Unglück. Denn mit ihr ist, mehr oder weniger deutlich, die Erkenntniß eingetreten, daß alles Glück schimärisch, hingegen das Leiden real sei. Jetzt wird daher, wenigstens von den vernünftigeren Charakteren, mehr bloße Schmerzlosigkeit und ein unangefochtener Zustand, als Genuß angestrebt. – Wenn, in meinen Jünglingsjahren, es an meiner Thüre schellte, wurde ich vergnügt: denn ich dachte, nun käme es. Aber in spätern Jahren hatte meine Empfindung, bei demselben Anlaß, vielmehr etwas dem Schrecken Verwandtes: ich dachte: ‚da kommt's.'"

Und gerade so gebe es „hinsichtlich der Menschenwelt [...] ebenfalls zwei entgegengesetzte Empfindungen: in der Jugend hat man häufig die, von ihr verlassen zu seyn; in spätern Jahren hingegen die, ihr entronnen zu seyn. Die erstere, eine unangenehme, beruht auf Unbekanntschaft, die zweite, eine angenehme, auf Bekanntschaft mit ihr. – In Folge davon enthält die zweite Hälfte des Lebens, wie die zweite Hälfte einer musikalischen Periode, weniger Strebsamkeit, aber mehr Beruhigung, als die erste." (IV/470f.)

Wer – wie ich dies in diesem Falle tat – ein solches Glanzstück Schopenhauerscher Nachdenklichkeit in einem Gespräch bemüht, sollte sich allerdings sehr streng fragen, ob sein eigenes Leben bis zu diesem Punkte gelangt ist, von dem aus sich die Lebensalter so darstellen mögen, wie sie hier vorgestellt wurden. Und nur dann sollte er wagen, sich von dem Alten das Wort auszuborgen. Dann freilich ist gegen eine solche Leihgabe auch nichts einzuwenden: Es mindert unsere Überzeugung ja nicht, daß ein anderer es verstand, sie mit der Kraft eines so abgründigen Humors in eine überlieferungswürdige Fassung zu bringen.

Nun, mit allem bisher Gesagten hatte ich nur im Sinn, einleitend darauf aufmerksam zu machen, daß sich also bei Schopenhauer sowohl auf Schritt und Tritt Bedenken finden lassen, die uns unsere Arbeit in der Philosophischen Praxis in gehöriger und wünschenswerter Weise erschweren, als auch eine Fülle von Anregungen und Hilfestellungen, die uns im Gespräch mit unserem Besucher vielfältig unterstützen können – nochmals: sofern wir ihnen selbst gewachsen sind und unser Lebensfortschritt das beglaubigt, was andernfalls nur bloßer „Wortkram" wäre.

„Für die Philosophische Praxis ist viel von Schopenhauer zu lernen", habe ich in dem mir selbst gestellten Untertitel meines Vortrags als These formuliert. Und nun will ich darangehen, sie zu erläutern und durch einige Erinnerungen an sein Hauptwerk zu bekräftigen. Darin soll uns zwar vor allem das vierte und letzte Buch interessieren, das, wie Schopenhauer eröffnend sagt, „nach der gewöhnlichen Art sich auszudrücken, [...] die praktische Philosophie" vorträgt und in der übersichtlichsten Weise u. a. entwickelt, was ich mir als Titel vorgenommen habe: die Beziehung „Schicksal und Charakter" – doch zuvor noch möchte ich Sie auf etwas aufmerksam machen, das mit gutem Grund allen voran philosophische Praktiker beachten sollten.

Ich meine den bemerkenswerten Umstand, daß Schopenhauer sein erstes Buch, also „Der Welt als Vorstellung erste Betrachtung", worin „Die Vorstellung unterworfen dem Satze vom Grunde" und „das Objekt der Erfahrung und Wissenschaft" erörtert werden – „nach der gewöhnlichen Art sich auszudrücken" könnte man auch sagen: es gehe um Erkenntnistheorie –, daß also Schopenhauer eben dieses erste Buch mit einer hier wohl kaum erwarteten pointierten Auseinandersetzung mit der praktisch-philosophischen Vernunft der Stoiker beschließt, die er dann im 2. Band, im 16. Kapitel, überschrieben: „Ueber den praktischen Gebrauch der Vernunft und den Stoicismus", weiter fortführt und noch präzisiert.

Da diese Auseinandersetzung mit dem Lebensführungsideal der Stoiker den denkbar deutlichsten Kontrast zum Entwurf seiner eigenen praktischen Philosophie kenntlich macht und insofern als Hintergrund, vor dem sich Schopenhauers philosophisches Vermächtnis abhebt, fast unentbehrlich ist, will ich zumindest kurz auf seine eigenwillige Kritik der Stoa eingehen. Ich tue dies besonders gern, da eine häufig anzutreffende Vermutung lautet, die Philosophische Praxis habe sich zur Aufgabe gesetzt, die Vernunft als lebensorientierende, lebensanleitende und korrigierende Instanz zu rehabilitieren, von ihr vor allem eine Leid und Unglück überwindende Potenz und Wirkung zu erwarten.

> „Die vollkommenste Entwickelung der praktischen Vernunft," eröffnet Schopenhauer seine Auseinandersetzung mit der Stoa, die – wie erwähnt – sein erstes Buch beschließt, „im wahren und ächten Sinne des Worts, der höchste Gipfel, zu dem der Mensch durch den bloßen Gebrauch seiner Vernunft gelangen kann, und auf welchem

sein Unterschied vom Thiere sich am deutlichsten zeigt, ist als Ideal dargestellt im stoischen Weisen. Denn die Stoische Ethik ist ursprünglich und wesentlich gar nicht Tugendlehre, sondern bloß Anweisung zum vernünftigen Leben, dessen Ziel und Zweck Glück durch Geistesruhe ist. Der tugendhafte Wandel findet sich dabei gleichsam nur per accidens, *als Mittel, nicht als Zweck ein.*" (I/135f.)

Was Schopenhauer nun als Folgen referiert, die sich aus jenem Grundsatz für die Stoiker ergaben, ist für uns heute ohne Schwierigkeit als ein Kompendium der *therapeutischen* Empfehlungen erkennbar, wie man sie wirklich in den Therapien einsetzt. Ich zitiere einige davon, und zwar im Wortlaut Schopenhauers, denn um Schopenhauer soll es uns ja gehen, nicht um die Stoiker:

„Man sah ein, daß die Entbehrung, das Leiden, nicht unmittelbar und nothwendig hervorging aus dem Nicht-haben; sondern erst aus dem Haben-wollen und doch nicht haben [...] Aus diesem allen ergab sich, daß alles Glück auf dem Verhältniß beruht zwischen unseren Ansprüchen und dem, was wir erhalten [...] | Diesem Geist und Zweck der Stoa gemäß, fängt Epiktet damit an und kommt beständig darauf zurück, als auf den Kern seiner Weisheit, daß man wohl bedenken und unterscheiden solle, was von uns abhängt und was nicht, daher auf Letzteres durchaus nicht Rechnung machen; wodurch man zuverlässig frei bleiben wird von allem Schmerz, Leiden und Angst." (I/137ff.)

Von Zenon, dem Stifter, erwähnt Schopenhauer noch das den Heutigen recht geläufige Konzept „zur Erlangung des höchsten Gutes, d. h. der Glücksäligkeit durch Geistesruhe, [nämlich:] übereinstimmend mit sich selbst [zu] leben" (I/140), um dann zunächst seine Vorstellung der stoisch praktischen Philosophie mit der folgenden Würdigung zu beschließen:

„Die stoische Ethik, im Ganzen genommen, ist in der That ein sehr schätzbarer und achtungswerther Versuch, das große Vorrecht des Menschen, die Vernunft, zu einem wichtigen und heilbringenden Zweck zu benutzen, nämlich um ihn über die Leiden und Schmerzen, welchen jedes Leben anheimgefallen ist, hinauszuheben [...] und ihn eben dadurch im höchsten Grade der Würde theilhaft zu machen, welche ihm, als vernünftigem Wesen, im Gegensatz des Thieres zusteht". (I/140)

Soweit seine Zustimmung zur Stoa, die mancher sicher gern zitieren wird, der die Philosophische Praxis in der Nachfolge hellenistischer Lebensbelehrung sehen möchte und zugleich aus solcher Nähe das Anrecht ableitet, seine Arbeit, die er in helfender Absicht leistet, ausdrücklich eine *philosophische* zu nennen. Doch die Ambitionen der Stoiker bleiben bei Schopenhauer nicht unwidersprochen, und der Widerspruch, den er einlegt, scheint mir bedeutender zu sein als die partielle, wohlwollende Anerkennung, die er zuvor aussprach:

„Es liegt [...] ein vollkommener Widerspruch darin, leben zu wollen ohne zu leiden, welchen daher auch das oft gebrauchte Wort ‚seeliges Leben' in sich trägt [...] Dieser Widerspruch offenbart sich [...] in jener Ethik der reinen Vernunft [...] dadurch, daß der Stoiker genöthigt ist, seiner Anweisung zum glücksäligen Leben (denn das bleibt seine Ethik immer) eine Empfehlung des Selbstmordes einzuflechten (wie sich unter dem prächtigen Schmuck und Geräth orientalischer Despoten auch ein kostbares Fläschchen mit Gift findet), für den Fall nämlich, wo die Leiden des Körpers, die sich durch keine Sätze und Schlüsse wegphilosophieren lassen, überwiegend und unheilbar sind, sein alleiniger Zweck, Glücksäligkeit, also doch vereitelt ist, und nichts bleibt, um dem Leiden zu entgehen, als der Tod, der aber dann gleichgültig, wie jede andere Arzenei, zu nehmen ist." (I/141)

Soweit Schopenhauers erster Einspruch – von „unzeitgemäßer" Brisanz zumal heute, da die Abschaffung des Leidens eine der letzten Selbstverständlichkeiten zu sein scheint. Ja, auf dem Boden dieser Selbstverständlichkeit meint man zunehmend entscheiden zu dürfen, was zu unternehmen sei, wenn Menschen klagen und nach Wegen suchen, die Lasten abzuwerfen, die sie drücken.

Sein zweiter Einwand aber scheint mir noch bedeutender: Er richtet sich gegen das Idealbild des stoischen Weisen selbst – und fast ist es, als hörte man bereits den Spott Zarathustras heraus:

„Wer aber das Weiseste von euch ist, der ist auch nur ein Zwiespalt und Zwitter von Pflanze und von Gespenst. Aber heisse ich euch zu Gespenstern oder Pflanzen werden?"[3]

Schopenhauer also:

„Der [...] innere Widerspruch [...], mit welchem die Stoische Ethik, selbst in ihrem Grundgedanken, behaftet ist, zeigt sich ferner auch darin, daß ihr Ideal, der Stoische Weise, in ihrer Darstellung selbst, nie Leben oder innere poetische Wahrheit gewinnen konnte, sondern ein hölzerner, steifer Gliedermann bleibt, mit dem man nichts anfangen kann, der selbst nicht weiß wohin mit seiner Weisheit, dessen vollkommene Ruhe, Zufriedenheit, Glücksäligkeit dem Wesen der Menschheit geradezu widerspricht und uns zu keiner anschaulichen Vorstellung davon kommen läßt." (I/142)

Den entscheidenden Wink aber fügt Schopenhauer, das erste Buch damit beschließend, an, indem er dem hölzern-steifen Gliedermann der hellenistisch-stoischen Weisheit den „Heiland des Christenthums" gegenüberstellt, „jene vortreffliche Gestalt, voll tiefen Lebens, von größter poetischer Wahrheit und höchster Bedeutsamkeit, die jedoch, bei vollkommener Tugend, Heiligkeit und Erhabenheit, im Zustande des höchsten Leidens vor uns steht." (I/142)

Da ist, im letzten Halbsatz, ausgesprochen, was Schopenhauer als den tiefsten Mangel am stoischen Programm der Leidabwendung ansah: Wohl sahen sie, es ...

„würde Niemand sich über einen Unfall, eine Widerwärtigkeit, entrüsten und aus der Fassung gerathen, wenn die Vernunft ihm stets gegenwärtig erhielte, was eigentlich der Mensch ist: das großen und kleinen Unfällen, ohne Zahl, täglich und stündlich Preis gegebene, hülfsbedürftige Wesen, [...] welches daher in beständiger Sorge und Furcht zu leben hat." (II/174)

---

[3] Nietzsche, Also sprach Zarathustra, KSA IV, S. 14.

Und wohl sahen sie auch richtig, was in dem „Ertrage und entsage" Epiktets als Weisheit letzter Schluß benannt ist, daß eine solche „Anwendung der Vernunft auf das Praktische" zunächst nur dies zu leisten habe, „daß sie das Einseitige und Zerstückelte der bloß anschauenden Erkenntniß wieder zusammensetzt [...], wodurch das objektiv richtige Resultat gewonnen wird" [ebd.].

Wenn wir jedoch, fährt Schopenhauer an späterer Stelle fort, in den Schriften der Stoiker „nach dem letzten Grunde jenes uns unablässig zugemutheten, unerschütterlichen Gleichmuthes forschen; so finden wir keinen andern, als die Erkenntniß der gänzlichen Unabhängigkeit des Weltlaufs von unserem Willen und folglich der Unvermeidlichkeit der uns treffenden Uebel", was einzig die Empfehlung nahelegt, unsere Ansprüche und Wünsche so zu regulieren, daß sie mit dem Weltlauf nicht mehr kollidieren. Erwarte von der Welt nicht mehr, als sie dir bieten kann. Was sie dir vorenthält, darauf verzichte. Was sie dir abverlangt, ertrage. Erwarte nur von dir, was ganz allein in deiner Macht steht.

Es ist in der Tat der Weg der Therapien, den die Stoiker mit diesen Grundsätzen zuerst betreten haben. Denn indem sie meinten – ich zitiere Schopenhauer nochmals –, unser Leiden resultiere „allemal aus dem Mißverhältniß zwischen unseren Wünschen und dem Weltlauf", schlossen sie ganz folgerichtig, daß „Eines dieser Beiden geändert und dem Andern angepaßt werden" müsse. Und „da nun der Lauf der Dinge nicht in unserer Macht steht; so müssen wir unser Wollen und Wünschen dem Lauf der Dinge gemäß einrichten: denn der Wille allein ist [in unserer Macht]." (II/182)

Um es einmal locker und unbekümmert zu sagen: Das Leiden der Menschen wurde hier zum ersten Mal als Einladung begriffen, sie zur Arbeit an sich selber anzuleiten. Den Betroffenen wird ein Objekt geboten, an dem sie sich zu schaffen machen können: und das sind sie selbst. Im Großen und Ganzen ist nichts auszurichten – und doch ist viel zu tun: man beginnt, sich mit sich selber zu beschäftigen. Und, was ist das Resultat? Ernstlich und in der Nähe betrachtet, resümiert Schopenhauer, erkennen wir in jener αταραξια „bloße Abhärtung und Unempfindlichkeit gegen die Streiche des Schicksals". (II/183) Die Frage ist: *Was fehlt*?

Ich denke, erst indem wir diese Frage stellen, laden wir den Philosophen Schopenhauer ein, seinen Einwand gegen diese Art der Leidensabarbeitung auszusprechen. Und damit zugleich – seinen Widerspruch zur heutigen therapeutischen Bemühung, den Menschen auf sich selbst zu konzentrieren, oder: mit sich selber abzulenken.

Schopenhauers Antwort lautet: Was diese stoische Gelassenheit entbehre, sei „die metaphysische Tendenz" (ebd.). Die Dürftigkeit des Lebens, anders ausgesprochen, ist ihnen nicht zum Skandalon geworden, und so haben sie den Menschen in seiner besten Möglichkeit verfehlt. Die ist aber nicht, das Schlimme tapfer zu ertragen oder den Affekten beizukommen, auch nicht die Sorge um sich selbst, die – aus gehöriger Distanz betrachtet – eine allzu kleine, in ihrem Umfang allzu eingeschränkte, wenn nicht beschränkt-borniertre Sorge ist. Sondern Schopenhauer sah als diese würdigste und beste, achtenswerteste und tiefste Möglichkeit des Menschen *das metaphysische Bedürfnis*, das sich ihm im Blick auf diese Welt, so wie sie ist, ergibt.

Und so hat Schopenhauer auch in seinem zweiten Band an jenes 16. Kapitel, das dem Stoizismus und dessen Praxis der Vernunft gewidmet war, das 17. Kapitel angeschlossen, das entschieden überbietet, was den praktisch engagierten Stoikern überhaupt als Frage aufgegangen war. Sein Titel lautet: „Über das metaphysische Bedürfniss des Menschen". Es sei der Ausweis der Größe eines Menschen, wenn ihm das Dasein *allgemein* zur Frage und zum Rätsel, zu einem gänzlich unverstandenen Problem geworden sei, „er ist sonach ein *animal metaphysicum*" (II/185). Für diesen gilt:

> „Wenn irgend etwas auf der Welt wünschenswerth ist, so wünschenswerth, daß selbst der rohe und dumpfe Haufen, in seinen besonneneren Augenblicken, es höher schätzen würde, als Silber und Gold; so ist es, daß ein Lichtstrahl fiele auf das Dunkel unsers Daseyns und irgend ein Aufschluß uns würde über diese räthselhafte Existenz, an der nichts klar ist, als ihr Elend und ihre Nichtigkeit." (II/189)

Das ist allerdings eine denkbar radikale Abfuhr, die Schopenhauer damit aller Seelenübung und Entschlossenheit zur Arbeit an sich selbst erteilt – und noch der dumpfe, rohe Haufe, wie er sagt, ist danach für ein Problem empfindlich, das in der stoischen und therapeutischen Entschlossenheit, den Leidenden zur Arbeit an sich selber zu verpflichten, untergeht – mit einem heute gängigen Begriff: ausgeblendet wird.

Die Entschlossenheit zur Praxis gerät mithin in den Verdacht, den Menschen um sein Bestes zu betrügen: denn das Therapeutikum der Seelenarbeit erwiese sich als Antimetaphysikum.

Ich möchte deutlich sagen: Es ist dies, was den Einwand Schopenhauers gegen eine Praxis der Vernunft, die sich allein als Arbeit an einer lebensklugen, eingerichteten Vernünftigkeit der Lebensführung zu bewähren wüßte, zu einer unverzichtbaren Ermahnung für den Philosophen in der Praxis macht. Denn indem er meinte, dem Menschen sei damit geholfen, daß er seine Sorgen los wird, daß er sich der Last, die ihn bedrückt, entledigt, daß ihm leicht wird, was ihm schwer fällt, daß er womöglich leicht nimmt, was ihm als schwer erscheint – wäre er auf unheilvolle Weise mit der Oberflächlichkeit im Bunde, die heute soundso nichts besseres zu bieten hat als die Empfehlung, sich gefälligst abzulenken und sich Fragen, für die es nun mal keine Lösung gebe, aus dem Kopf zu schlagen.

Die Frage der Menschen, die in die Praxis kommen, ist aber keineswegs und jedenfalls nicht nur: „Was soll ich tun?" oder „Was ist mit mir anzufangen?"

– sondern, um eine denkbar kurze Formel zu versuchen: „Ja, so ist es. Doch: Was ist das? Wie kann ich das verstehen? Wie ist das möglich? Wie kann das sein?"

Es sind Fragen, die eben nicht in erster Linie eine Antwort finden, indem sie sich in eine Anweisung ans Handeln oder in den Rat, dies oder das zu tun, verwandeln, und sie sind auch nicht durch den Entschluß, sich selber zu verändern, aus der Welt geschafft, sondern es sind Fragen, die eine gründlich philosophische Erörterung, Besinnung und Bedenken, im genauen Sinn: weitere, womöglich noch entschiedenere, weiter vorgetriebene, philosophischere Fragen hören wollen – und zwar, damit *der Ernst*, der ihnen zukommt, anerkannt ist. Denn – das ist mein Eindruck – darauf, und in erster Linie, kommt es an. Es ist die Bedeutung Schopenhauers, daran zu erinnern.

Damit ist vorbereitet, was ich Ihnen in einem letzten Teil mit einigen kommentierten Auszügen aus dem vierten Buch (des 1. Bandes von „Die Welt als Wille und Vorstellung") abschließend zumuten möchte.

Zur denkbar kürzesten Übersicht – die sich so nur mit einigem Leichtsinn den Begriffen gegenüber geben läßt – hier zuvor die Aufgaben, die Schopenhauer in den vier Büchern seines Werkes behandelt: Während das erste Buch die Erkenntnistheorie entwickelt, das zweite die Naturphilosophie und das dritte die Ästhetik, widmet er das vierte, wie bereits erwähnt, der „praktischen Philosophie", und davon soll jetzt einiges Erwähnung finden.

Da ich aber weiß, daß auch unter Philosophen Schopenhauers Hauptwerk mehr Legende ist als eine sichere Erwerbung aus gründlichem Studium, das mit ihm bekanntgemacht hätte, lese ich jedenfalls einmal die Eröffnung dieses außerordentlichen letzten Buches, von dem ich denke, daß es allen voran den philosophischen Praktiker zu interessieren hat:

> „Der letzte Theil unserer Betrachtung kündigt sich als der ernsteste an, da er die Handlungen der Menschen betrifft, den Gegenstand, der Jeden unmittelbar angeht, Niemanden fremd oder gleichgültig seyn kann, ja, auf welchen alles Andere zu beziehen, der Natur des Menschen so gemäß ist, daß er, bei jeder zusammenhängenden Untersuchung, den auf das Thun sich beziehenden Theil derselben immer als das Resultat ihres gesammten Inhalts, wenigstens sofern ihn derselbe interessirt, betrachten und daher diesem Theil, wenn auch sonst keinem andern, ernsthafte Aufmerksamkeit widmen wird." (I/357)

Es folgt die eingangs zitierte Wendung, daß es also – „nach der gewöhnlichen Art sich auszudrücken" – um die „praktische Philosophie" gehe, und danach sofort die nachfolgende Einschränkung, die zunächst allen Bemühungen um eine Philosophische Praxis zuwiderzulaufen scheint:

> „Meiner Meinung nach aber ist alle Philosophie immer theoretisch, indem es ihr wesentlich ist, sich, was auch immer der nächste Gegenstand der Untersuchung sei,

stets rein betrachtend zu verhalten und zu forschen, nicht vorzuschreiben. Hingegen praktisch zu werden, das Handeln zu leiten, den Charakter umzuschaffen, sind alte Ansprüche, die sie, bei gereifter Einsicht, endlich aufgeben sollte. Denn hier, wo es den Werth oder Unwerth eines Daseyns, wo es Heil oder Verdammniß gilt, geben nicht ihre todten Begriffe den Ausschlag, sondern das innerste Wesen des Menschen selbst, der Dämon, der ihn leitet [...] – sein intelligibler Charakter, – wie Kant sich ausdrückt." (ebd.)

Diesem gegenüber aber sei die Philosophie, sofern sie *verändernd,* umbildend praktisch tätig werden wolle, ohne Macht. Denn:

> „Die Tugend wird nicht gelehrt, so wenig wie der Genius: ja, für sie ist der Begriff so unfruchtbar und nur als Werkzeug zu gebrauchen, wie er es für die Kunst ist. Wir würden daher eben so thöricht seyn, zu erwarten, daß unsere Moralsysteme und Ethiken Tugendhafte, Edle und Heilige, als daß unsere Aesthetiken Dichter, Bildner und Musiker erweckten." (I/357f.)

Und nun die Einschränkung, die meines Erachtens zugleich als Arbeitsanweisung an die Philosophische Praxis zu lesen ist:

> „Die Philosophie kann nirgends mehr thun, als das Vorhandene deuten und erklären, das Wesen der Welt, welches in concreto, *d. h. als Gefühl, Jedem verständlich sich ausspricht, zur deutlichen, abstrakten Erkenntniß der Vernunft bringen, Dieses aber in jeder möglichen Beziehung und von jedem Gesichtspunkt aus.*" (I/358)

Was folgt daraus?

> „... daß man in diesem ethischen Buche keine Vorschriften, keine Pflichtenlehre zu erwarten hat". Und: „Auch werden wir von keinem ‚unbedingten Sollen' reden [...]. Wir werden überhaupt ganz und gar nicht von Sollen reden: denn so redet man zu Kindern und zu Völkern in ihrer Kindheit, nicht aber zu Denen, welche die ganze Bildung einer mündig gewordenen Zeit sich angeeignet haben." (ebd.)

Und zusammenfassend:

> „Unser philosophisches Bestreben kann bloß dahin gehen, das Handeln des Menschen, die so verschiedenen, ja entgegengesetzten Maximen, deren lebendiger Ausdruck es ist, zu deuten und zu erklären" – „ihr innerstes Wesen zur deutlichen ... Erkenntniß zu bringen". (I/359)

Diese entschiedene Ablehnung aller wohlgemuten Entschlossenheit, seinen Weltveränderungs- und Besserungs-Willen auf den nächsten Lieben zu konzentrieren, ist mir äußerst wertvoll und geht wenige so sehr an wie den philosophischen Praktiker – denn er am ehesten könnte in Versuchung gebracht sein, seine praktischen Ambitionen als *Praxis am andern* auszuleben.

Vor dieser Ambition, Menschen zu ihrem Besten ändern zu wollen, ist jedoch jederzeit zu warnen – und Schopenhauer hat es getan. Die Begründung dieser Warnung aber ist das Zeugnis einer so subtilen Menschenkenntnis, daß es schwerfallen dürfte, eine ähnlich feine Beschreibung der Folgen gutgemeinter Belehrung selbst in psychologischer Literatur zu finden. Im 19. Kapitel des zweiten Bandes, das „Vom Primat des Willens im Selbstbewußtsein" handelt – es enthält die grandiose Antizipation der Psychoanalyse, die man Schopenhauer oft genug als besonderes Verdienst bescheinigt hat –, heißt es, es sei eben keine Ethik möglich,

> „... die den Willen selbst modele und bessere. Denn jede Lehre wirkt bloß auf die Erkenntniss: diese aber bestimmt nie den Willen selbst, d. h. den Grund-Charakter des Wollens, sondern bloß dessen Anwendung auf die vorliegenden Umstände." (II/259)

Was bedeutet das? Wiederum eine Einschränkung, oder, wie sich ebensogut sagen ließe, eine Anweisung, worauf statt dessen und einzig die Aufmerksamkeit zu richten ist:

> „Eine berichtigte Erkenntniß kann das Handeln nur in so weit modifiziren, als sie die dem Willen zugänglichen Objekte seiner Wahl genauer nachweist und richtiger beurtheilen läßt; wodurch er nunmehr sein Verhältniß zu den Dingen richtiger ermißt, deutlicher sieht, was er will, und demzufolge dem Irrthum bei der Wahl weniger unterworfen ist. Aber über das Wollen selbst, über die Hauptrichtung, oder die Grundmaxime desselben hat der Intellekt keine Macht." (ebd.)

Und nun die Begründung, die Schopenhauer für solche Verpflichtung auf selbstbegrenzende Bescheidenheit des praktischen Anspruchs gibt. Sie entwickelt *die Folgen*, die sich aus der Nichtbeachtung jener Grenzen ergibt:

> „Wer, durch [...] fremde Ermahnung belehrt, einen Grundfehler seines Charakters erkennt und beklagt, faßt wohl den festen und redlichen Vorsatz, sich zu bessern und ihn abzulegen: trotz Dem aber erhält, bei nächster Gelegenheit, der Fehler freien Lauf. Neue Reue, neuer Vorsatz, neues Vergehen. Wann dies einige Male so durchgemacht ist, wird er inne, daß er sich nicht bessern kann, daß der Fehler in seiner Natur und Persönlichkeit liegt, ja mit dieser Eins ist. Jetzt wird er seine Natur und Persönlichkeit mißbilligen und verdammen, ein schmerzliches Gefühl haben, welches bis zur Gewissenspein steigen kann: aber jene zu ändern vermag er nicht. Hier sehen wir Das, was verdammt, und Das, was verdammt wird, deutlich auseinandertreten: wir sehen Jenes, als ein bloß theoretisches Vermögen, den zu lobenden und daher wünschenswerthen Lebenswandel vorzeichnen und aufstellen; das Andere aber, als ein Reales und unabänderlich Vorhandenes, Jenem zum Trotz, einen ganz andern Gang gehen; und dann wieder das Erste mit ohnmächtigen Klagen über die Beschaffenheit des Andern zurückbleiben, mit welchem es sich durch eben diese Betrübniß wieder identifizirt. Wille und Intellekt treten hier deutlich auseinander. Dabei zeigt sich der Wille als das Stärkere, Unbezwingbare, Unveränderliche, Primitive, und zugleich auch als das Wesentliche, darauf es ankommt; indem der Intellekt die Fehler desselben bejammert und keinen Trost findet an der Richtigkeit der Erkenntniss ..." (II/260)

Was ist die Folgerung, die wir daraus zu ziehen haben? Ich denke dies: Wir haben es in der Philosophischen Praxis nicht nur mit dem Denken, dem Urteilen, Meinen oder den Ansichten eines Menschen zu tun, sondern in erster Linie mit diesem Menschen selbst, und das heißt: mit einem *bestimmten Charakter* oder einem besonderen Willen, der eine Anerkennung abverlangende Wirklichkeit ist. Über diesen Willen aber, der unser Wesen ausmacht, ist weder nach Belieben noch nach Einsicht frei zu verfügen. Mit nochmals anderen Worten: Im Grunde haben wir es mit einem Menschen zu tun, der *sich selbst ein Schicksal ist*. Und die allein angemessene Einstellung dazu ist, daß wir diesen besonderen Charakter *anerkennen* und als die Grundlage aller weiteren gemeinsamen Unternehmungen würdigen – denn: er *ist* die Grundlage.

Jetzt allerdings wäre erforderlich, Schopenhauers Lehre vom „intelligibeln Charakter" als der ersten und letzten lebenswegleitenden Bestimmung des Menschen – die sich als der „empirische Charakter" zeige oder doch wenigstens erraten lasse – ausführlich zu entwickeln, um für jenen vorgeschlagenen Grundsatz zu werben. Doch im Rahmen dieses Vortrags ist das nicht möglich. Darum bleibt mir nur, für dieses Mal die Sache als berechtigt anzunehmen, um gleich die Frage anzuschließen, was sich im Blick auf die Gestaltung einer philosophischen Beratungs-Praxis aus ihr als Konsequenz ergibt.

Beraubt sich nicht, wer sich Schopenhauers Denken anschließt, aller Möglichkeit, zu wirken oder praktisch Einfluß zu gewinnen? Müßte er nicht seine Ambition, Philosophie als Praxis zu bewähren, widerrufen?

Nein. Richtig ist vielmehr, daß sich aus der Anerkennung der Schopenhauerschen Lehre vom Charakter *eine spezifizierte Aufmerksamkeits-Anforderung* ergibt, die mich in meiner Arbeit schon seit langem leitet.

Um dies verständlich zu machen, ist es erforderlich, auf Schopenhauers *dritte Bestimmung des Charakters* einzugehen, die er unter dem Titel „*erworbener Charakter*" vorträgt. Diesem – um es vorab und kurz zu sagen – „erworbenen" und ebenso erst „zu erwerbenden" Charakter sollte in der Praxis des Philosophen die Aufmerksamkeit gehören. Denn erst im Verhältnis dazu findet der Philosoph seine Stellung, in der er gebraucht wird und nötig sein mag, vielleicht sogar eine Hilfe.

Sehen wir uns zunächst die Passage an, in der die Rede vom „erworbenen Charakter" eingeführt wird:

> „Neben dem intelligibeln und dem empirischen Charakter ist noch ein drittes, von beiden Verschiedenes zu erwähnen, der erworbene Charakter, den man erst im Leben, durch den Weltgebrauch, erhält, und von dem die Rede ist, wenn man gelobt wird als ein Mensch, der Charakter hat, oder getadelt als charakterlos. – Zwar könnte man meynen, daß, da der empirische Charakter, als Erscheinung des intelligibeln, unveränderlich und, wie jede Naturerscheinung, in sich konsequent ist, auch der Mensch ebendeshalb immer sich selbst gleich und konsequent erscheinen müßte und daher nicht nöthig hätte, durch Erfahrung und Nachdenken, sich künstlich einen Charakter zu erwerben. Dem ist aber anders, und wiewohl man immer der Selbe ist, so versteht man jedoch sich selbst nicht jederzeit, sondern verkennt sich oft, bis man die eigentliche Selbsterkenntniß in gewissem Grade erworben hat." (I/396)

Und im Anschluß erläutert Schopenhauer mit Hilfe eines Bildes, wie sich solches „sich selbst Verkennen" zeigt oder verrät: Die ideale Gestalt eines

Lebensweges verlaufe als gerade Linie, in der sich zugleich zu erkennen gebe, wer es sei, der diesen Weg gehe. Wer jedoch zur Einsicht in sein eigenes Wesen noch nicht gelangt sei, der sei jederzeit versucht, „wie Kinder auf dem Jahrmarkt, nach Allem [zu greifen,] was im Vorübergehen reizt": *„wir laufen sodann im Zickzack, irrlichterliren hin und her und gelangen zu nichts".* (I/397)

Ich darf sagen, daß sich in diesem Bilde die Klage zusammenfassen läßt, die viele vortragen, wenn sie die Philosophische Praxis aufsuchen. Was aber ist dann die Aufgabe des Philosophen? Verstehen und Deuten, wie eingangs gesagt, und dann: Aufklären, zum Wissen und zur Einsicht verhelfen. Denn – so Schopenhauer, und ich stimme ihm zu:

> „... das bloße Wollen und auch Können an sich [ist] noch nicht zureichend, sondern ein Mensch muß auch wissen, was er kann: erst so wird er Charakter zeigen, und erst dann kann er etwas Rechtes vollbringen. Bevor er dahin gelangt, ist er, ungeachtet der natürlichen Konsequenz des empirischen Charakters, doch charakterlos, und obwohl er im Ganzen sich treu bleiben und seine Bahn durchlaufen muß, von seinem Dämon gezogen; so wird er doch keine schnurgerechte, sondern eine zitternde, ungleiche Linie beschreiben, schwanken, abweichen, umkehren, sich Reue und Schmerz bereiten: dies Alles, weil er, im Großen und Kleinen, so Vieles als dem Menschen möglich und erreichbar vor sich sieht, und doch nicht weiß, was davon allein ihm gemäß und ihm ausführbar, ja, auch nur genießbar ist. Er wird daher Manchen um eine Lage und Verhältnisse beneiden, die doch nur dessen Charakter, nicht dem seinigen, angemessen sind, und in denen er sich unglücklich fühlen würde, wohl gar es nicht einmal aushalten könnte. Denn wie dem Fische nur im Wasser, dem Vogel nur in der Luft, dem Maulwurf nur unter der Erde wohl ist, so jedem Menschen nur in der ihm angemessenen Atmosphäre".[4] (I/397f.)

---

4 Da es im Interesse der noch jungen Philosophischen Praxis ist, gewissermaßen „Haupt- und Anlehnungstexte" zur ersten Orientierung zu sammeln, möchte ich hier in der Fußnote eine längere Passage, die sich an die eben eingerückte Stelle anschließt, zusätzlich wiedergeben – die Stelle sollte m. E. *als Bezugstext aller Philosophischen Praxis* gewürdigt werden: „Aus Mangel an genugsamer Einsicht in alles Dieses wird Mancher allerlei mißlingende Versuche machen, wird seinem Charakter im Einzelnen Gewalt anthun, und im Ganzen ihm doch wieder nachgeben müssen: und was er so, gegen seine Natur, mühsam erlangt, wird keinen Genuß geben; was er so erlernt, wird todt bleiben; ja sogar in ethischer Hinsicht wird eine nicht aus reinem, unmittelbarem Antriebe, sondern aus einem Begriff, einem Dogma entsprungene, für seinen Charakter zu edle That, durch nachfolgende egoistische Reue, alles Verdienst verlieren, selbst in seinen eigenen Augen. *Velle non discitur.* Wie wir der Unbiegsamkeit der fremden Charaktere erst durch die Erfahrung inne werden und bis dahin kindisch glauben, durch vernünftige Vorstellungen, durch Bitten und Flehen, durch Beispiel und Edelmuth könnten wir irgend Einen dahin bringen, daß er von seiner Art lasse, seine Handlungsweise ändere, von seiner Denkungsart abgehe, oder gar seine Fähigkeiten erweitere; so geht es uns auch mit uns selbst. Wir müssen erst aus Erfahrung lernen, was wir wollen und was wir können: bis dahin wissen wir es nicht, sind charakterlos und müssen oft durch harte Stöße von außen auf unsern eigenen Weg zurückgeworfen werden. – Haben wir es aber endlich gelernt, dann haben wir erlangt, was man in der Welt Charakter nennt, den erworbenen Charakter." (398, siehe dazu weiter die Seiten 399–401!)

So sehen wir also Schopenhauer, von dem wir zunächst anzunehmen hatten, er werde dem Interesse an einer Philosophischen Praxis die Zustimmung verweigern, ihr gerade umgekehrt ein ebenso berechtigtes wie nötiges Arbeitsfeld anweisen, und zwar eines, das in der Tat vom Philosophischen Praktiker in erster Linie ein Verstehen, Erkennen und Aufklären verlangt, durchaus theoretische Kompetenzen also, die gleichwohl von außerordentlicher lebenspraktischer Bedeutung sind, jedenfalls für den, der seinen Weg bedenklich zurücklegt, *weil und solange ihm die Einsicht* fehlt, die ihm gestattet, *zu wissen, was er tut.*

Sollte jedoch jemand den Einwand vortragen wollen, das könne doch wohl nicht alles und das Ganze sein, was der Philosoph in der Praxis dem ratsuchenden Menschen anzubieten habe, so möchte ich immerhin ergänzen, daß mit dem nunmehr gewonnenen Profil der Anforderung, die ihn erwartet, auch im Sinne Schopenhauers noch keineswegs die Grenze seines Engagements bezeichnet ist. Vielmehr mag sich darüber hinaus – und zwar sehr weit darüber hinaus – im seltenen und günstigen Fall das Tor zu weiterem öffnen, und es wird der Blick frei werden von der bis jetzt noch akzeptierten Verhaftung an dieses Individuum, das einer ist, an diesen besonderen Charakter, dem einer als seinem Schicksal nicht entrinnt.

Bekanntlich war ja Schopenhauers eigentliche Intention, die Gefangenschaft in uns, die Verfallenheit an uns, das Haften an der Individualität als der Gestalt, in der der Wille sich zur Geltung bringt, behauptet, durchsetzt – mit einem Wort: *den Egoismus aufzuheben*, seine Enge, seine rücksichtslose Selbstverwirklichung zu überwinden – denn, das ist Schopenhauers tiefe Einsicht, alles Leid und Unglück hat im *principio individuationis* seinen Grund und die Basis seines Fortbestehens.[5] Doch ihm dahin zu folgen, ist nun nicht mehr möglich: sich von ihm dorthin entführen zu lassen, wäre ein weiteres und ambitionierteres Programm, als ich es mir für diesmal vorgenommen hatte.

Und so verabschiede ich mich von Schopenhauer, indem ich ihm noch einmal und für jetzt zum letzten Mal das Wort überlasse:

Aus seiner Lehre folge, faßt er zusammen, daß „der Charakter sich zwar nimmermehr theilweise ändern" lasse, sondern er müsse, „mit der Konsequenz

---

[5] „Wie wir [...] Haß und Bosheit bedingt sahen durch den Egoismus und diesen beruhen auf dem Befangenseyn der Erkenntniß im *principio individuationis*; so fanden wir als den Ursprung und das Wesen der Gerechtigkeit, [...] der Liebe und des Edelmuths [...] die Durchschauung jenes *principii individuationis*, welche allein, indem sie den Unterschied zwischen dem eigenen und den fremden Individuen aufhebt, der Gesinnung die vollkommene Güte der Gesinnung, bis zur uneigennützigsten Liebe und zur großmüthigsten Selbstaufopferung für Andere, möglich macht und erklärt." (I/487) Entsprechend galt ihm als die Grundlage der Moral die „Erkenntniß [...], welche im fremden Individuo das selbe Wesen erkennt, wie im eigenen". (I/475)

eines Naturgesetzes, im Einzelnen den Willen ausführen, dessen Erscheinung er im Ganzen ist: aber eben dieses Ganze, der Charakter selbst, [könne] völlig aufgehoben werden" (I/518) – unter der Bedingung einer grundsätzlichen Veränderung der Erkenntnis überhaupt: Im Erkennen zuerst wäre die Verhaftung an uns selbst zu überwinden.

Die einzige Art, die Dinge menschlich zu sehen, ist, sie individuell zu sehen.
*Thomas Mann*

## Philosophische Praxis als Alternative zu Psychotherapie und Seelsorge[1]

Seelsorge, Psychotherapie und Philosophische Praxis sind zweifellos dreierlei und deutlich gegeneinander abzusetzen – d. h., jede dieser drei Gestalten des reflektierten Umgangs mit Menschen ließe sich durch vergleichende Unterscheidung von den jeweils anderen profilieren:

Die Seelsorge erhielte dann Kontur, indem klargestellt würde, inwiefern sie *nicht* Psychotherapie und *nicht* Philosophische Praxis ist.

Die Psychotherapie könnte sich ihrerseits über ihr eigenes Tun und ihre Konzepte verständigen, indem ihr Anwalt uns etwa verkündete, inwiefern für sie die Seele die himmlische Heimstatt verloren und sich nun einzig im Irdischen zurechtzufinden habe, inwiefern jetzt ihr Verlorensein als Krankheit gelesen werde und Gnade als Gesundheit, daß ihr der „Vater" jetzt allein der leibliche sei, die Mutter die wirkliche Gebärerin, und Brüder und Schwestern nicht die im Geiste seien, sondern die aus dem postnatalen Kinderzimmer.

Und selbstverständlich wäre ebenso eine erste Verständigung über die Philosophische Praxis möglich: Bestimmung gewinnen wir gewöhnlich aus Vergleich und Unterscheidung.

Gerade ebenso aber ließe sich demonstrieren, was Seelsorge, Psychotherapie und Philosophische Praxis miteinander zu tun haben, inwiefern sie – in unterschiedlicher Gestalt zwar und mit durchaus anderer Intention – womöglich dennoch beispielsweise vergleichbare Veränderungen initiieren.

Also: Selbstverständlich ließe sich das Verhältnis der drei auch im Blick auf ihre Einheit und Gemeinsamkeit auslegen – und mancher wird womöglich meinen, auf diesem Wege lasse sich das Wesentliche ermitteln, während, was beiseite bleibe, bloße Nebensache sei, was ich bezweifle.

Deshalb will ich anders vorgehen. Ich möchte Seelsorge, Psychotherapie und Philosophische Praxis in ein anderes Licht rücken, indem ich sie *in historischer Hinsicht* betrachte, denn das ist der Blick, der uns gestattet, zugleich Gemeinsamkeiten und Differenzen wahrzunehmen. Und wie es sich gehört für einen zeitlich knapp bemessenen Vortrag, werde ich diesen Versuch in Form einer leichtsinnig grob konturierten Kurzgeschichte unternehmen.

Das setzt insofern Ihre aktive Mitarbeit voraus, als Sie mir einige Überzeichnungen und allzu stark gesetzte Pointierungen werden nachsehen müssen, indem Sie sie bitte der Darstellungskürze zurechnen ...

---

1 Vortrag, gehalten auf dem 10. Kolloquium der Gesellschaft für Philosophische Praxis GPP, das 1995 in Hannover stattfand.

Nun – die knapp gefaßte Übersichts-Geschichte wird zweifellos *nicht* von der Seelsorge eröffnet, sondern – im hochkulturellen Milieu jedenfalls – ist es die Philosophie, die zuerst heraustritt.

Und zwar tritt sie auf als die Bemühung um eine besonnen-vernünftige Lebensform – und keineswegs als ein um das Leben und sein Gelingen unbekümmertes, rein theoretisches Interesse an Welterkenntnis.

Ganz entsprechend steht in der griechischen Antike auch „Weisheit" im Zentrum. Weisheit, die sich nicht allein als Wahrheit des Wissens, sondern vor allem als Gelingen des Lebens bewähren soll, als Besonnenheit der Lebensführung – mit dem Wort des Sokrates: als das „geprüfte" Leben.

Und so war Philosophie von Anfang an nicht nur auch, sondern *primär* sogar Praxis: *Einübung* lebenspraktisch belangvoller Einsicht, *askesis*, und Pierre Hadot rubriziert diese frühe Gestalt des Philosophierens unter die Überschrift: „Exerzitien der Weisheit".[2]

Der Philosophie fiel damit zugleich die Aufgabe zu, die nicht erst heute, sondern schon beim Stoiker Chrysippos den Titel „Therapeutikos" erhielt: Sie stand als *medicina mentis* in Ansehen, so bereits bei Sokrates, und Seelenführerin ist sie im Hellenismus bis hin zu Seneca und zum „Philosophenkaiser" Marc Aurel.

Wenn ich nun noch – anstelle der vielen nicht erwähnten Namen – Plutarch nenne, dann hauptsächlich, um zwei Bemerkungen anzuschließen, die sich mir vor dem Hintergrund der bisher gesammelten Erfahrung in der Philosophischen Praxis aufdrängen:

Ich habe an Philosophen erinnert, die, wie Sie wissen, nicht eben im Zentrum der Aufmerksamkeit amtlicher Philosophie stehen: Seneca hat erst Diderot rehabilitiert mit seinem glänzenden Alterswerk,[3] und Plutarch – noch von Goethe hoch geehrt, von Erasmus als der einzige Autor geschätzt, dessen Schriften nächst der Bibel das Attribut „heilig" verdienten – Plutarch war bekanntlich einem Mann wie Montaigne unentbehrlich.

Ich erwähne diese Details, um mit ihnen einen Wink zu verbinden: Die Philosophische Praxis wird uns lehren, unsere gewohnten Wertschätzungen der philosophischen Tradition zu revidieren. Bisher eher geringgeschätzte Denker erscheinen in anderem und neuem Licht. An einem einzigen Zitat

---

2 Pierre Hadot, Philosophie als Lebensform. Geistige Übungen in der Antike, Berlin 1991, S. 99. *Späterer Zusatz:* Später ist von Hadot noch die sehr materialreiche Studie „Die innere Burg. Anleitung zu einer Lektüre Marc Aurels", Frankfurt a. M. 1996, veröffentlicht worden, ergänzt von „Wege zur Weisheit oder: Was lehrt uns die antike Philosophie?", Frankfurt a. M. 1999. Beide Bücher belegen nachdrücklich seine oben zitierte These.

3 Diderot, Essay über die Herrschaft der Kaiser Claudius und Nero sowie über das Leben und die Schriften Senecas – zur Einführung in die Lektüre dieses Philosophen, in: Philosophische Schriften Bd. II, hg. v. Th. Lücke, Berlin 1984, S. 239–584.

aus Plutarch will ich Ihnen eine Vorstellung davon zu geben versuchen: In seinem Traktat „Von der Ruhe des Gemüts" (474.15) heißt es lapidar:

> „Es gibt im menschlichen Leben nichts Reines und Einfaches."

Ich behaupte: Wer begabt wäre, diesen Satz in seiner vollständigen Bedeutung zu entfalten, brächte eine philosophisch Respekt gebietende Grundlegung der Philosophischen Praxis zustande.

Ich wollte allerdings *zwei* Bemerkungen anfügen. Und darum also hier die zweite: Zur Revision der Wertschätzung, die wir der Vielfalt der philosophischen Tradition entgegenbringen, drängt uns die Erfahrung vor allem, sobald wir bemerken, daß es die grundlegenden, also die Fundamental-Optionen der großen Philosophie waren, die sämtlich von späteren Philosophien wirksam in Frage gestellt und um ihren Geltungsanspruch gebracht worden sind. M. a. W.: Die Wahrheits-Ansprüche des Wissens haben sich nicht gehalten. Gedacht für die Ewigkeit, sind sie ausnahmslos der Zeit verfallen – oder, Hegelisch gewendet, sie sind zum bloßen Moment der Philosophiehistorie herabgesetzt worden.

Anders hingegen verhält es sich mit den Orientierungs-Ansprüchen der praktischen Philosophie: Sie haben sich – im Vergleich zu denen der theoretischen Philosophie – als außerordentlich *veralterungsresistent* erwiesen.

Wer sich diese Wahrnehmung illustrieren möchte, mag einmal wieder Descartes' „Provisorische Moral" nachlesen: Während Descartes selber meinte, für die praktische Philosophie noch kein verläßliches Fundament gefunden zu haben, so daß er sich genötigt sah, in den dringenden praktischen Belangen mit einer „vorläufigen", „provisorischen" Orientierung auszukommen, wird der heutige Leser zweifellos zu dem Resultat gelangen, daß sich das, was Descartes dem Zweifel entzogen glaubte, schon bald als zweifelhaft erwies – das hingegen, was er provisorisch mitzuteilen wagte, als beständig und unüberholt. Das heißt: Das vermeintlich Gewisse wurde ungewiß, und manches vermeintlich Ungewisse blieb lebendig und unveraltet gegenwärtig. Soweit die zwei Anmerkungen, die ich mir als Einschub gestattet habe.

Und damit zurück in den verlassenen Zusammenhang, der als Kurzgeschichte zunächst die *historischen* Beziehungen von praktischer Philosophie, Seelsorge, Psychotherapie und Philosophische Praxis umreißen soll. Die Philosophie hat mit dem Auftritt des Christentums ihre unbestrittene Stellung als Seelenführerin eingebüßt. Deutlich läßt sich dies als biographische Geschichte exemplarisch in den „Confessiones" Augustins verfolgen. Nicht die Philosophie erwies sich ihm als Heilerin seiner Schwermut, sondern der

Glaube: Die Hoffnung wird gesetzt auf den „Heiland", „denn meiner Krankheit heilender Arzt warst du allein".[4]

In dem lesenswerten Artikel „Seelsorge" in „Religion in Geschichte und Gegenwart" findet sich zu diesem Übergang von praktisch-philosophischer zur seelsorgerlichen Lebensanleitung die beiläufig-hübsche Bemerkung:

> „In gebildeten Häusern trat an die Stelle des Hausphilosophen der Seelsorger."[5]

Ein Fall von Umbesetzung: An die Stelle des Philosophen tritt der Priester.

Nun ist es allerdings für Zeitgenossen wahrscheinlich eine Überforderung, was da geschehen ist, wirklich zu begreifen. Und den meisten wird es kaum gelingen, an diesem Vorgang mehr als einen „Personalwechsel" wahrzunehmen. Gewöhnlich wird es der *psychologische* Blick sein, der die Radikalität jenes geistesgeschichtlichen Umbruchs verschleiert, indem man etwa meint, der Glaube an den Glauben habe sich eben im Vergleich zum Glauben an die Vernunft als „wirksamer" erwiesen – eine Zeit lang jedenfalls, für ein paar Jahrhunderte; dann aber habe die Aufklärung Einzug gehalten, und mit ihr sei dem Glauben an den Glauben der Glaube entzogen worden usw.

So verschwindet dem psychologischen Blick eigentlich immer die Differenz in der Sache hinter der Differenz ihrer Einschätzung – und übrig bleiben nichts als Meinungen und Ansichtssachen, über deren Wahrheit nichts zu sagen ist. Beurteilen lasse sich nur das Befinden der Psyche, je nachdem ob sie zu dieser oder zu jener Meinung gefunden habe.

Gestatten Sie mir, an dieser Stelle einen Exkurs einzuschieben, der mir nötig scheint, um auch nur das Wenigste an jenem Übergang von der praktischen Philosophie zur seelsorgerlichen Religion verständlich zu machen – denn das gelingt nicht, wenn nicht zuvor *das psychologische Vorurteil – das Vorurteil unseres Jahrhunderts –* irritiert ist.

Denken Sie sich zwei Menschen, durch das Band der Ehe miteinander verbunden, in Ihrer Praxis. Die beiden sind im Ehealltag, in der Routine des Zusammenlebens, unmerklich zunächst, dann immer offenkundiger gescheitert, ihr gemeinsames Leben hat irgendwann Risse bekommen, durch die sind nach und nach die unmittelbarsten und un*ver*mittelbaren Interessen der isolierten Individuen eingedrungen, die beiden haben sich schließlich mit Rechtsansprüchen gegeneinander armiert und nun gestehen sie sich wechselseitig das Desaster ein. Noch einen letzten Versuch wollen sie unternehmen: darum sind sie bei Ihnen in der Praxis.

Und jetzt denken Sie sich weiterhin, das eine dieser beiden Menschenkinder, streng im Glauben katholischer Konfession erzogen, halte die Ehe für heilig,

---

4 Augustinus, Bekenntnisse, IV/3.5.
5 Bd. V (3. Auflage), Spalte. 1641.

sehe sie an als „von Gott gestiftet" und „verfügt", darum, wie der Glaube bezeugt, für unauflöslich, vor Gott sei sie geschlossen, mit seinem Segen begonnen worden, besiegelt mit dem Versprechen, „in guten wie in bösen Tagen" werde man dem eingegangenen Bunde die Treue halten, bis der absolute Herr, der Tod, ihn löse.

Nun, aus dieser Gewißheit ergibt sich, daß in das Scheidungsbegehren des anderen nicht eingewilligt wird. Vielmehr wird das eheliche Unglück als Prüfung ausgelegt, und die Schwere des Unglücks als Anforderung, in ihm sich zu bewähren.

Die andere Ehehälfte hingegen (die sich als solche nicht mehr empfindet) ist der Überzeugung – aber die Schilderung dieser anderen Einschätzung des Falls kann ich mir ersparen, sie ist uns allen vertraut. Hier und da mag sie ein wenig individuell gefärbt sein; im großen und ganzen aber repräsentiert sie eben das Denken, wie es gegenwärtig allgemein und üblich ist.

Und das nimmt hier nichts anderes wahr als die Differenz zweier Meinungen, zweier Ansichten, womöglich zweier Prägungen, die allenfalls in ihrer *Genese* aufgeklärt werden könnten, so daß sich dann sagen ließe, warum der eine so, der andere anders denke und empfinde. Der eine der beiden sei eben sehr streng, sehr orthodox, sehr katholisch erzogen, der andere hingegen sei in liberaler Atmosphäre groß geworden.

Dabei darf ich hier einmal überschlagen, daß solche Deutungen sehr viel subtiler, feingliederiger gewissermaßen und darum intellektuell befriedigender zu leisten sind. Denn darauf kommt es nicht an. Entscheidend ist vielmehr nur eines: Die eigentliche Frage, die zur Debatte steht, die Frage, *was* die Ehe sei, der Streit um die *Sache* also – ist damit beiseite geschafft. Sie verschwindet hinter der Frage, *wie* von der Ehe *gedacht* wird und woher das komme und was daraus folge. Dem *psychologischen* Blick ist gar nichts anderes möglich. Denn über „die Sache selbst" entscheiden zu wollen, erschiene ihm „dogmatisch".

Was ihm dabei – mit einiger Wahrscheinlichkeit – entgeht, ist die Einsicht, daß er eben selbst dogmatisch in dieser Sache entschieden hat und Partei ist. Denn die strittige Frage zwischen den beiden Eheleuten ist, ob die Ehe eine Ansichtssache ist oder nicht, ob ihr eine Geltung zukommt, die *über* das Subjekt entscheidet – je nachdem, ob es ihr gerecht wird oder nicht –, oder ob es das Subjekt ist, das entscheidet und das danach urteilt, ob jene Geltung *ihm* gerecht wird oder nicht.

Ich hoffe, Sie sehen inzwischen, warum ich mich entschlossen habe, diesen Exkurs einzufügen. Mir ging es darum, am Beispiel vorzuführen, daß die Bedeutung jenes Übergangs von der hellenistisch philosophischen Beförderung der Lebens*kunst* zur religiösen Sorge um die Seele, um ihr Heil und ihre Ewigkeit, um Verdammnis oder Gnade, um ihr Bestehenkönnen vor dem höchsten Richter also, nicht begriffen wird, sofern sie *psychologisch* ausgelegt, mithin in der gewöhnlich-gegenwärtigen Manier „verstanden" wird. Denn der Stolz dieses Verständnisses ist es gerade, *nicht* zu verstehen. Und wir wissen, wozu das geführt hat: Um die Seelsorge ist es heute schlecht bestellt. Der Theologie ist die Voraussetzung abhanden gekommen, ohne die sie zur Farce wird: der Glaube. Für den Philosophen liegt es nahe, den Sachverhalt so auszudrücken: Die Voraussetzungen aller Metaphysik sind verlorengegangen.

Das möchte ich mit dem Hinweis auf einen einzigen Gesichtspunkt erläutern, mit dem ich zugleich noch einmal darstellen will, was die Überbietungskraft der Religion im Verhältnis zur Philosophie ausmachte.

Auch die Vernunft vermochte zwar zu raten und in Lebenshaltungen einzuüben, die in Notlagen und Bedrängnissen Gleichmut und Ruhe des Gemüts gestatteten. Aber: Wie man sich auch trösten mochte, es war, aus der Sicht des Glaubens gesehen, ein trostloser Trost. Man mochte gelernt haben, den Tod gelassen zu erwarten und ihn schließlich mit stoischer Würde zu sterben – an der Sache selbst, am Tod selber aber als dem unerhörten Faktum, das den Menschen zur Endlichkeit und zum Zwischenfall degradiert, war damit nichts geändert.

Nur der Glaube, sofern das Herz zu ihm sich bekehrte, war in der Lage, zur Ruhe des Herzens nicht aus eigener Übung zu gelangen, sondern aus der tröstlichen Gewißheit, der Stachel des Todes sei in der Tat gebrochen, der Tod selbst getötet, sein Reich gestürzt.

Alles Gewicht hing jetzt an *einer* Frage: Ob die Wahrheit die *Wahrheit* ist.

Darüber aber entscheidet nicht unser Befinden und unser Urteil, sondern umgekehrt: Es ist die Wahrheit, die über unser Befinden und unser Urteil befindet.

Mit noch einmal anderen Worten: Im Glauben weiß sich der Mensch selbst unter Vorbehalt gestellt, er weiß, über ihn wird befunden, *seine* Richtigkeit steht in Frage – für den Menschen, der sich vom Glauben emanzipierte, dreht sich dieses Verhältnis um: *Er* ist es jetzt, der unter Vorbehalt stellt, und er ist es auch, der *seinerseits* über die Richtigkeit des Glaubens befindet. Mit einem kurzen Wort: Die Ansprüche verwaltet er. Nicht ob der Mensch vor seinem Gott bestehen kann, ist jetzt die Frage, sondern ob der Herr vor uns besteht: Gott lebt seither – sofern es nach dem Menschen geht ... – von des Menschen Gnade. Der Seelsorge ist damit der Boden entzogen. Und der Boden für die Psychotherapie ist bereitet. Denn die Voraussetzungen, die dem Glauben den Glauben aufgekündigt haben, sind dieselben, die nun den Glauben an die Psychotherapie begründen.

Der geistesgeschichtliche Prozeß, den ich hier skizziert habe, ist aber so mächtig, daß sich inzwischen, meinem Eindruck nach, auch Seelsorge und

Pastoraltheologie unter dem Druck, *wirksam* zu sein, heute längst psychotherapeutisch orientieren. Mir ist dies nicht nur in etlichen Gesprächen mit evangelischen Geistlichen aufgegangen, sondern vor allem in Gesprächen mit katholischen Priestern. Mit dem offiziell geglaubten und bekannten Gott ist es nicht ernst. Probleme haben sie nicht mit ihrem Gott, sondern mit der Kirchenbehörde. Fragen der Legitimität oder Legalität sind vorrangig, Rechtsansprüche sind belangvoll – und über das Zölibat wird gesundheitsstrategisch oder psychohygienisch geurteilt – wenn nicht einfach „à la mode".

Daß jemand, der sein Gelübde bricht, damit vermeidet, etwa „verklemmt" zu sein oder in Hemmungen leben zu müssen, ist ausschlaggebend; der Gedanke, daß solche Selbstbevollmächtigung der eigentliche Aufstand gegen Gott, die Todsünde ist, die „Sünde wider den Geist", ist schlechterdings nicht mehr zu fassen. Also ist die Frage: Was ist da geschehen?

Was sich ereignet hat – bisher noch kaum beachtet – ist *ein revolutionärer Bruch des herkömmlichen Menschenbildes*, mit andern Worten: Die Menschen denken von sich selber anders, und zwar grundsätzlich anders.[6]

Zunächst galt, daß der Mensch nur wird, was zu werden er bestimmt ist, sofern er sich darum bemüht. Das hieß: Ein Leben, das gelingt, fiel keinem in den Schoß, sondern gilt als Lohn der Arbeit an sich selbst. Das hieß zugleich: Ohne Klugheit und Besonnenheit, ohne Einsicht und Distanz zu sich, ohne daß Vernunft und Weisheit der Erfahrung als die eigentlich und letztlich menschlichen Instanzen dieses Leben führen, wird es scheitern oder bleibt es arm und schal, banal und flach – es verfällt den Augenblicksansprüchen der Affekte, wird hin- und hergerissen, findet keine Form. Das war die Voraussetzung, unter der die Philosophen Lebensführer und Berater waren.

Dann galt – das war die Voraussetzung, die das priesterliche Seelenamt rechtfertigte und nötig machte –: Der Mensch steht himmlisch unter Vorbehalt und ist der Gnade ausgeliefert, denn aus eigenem Vermögen ist das gute Leben nicht zu meistern. Aus sich selbst vermag er nichts, denn der Mensch, so wie er geht und steht, so wie er von Natur ist, ist vor allem Sünder, abgefallene Kreatur, verloren, verdorben und darum erlösungsbedürftig. Bei einem der bedeutenden Reaktionäre der Gegenwart, bei Nicolás Gómez Dávila, fand ich den aphoristisch pointierten Gedanken, der dieses Menschenbild

---

6 Der nachfolgende Abschnitt bringt – mit der Bitte um Nachsicht – noch einmal die „metaphysische Kurzgeschichte", die ich als die drei Schritte von der Philosophie über die Seelsorge zur Psychotherapie so auch in „Die Philosophische Praxis und die Tugenden" vorgetragen habe, dort in der (drei Jahre späteren) Version und ergänzt durch die Benennung dreier „Menschenbilder", dem „stolzen", dem „demütigen" und dem modernen als dem „elenden". Hier, im Vortrag auf dem früheren Kolloquium, suchte ich noch diese kennzeichnenden Titel.

bündig ausspricht: Der Mensch sei das Problem, für das es keine menschliche Lösung gebe.[7]

Dieses Menschenbild hat die Moderne – Rousseau war einer ihrer Wegbereiter – außer Kraft gesetzt.

Es war zu unbequem und lästig und kränkte außerdem die Eitelkeit des Menschen, der gern glauben möchte, wie er auf der Welt ist und wie der Zufall ihn nun mal gemacht hat, sei er schon in Ordnung. So sind sie der Idee verfallen, das Leben, sofern nur alles ganz „normal" verlaufe, gelinge von allein, und wenn es nicht gelingt, dann deshalb, weil da irgend etwas ist, was hindert.

Die moderne Überzeugung lautet: Der Mensch ist gut, und wenn er nicht gut ist, ist er verdorben worden, ist er Opfer, traumatisiert, neurotisiert, ist also irgend etwas vorgefallen, was ihn in seinem Gutsein hemmt, sind Umstände zu suchen, die ihn nicht werden ließen, was er von sich aus ganz gewiß geworden wäre: nämlich der normale, gute, richtige, gesunde, lebenslustige, der friedensliebende und sanfte Mensch, allen Freund und mit sich selbst im Reinen.

Ich hoffe, die mit der Moderne vollzogene Umbesetzung der Abhängigkeiten ist deutlich geworden – Freiheitseindrücke verdanken wir ja gewöhnlich dem Austausch unserer Abhängigkeiten.

Der Mensch also gerät – und damit ist er bereits auf dem Therapie-Pfad angelangt – auf den Weg der Heteronomie-Fahndung zu Autonomie-Bewerkstelligungszwecken. Er setzt darauf, sich als der von Fremden fremd gemachte, als der von andern um sich selbst Gebrachte zu verstehen, um danach – Negation der Negationen – gewissermaßen Schicht für Schicht das Fremde an sich selber abzutragen in der Hoffnung, unter allen Verschüttungen komme am Ende das eigentliche, das wahre, das befreite und darum das gesunde Ich zutage. Die wohl den meisten Therapien zugrundeliegende und leitende Idee dürfte entsprechend sein, „zu sich selbst zu kommen". Das aber ist eine Hoffnung, deren Berechtigung daran gebunden ist, daß der Mensch – nachdem er sich nur aller Überfremdung erledigt habe – *gut ist.*

Denkbar schroff – ich erinnere Sie noch einmal an den Anfang – steht dieses jetzt regierende und die Selbstverständlichkeiten verankernde Menschenbild im Gegensatz zu jener früheren Gewißheit, die Arnold Gehlen einmal so auf den Begriff brachte: Der Mensch sei das Wesen, das nicht einfach nur lebt, sondern sein Leben „führt".[8] Wo dies galt, da war die selbstverständlich

---

[7] Nicolás Gómez Dávila, Auf verlorenem Posten, Wien 1992, S. 267: „Reaktionär sein heißt einsehen, daß der Mensch ein Problem ohne menschliche Lösung ist."
[8] Anthropologische Forschung. Zur Selbstbegegnung und Selbstentdeckung des Menschen, Reinbek 1991, S. 38.

sich anschließende Frage, wie sich die nötige Lebensführungskompetenz erwerben lasse, wie man sich also instandsetze, sein Leben sinnvoll zu führen. Dabei waren die praktischen Philosophen hilfreich.

Ebenso schroff steht jene moderne Selbsteinschätzung des Menschen im Gegensatz zu den vergangenen religiösen Prämissen: Das war das Wissen, daß der Mensch nur durch Umkehr, durch Abkehr von seiner unmittelbaren Natur, also auf dem Wege der Sündenvergebung und Erlösung zu retten sei.

Beide Erinnerungen allerdings waren nur Rückblick. Und Sie werden – ganz zu Recht – fragen, wie sich zu der skizzierten historischen Entwicklung und ihren auswahlweise herausgehobenen Gestalten „Seelsorge" und „Psychotherapie" nun die Philosophische Praxis als die jüngste Alternative verhalte.

Dabei werden Sie bemerkt haben, daß meine Einschätzung zunächst einmal lautet, an die antike Tradition etwa stoisch eingeübter Seelenausgeglichenheit und Kosmoseinförmigkeit sei nicht ohne weiteres und unmittelbar wieder anzuschließen, wenn auch Philosophie nicht zuletzt die Entschlossenheit ist, Vergangenes gegenwärtig zu halten und so der Erledigungsarroganz der Moderne opponiert.

Und keineswegs ist – im einzelnen – um alle Plausibilität gebracht, was als sogenannte „Lebenskunst" erprobt und bewährt wurde.[9] Ganz abgesehen davon ist zu bemerken, daß sich gegenwärtig zumindest für einzelne, minoritäre Lebensführungseliten die geistigen Konturen des Hellenismus erneut als plausibel präsentieren. Gleichwohl: Philosophische Praxis setzte auf Ignoranz, wollte sie die antiken Vorbilder als unbeschadet gegenwärtige behandeln.

Doch nach dieser Zwischenbemerkung nun zur Frage des Verhältnisses der Philosophischen Praxis zur Seelsorge. Das ist ein komplexes Thema. Dennoch will ich versuchen, jedenfalls weniges dazu zu sagen.

Schon manches Mal war ich in Beratungen in einer Lage, die mir durch Lektüre und Studium etwa als die Kierkegaards vertraut ist: Gehalt und Strenge des Glaubens, etwa die Schärfe eines Entweder-Oder, können am ehesten von dem in Erinnerung gerufen werden, der für sich selbst – in verzweifelter Distanz verblieben – zum Ernst der Existenz nicht durchzubrechen vermochte, sich zugleich jedoch auch nicht in seichte Beruhigung flüchtete.

Zugespitzt: Die Alternative zur Seelsorge wurde die Philosophische Praxis in manchen Fällen, weil in ihr nicht der Ton des fröhlichen oder des depressiven Unglaubens vorherrscht, sondern der Geist, der den Glauben nicht fallen

---

9 Vgl. Achenbach, Lebenskunst. Sieben Annäherungen an ein vergessenes Wissen, in: Aleida Assmann (Hrsg.), Weisheit. Archäologie der literarischen Kommunikation III, München 1991, S. 231–238.

läßt, auch wenn er nicht zu ihm findet. In der Philosophischen Praxis lebt der Glaube unter erschwerten Bedingungen, unter denen des Zweifels und tausend Fragen. Ein unbekümmert herzensfrommer Glaube hingegen, das geistige Leben in fragloser Geborgenheit und Heilsgewißheit, erscheint dem religiös feinfühligeren Menschen heute als unstatthafte Naivität in ernstem Belang: Ihr fehlte das Ohr, Sorgen wirklich als Sorgen zu verstehen und sie zu würdigen, was der Anfang alles Nachdenkens ist.[10]

Und damit zu der anderen Frage, inwieweit und in welcher Weise die Philosophische Praxis die Alternative zur Psychotherapie sein könne. Vor dem Hintergrund des bisher – zumeist in historischer Perspektive – Vorgetragenen wäre nun zu erwarten, daß sich der philosophische Praktiker zu einem erneuerten, anderen, alternativen Menschenbild ausspricht und daraus die Grundlagen eines veränderten Umgangs mit Menschen entwickelt, die sich mit ungelösten Problemen an ihn wenden. Und vieles ist tatsächlich auch – wenngleich in Ansätzen erst und leider recht verstreut – in dieser Hinsicht von mir versucht worden. Ich erinnere etwa an den Vortrag, den ich auf unserem letzten Kolloquium gehalten habe.[11]

Ich darf auch an Michael Schefczyks engagierten Versuch einer Rehabilitation der Begründungspflichtigkeit unseres Verhaltens erinnern, die in der Konzentration auf psychische Motiv-Fahndung verloren zu gehen drohe: an die von ihm betonte Bedeutung der „Begriffsschicksale", die als Schicksale des Denkens und Begreifens neben dem der „Triebschicksale" in ihrer Lebensbedeutsamkeit bisher unterschätzt werden.[12]

Hier und diesmal will ich jedoch etwas anderes betonen: Zunächst einmal ist die Philosophische Praxis durch eine prinzipiell unabschließbare Fülle von *Negationen* bestimmt: Im Sinne Hegels wird alles Besondere, das sich als Geltung behaupten möchte, über den Status seiner Besonderheit, damit Begrenztheit und Eingeschränktheit, also über seine allenfalls relative und vorläufige Geltung aufgeklärt. Besonderheiten aber sind es, die den etablierten Therapien ihre Identität und Orientierung verschaffen.

---

10 Die hier gemeinte Haltung, die einen Glauben gesprächsfähig machte, ist – von Kierkegaard abgesehen – womöglich besonders deutlich die Dostojewskis, der im „Tagebuch eines Schriftstellers" bekannte, er bekenne sich zum „Glauben nicht wie ein Kind, sondern mein Hosianna ist durch das große *Fegefeuer der Zweifel* hindurchgegangen, wie in meinem letzten Roman der Teufel von sich sagt". (Darmstadt 1973, S. 620) Gegenwärtig wird die hier gemeinte Haltung beispielsweise von Martin Walser vertreten, der die Selbstauskunft bevorzugt, er glaube nicht an Gott, aber er „vermisse" ihn. So hatte schon Julian Barnes seinen Roman «Nichts, was man fürchten müsste» (2008) eröffnet: „I don't believe in God, but I miss Him." Jordan Peterson fand kürzlich die feine Variante: „Ich bin nicht gläubig, aber ich fürchte, dass Gott existiert." (Also sprach Jordan Peterson, Spiegel 49/1,12,2018, S. 131.).
11 Siehe: „Schicksal und Charakter" in diesem Band.
12 Michael Schefczyk, Philosophische und psychologische Individualberatung, in: AGORA Nr. 10/11 (1991).

Für die Philosophische Praxis hingegen gilt, um eine polemische Würzung nicht zu scheuen: Ihr Feind ist das Bescheidwissen oder die Borniertheit, die sich verläßlich durch ihre Versteifung aufs Besondere verraten.

Das bezieht sich etwa – in strikter Alternative zu den Psychotherapien – auf die Anerkennung von Methoden, die regelmäßig zur Voraussetzung selbstbewußter psychotherapeutischer Arbeit gemacht wird. Jede Methode lehrt zwar etwas zu sehen, aber jede gestattet auch, anderes zu *übersehen*. Philosophische Praxis arbeitet darum nicht *mit* Methoden, sondern *an* Methoden. Während sich die Methode die Sache zurechtlegt, erhält für den methodenkritischen Blick der Philosophie die Sache das Recht, die Methode zu korrigieren.

Das erschwert zweifellos das Verständnis und verwehrt die leicht handhabbare Vorstellung, um was es sich in der Philosophischen Praxis handele. Doch das ist zu ertragen. Ich sage Ihnen mit einem Vergleich, warum dies so ist: Ein nach den Richtlinien eines Verfahrens sich entwickelndes Gespräch wäre einem Roman zu vergleichen, der nach zuvor bereits bekannter Regel, wie ein „guter Roman" geschrieben werde, geschrieben wurde. Das Resultat wäre in jedem Falle ein Trivialroman und ganz sicher kein Kunstwerk.

Daß aber *in der einzelnen Beratung* sich erst ergibt, zu welchen Regeln sie findet, die ihr nach und nach ihr einzelnes, unverwechselbares Gesicht geben, legt den Vergleich mit dem Kunstwerk nahe, das nicht den Regeln sich fügt, sondern sie *im einzelnen Falle setzt* oder in einem Fall plausibel werden läßt.

Nun gilt: So auch verhindern Regeln, wie Menschen zu verstehen seien, das Verständnis des Menschen. Vielmehr hat die Bemühung um das Verständnis die Voraussetzungen des Verstehens selbst in Bewegung zu versetzen: Nicht der Regel ist zu gestatten, daß sie das Bild des Menschen prägt, sondern dem zu verstehenden Menschen ist der Spielraum einzuräumen, der *ihm* erlaubt, *unsere Regeln des Verstehens zu modifizieren*. Einen Menschen beginnen wir zu verstehen, sobald wir bemerken, daß wir genötigt sind, die Voraussetzungen unseres Verstehens auszutauschen. Einen Menschen verstehen heißt, so Paul Feyerabend, eine „historische Minitradition" verstehen zu können.[13] Als würdiger Vorläufer dieser Überzeugung ließe sich La Rochefoucauld benennen:

> „Es ist leichter, die Menschen, als einen einzigen Menschen kennenzulernen."[14]

Das alles läßt sich freilich nur am Einzelfall, der kein „Fall" ist, wirklich deutlich machen. Adornos Diktum leitet dabei – wo Philosophische Praxis

---

13  Paul Feyerabend, Erkenntnis für freie Menschen, Frankfurt/M. 1979, S. 101.
14  Franz. Moralisten I, a.a.O., S. 83.

tatsächlich gelingt –, es komme nicht darauf an, *über* das Konkrete zu philosophieren, sondern aus dem Konkreten heraus.[15]

Ich will Ihnen auf einer zweiten Spur zeigen, warum die Philosophische Praxis im Grundsatz verraten und verkannt würde, sobald sie sich positiv und definitiv über sich selbst äußerte, weshalb sie also daran festzuhalten hat, gewohnte Auskunftserwartungen zu enttäuschen:

Wenn Sie sich verführen ließen, in bestimmter Weise sagen zu wollen, was Philosophische Praxis sei, wie sie arbeite, was ihr Verfahren sei, was ihre Interessen, was ihre Ziele seien, mit welchen Aussichten sie rechne zu erreichen, was zu erreichen sie sich vornehme – wenn Sie das versuchten, machten Sie sich und die Philosophie selbst lächerlich. Denn zur bestimmten und bestimmbaren Gestalt wird die Philosophie immer nur in dem einzelnen Werk, wie die Philosophische Praxis in der einzelnen Beratung.

Dasselbe ließe sich unter Verweis auf eines der unbestritten klassischen Werke der philosophischen Literatur demonstrieren: durch den Hinweis auf die „Phänomenologie des Geistes". Man denke sich, dieses Werk und ihr Autor würden befragt, auf welcher Grundlage denn nun in diesem Werk gearbeitet werde: auf der des „Bewußtseins", der „sinnlichen Gewißheit", des Skeptizismus, des Stoizismus, des gebildeten Geistes, des religiösen …?

Wem ich mich mit dieser Andeutung verständlich machen konnte, der versteht auch, wenn ich im Anschluß daran ergänze: So sei es der Ehrgeiz der Philosophischen Praxis, daß Halbfertiges halbwegs fertig werde und falsch Fertiggewordenes wieder in Bewegung gerate. So hält – noch einmal im Bild geredet – die Philosophische Praxis auf dem Weg. Zwar ist ihr Antrieb, ins Ziel zu bringen – ihre Kraft aber ist es, auf dem Wege auszuharren.

Die Philosophische Praxis unterhält damit zur Wahrheit das Verhältnis, das die negative Theologie zu Gott fand: Sie kennt sie nicht, läßt aber nicht von ihr. Mit bekannter Formulierung: Ihr Wissen ist ihr Nichtwissen, *docta ignorantia*.

---

15 „Nicht über Konkretes ist zu philosophieren, vielmehr aus ihm heraus." Adorno, Negative Dialektik, Frankfurt am Main 1970, S. 41.

„Jede wissenschaftliche Psychologie ist ihrem Wesen nach falsch, weil sie das als Objekt auffassen will, dessen Natur gerade darin besteht, Subjekt zu sein."

*Nicolás Gómez Dávila*

# Psychoanalytiker durchstöbern das Souterrain, transzendental-philosophische Wolkentreter verlieren sich im Nirgendwo, der philosophische Praktiker widmet sich seinem Gast in der Bel Étage

## Zugleich eine Erinnerung an nunmehr 40 Jahre Philosophische Praxis[1]

Als *short message* vorangeschickt:

> Wie die Therapiekultur auf der Annahme beruht, der Mensch leide an den unerkannten Abkömmlingen des Unbewußten, die sich als Störenfriede in die Alltagsbelange der Menschen mischen, lehrt uns die Erfahrung aus der Philosophischen Praxis, die Behinderung des Menschen sei die Folge des „Unbegriffenen", „Unverstandenen", „Übersehenen", also eines Mangels an Einsicht.
> 
> Entsprechend versenkt sich der Therapeut ins enge Innere seines Patienten und dessen Vorgeschichte, während der philosophische Praktiker mit seinem Gast darüber hinaus auf Weltfahrt geht und die unausschöpfliche Geschichte des (Nach-)Denkens bemüht, denn nicht ein Triebschicksal gilt es zu überwinden, sondern aus einem Begriffsschicksal zu befreien.
> 
> Die Frage, warum wir nicht die „Herren in unserem eigenen Hause" seien, findet eine neue Antwort: Im Kopf der Menschen nisten neben den Unruhegeistern aus dem Souterrain vor allem Gespenster, die dem allgemeinen, speziell zeitfälligen Weltverkehr entstammen.
> 
> Im Licht der philosophischen Aufklärung verblassen sie wie der Schein der Lampe im hellen Sonnenlicht.

Wie gern hätte ich jetzt zuerst unsere Freunde in Rußland mit der Wendung *„hier in Sankt Petersburg"* angesprochen, wenn es denn möglich und zulässig gewesen wäre! Doch haben die vielerorts gehegten Bedenken um unsere leidige Gesundheit und höheren Orts verordnete Auflagen ein wirkliches, kollegial-geselliges, durch leibliche Nähe aufgefrischtes Wiedersehen oder herzliches Kennenlernen verhindert, und so müssen wir uns nun, behelfsmäßig elektronisch mit einander „vernetzt", an den eigentlichen Ort der Austragung dieser 16. internationalen Veranstaltung zur Förderung der Philosophischen Praxis *denken*. Doch wollen wir es damit halten, wie es auch sonst – so das Wort des guten Plutarch – die Art des Philosophen war, der, „wie die Bienen Honig sammeln aus dem Thymian, dem herben, trockenen Kraut, oft aus den mißlichsten Umständen Nützliches und Gutes gewinnt".[2] Alain, der späte

---

[1] Eröffnungsvortrag zum 16. Internationalen Kongreß zur Philosophischen Praxis, der epidemiebedingt am 27. Juli 2021 in Sankt Petersburg „online" stattfand. Den Teilnehmern stand eine Übersetzung ins Englische zur Verfügung.
[2] Plutarch, Moralia 467/6.

Nachfahre Plutarchs und ihm in seiner Haltung erkennbar verwandt, hat im Grunde dasselbe im trockeneren Tonfall seiner „Propos" noch einmal gesagt:

> „Der Sprachgebrauch hat immer den als Philosophen bezeichnet, der jedem Vorkommnis die beste Seite abzugewinnen weiß; denn einzig das hilft."[3]

Apropos: Alain, wie sich Émile Chartier nannte, dieser außerordentliche Gedanken-Zulieferer für die Philosophische Praxis, ist vor 70 Jahren gestorben, ein Grund mehr, seiner dankbar zu gedenken.

Doch ich möchte mich an seine und Plutarchs zitierte Ermunterung halten: Wenn wir uns jetzt – widrigen Umständen geschuldet – an den eigentlichen, vorgesehenen Ort unserer Veranstaltung *denken* müssen, so mag uns das zugleich an die phantastischen Leistungen des Denkens erinnern: denn wirklich ist das auszeichnende Vermögen speziell des Denkens, Abwesendes zu vergegenwärtigen, während unsere Sinne sklavisch ans Gegenwärtige gefesselt bleiben ... So auch konnte ich soeben den in strengeren akademischen Kreisen leider nahezu vergessenen oder einfach übergangenen Plutarch aus Chaironeia mitsprechen lassen, als sei er einer von und mitten unter uns, obwohl er ziemlich genau zwei Jahrtausende vor uns auf dieser Welt lebte. Lassen wir uns also das Denken, wie es mancherorts modernitätsgefügig geschieht, nicht madig machen: Der Geist, der auch in der Ferne und *in jedem geschichtlichen Einst heimisch* zu werden vermag, ist ans Denken gebunden, so wie es der Geist ist, der – einer Wendung Hegels zufolge – „im andern bei sich ist". Das aber ist die womöglich feinste, treffendste und zugleich schlichteste Formel, mit der sich bezeichnen läßt, was die Begegnung des praktizierenden Philosophen mit seinem Gast auszeichnet: Er versteht den Ratsuchenden, indem er sich „an dessen Stelle zu denken" vermag, indem er zunächst *in jenem anderen* heimisch zu werden sich bemüht, um danach – sofern möglich und ratsam – *mit ihm gemeinsam* in weitere, womöglich zuträglichere oder anspruchsvollere Regionen aufzubrechen. Doch solche Bestimmungen klingen geradezu, als wollte ich die gesamte Theorielast der Philosophischen Praxis einigen wenigen Sätzen aufhalsen, was keinesfalls meine Absicht ist.

Sehrwohl aber habe ich vor – nicht zuletzt, weil unsere russischen Freunde mich darum gebeten haben –, mit diesem Vortrag daran zu erinnern: Die Philosophische Praxis, die uns alle im Sinne einer gemeinsamen Idee, eines geteilten Vorhabens und unter dem Dach berufener Institutionen miteinander verbindet, ist in diesem Jahr 40 Jahre alt geworden, was ja wohl, ließe sie sich mit den Lebensaltern des Menschen bemessen, die Erwartung berechtigte, sie als „erwachsen" anzusehen.

Doch lassen wir – vorsichtshalber – die Frage, wie es um das „Erwachsensein" der sich als Praxis verstehenden Philosophie inzwischen bestellt ist,

---

3 Alain, „Die Pflicht, glücklich zu sein" [Propos sur le bonheur], Frankfurt a.M. 1979, S. 156.

einfach als Frage stehen, und fragen wir statt dessen, ob man wohl sagen darf: Die Philosophische Praxis feiere ihren „40. *Geburtstag*"? Anders gewendet: Werden auch Ideen „geboren"?

Ich denke, wer keine Scheu vor Metaphern hat – wobei eine solche Scheu sich zumal der philosophische Praktiker nicht leisten kann, denn sie würde ihn des womöglich subtilsten und hilfreichsten Verständigungsmittels berauben ... –, wer also gewohnt ist, über semantische Brücken zu gehen, wird es keineswegs für unpassend halten zu sagen, eine Idee „komme zur Welt", nachdem einer eine Zeit lang mit ihr schwanger gegangen sei. Und so war's 1981 vor jetzt 40 Jahren – freilich nach menschenunüblich ausgedehnter Gravidität, so daß man denken mochte, ich sei eine Elefantenkuh, die bekanntlich gute zwei Jahre lang trägt ...

Damals also entschloß ich mich, nach „reiflicher Überlegung" – wie es heißt – den Gedanken der Philosophischen Praxis „ins Leben zu rufen". Eine seltsame Wendung: eine Sache „ins Leben rufen" – die obendrein sogleich eine weitere Frage nach sich ziehen mag, und zwar diese: Kommt sie auch „wie gerufen"?[4] Daß wir uns hier mittlerweile zum 16. internationalen Kongreß der Philosophischen Praxis zusammenfinden, läßt wohl die Antwort zu: Ja, sie kam in der Tat „wie gerufen". Vermutlich kam sie zumindest *für uns* wie gerufen, die wir diesen Neuling in unsere Obhut genommen haben und uns nun miteinander verständigen, wie es mit ihm weitergehen soll, kann, vielleicht müßte ...

Doch dann tauchen weitere Fragen auf: Ist damit, daß wir die Philosophische Praxis begrüßten, ihr Dasein in der Welt schon eine „ausgemachte Sache"? Kommt ihr der Status einer zweifelsfreien Realität zu? Ist sie *anerkannt* als Wirklichkeit, was in ihrem Falle die eigentliche Frage ist: denn als *geistige* Realität ist sie *wirklich*, sofern sie die *Anerkennung als Wirklichkeit* genießt. Und dann: Zweifellos *gibt* es die Philosophische Praxis – sogar weltweit, wie wiederum dieser Kongreß belegt –, doch wird sie auch *bleiben*? Wird sie wachsen, zunehmen, sich entwickeln, dazulernen, in gutem Sinn zu einem eigenen, womöglich vorbestimmten, darum angemessenen Selbstbewußtsein finden? Mit nochmals anderen Worten: Hat sie, was ich ihr wünsche – so wie man dies für seine Kinder wünscht – eine gute, hoffnungsvolle Zukunft vor sich? Sie und damit wir? Wird sie bereits in dem Maße wahrgenommen, wie sie es verdiente – oder müssen wir vorerst hoffen, sie werde sich diese Verdienste schon noch erwerben?

---

4 Vgl. den Artikel „Praxis; Philosophische" von Odo Marquard, in: Historisches Wörterbuch der Philosophie, Bd. 7, Spalte 1307f, auch online zugänglich hier: www.achenbach-pp.de/de/philosophische_praxis_text_marquard_Woerterbuch.asp.
Außerdem: „Chronik der Philosophischen Praxis. 1981–1994": www.achenbach-pp.de/papers/archiv_chronik_philosophische_praxis_1981–1995.pdf.

Nun, solche Gedanken bringen mich endlich dorthin, wohin ich eigentlich von Anfang an wollte, zu einer lakonischen Notiz des genialen Georg Christoph Lichtenberg nämlich, diesem Sonderfall unter den Denkern. Sie hätte als ausgeborgter Kopfputz – mithin als Motto – die Überlegungen, die ich hier versuchen möchte, vorzüglich geschmückt. Nun stecke ich seinen Aphorismus mitten in den Text, denn auch dort ist er gut aufgehoben. Hier also Lichtenberg, erster Professor für Experimentalphysik und als Sudelbuch-Autor der erste deutsche Aphoristiker:

> „Einer zeugt den Gedanken, der andere hebt ihn aus der Taufe, der dritte zeugt Kinder mit ihm, der vierte besucht ihn am Sterbebette, und der fünfte begräbt ihn."[5]

Schöne, tröstliche Aussichten, sind doch auf solche immer wiederkehrende Weise immerhin *viele* mit einer Idee beschäftigt, und jeder tut das Seine, so gut er kann ... Wobei ich nicht verhehlen möchte – unser Kongreß steht dafür ... –, unwillkürlich beziehe ich Lichtenbergs meisterhaft gleichmütig hingesprochenen Satz auf die Geschichte jenes Gedankens, den ich seinerzeit gezeugt und ins Leben gesetzt habe. Außerdem darf ich mir die Ehre zurechnen, ihn zur Taufe getragen zu haben, woselbst das Kind seinen Namen bekam. Na ja: und wenn der Begriff Philosophischer Praxis sich inzwischen mit anderen zusammentat und so gewissermaßen Kinder zeugte, kam auch das gewiß nicht ohne mein Zutun zustande. Und nun? Nun verlangt mir das zunehmende Alter ab, mit dem Anschein stückweis' erworbener Weisheit jenen „vierten" abzuwarten, der sich Lichtenberg zufolge am Sterbebette der Philosophischen Praxis einstellen werde. Üben wir uns in Gelassenheit, sagen wir: Soll er doch kommen! Nur mit ihrer Bestattung, um das hier klarzustellen, bin ich nicht einverstanden, *noch nicht* jedenfalls.

Doch soll für den Augenblick alle persönliche Betroffenheit unerhört bleiben, damit wir statt dessen gemeinsam den grandiosen Satz Lichtenbergs als die großdimensionierte Aufklärungsidee würdigen, die sie ihrem Gehalte nach ist. Was besagt sie denn? *Auch Ideen, auch Gedanken – wie einst die Götter – sind sterblich.* So ist es nämlich. Sie steigen auf, wenn und sofern ihnen dies beschieden ist, sie setzen sich durch und behaupten sich, dann geraten sie ins Gemenge, und irgendwann – das ist großartig gesehen und gedacht von Lichtenberg – behaupten sie sich nicht mehr aus eigener Kraft, sondern wenn es gut ging, haben sie sich mit anderen Gedanken assoziiert, waren sie der Anstoß zu weiteren, neuen Gedanken und Ideen, mit denen sie sich zusammentaten und die sich dazugesellten, und dann wirkt jene Ursprungsidee – ich denke bei allem, wie gesagt und gestanden, an die Philosophische Praxis! – nur noch untergründig, womöglich *inkognito*, weiter, als Ferment vielleicht, das treibt und Unruhe stiftet.

Aber verstehen wir auch, was das heißt? Wie Hegel begriff, ist alles in das Medium der Geschichte getaucht, das heißt es kommt und geht und bleibt nicht,

---

[5] Lichtenberg, Werke in einem Band, Hamburg o.J., S. 73.

es sei denn, es werde verwandelt, oder, wie es im biblischen Tonfall heißt, es gehe unter wie das Samenkorn, das untergehen *muß,* damit es Frucht treibe. Und gemahnt nicht auch jene vorhin bereits gebrauchte Wendung, die Philosophische Praxis sei „ins Leben gerufen" worden, an den majestätisch-feierlichen Tonfall des biblischen Schöpfungsberichts, so daß sich sagen läßt: „post-paradiesisch" sei solchem nachgeschöpften Leben zugleich dessen Untergang und Tod zuzubilligen nach ältestem und uralt bestätigtem Gesetz?

Ich lasse diese Frage für diesmal unbeantwortet stehen und erlaube mir statt dessen eine kleine Abirrung oder einen Exkurs, der einen Gedanken des vorzüglichen Cusanus mit dem biblischen Weltschöpfungsmythos *und* der uns hier beschäftigenden „Geburt" der Idee Philosophischer Praxis verbinden mag. Wie geht dies zusammen?

Cusanus' aus der üblichen Exegese ausscherende Idee lautete, am Anfang sei mit göttlicher Vollmacht ein Wesen auf den Plan gerufen worden, das nicht einfach *in* dieser Welt *als* Schöpfung lebe – seinerseits nichts als „Geschöpf", das sich entsprechend betrage und seiner einmal mitgelieferten Bestimmung folge –, sondern da sei ein Wesen aufgerufen worden, das seinerseits *schöpferisch* werde, was sich übersetzen läßt: der Mensch ist das Wesen, das *Geist* hat, genauer: Geist *ist*. Das wiederum, wie Nikolaus von Kues begriff, bedeutet: Der Mensch ist nicht nur – wie heute vielstimmig eingeschärft wird – für die Welt verantwortlich, er hat sie auch nicht nur zu bewahren, sondern er ist dazu berufen, die Schöpfung in rechtem Geist fortzusetzen, indem er beispielsweise Institutionen schafft, Rechtsordnungen, Kunstwerke oder eben: er ruft – ein Akt erstaunlicher Selbstmächtigkeit! – die Philosophische Praxis „ins Leben", etwas, was es bis dahin nicht gab und das nun eine Wirklichkeit ist, reinweg „er-dacht" und zunächst nichts als eine bloße Idee, eine Vorstellung, Ausgedachtes. *Daß* ein solcher Gedanke aber tatsächlich eine Wirklichkeit zu werden vermochte und wurde, das läßt sich – da bin ich wieder bei dem Satz Lichtenbergs – verläßlich daran erkennen, daß sich diese neue Wirklichkeit aus der Abhängigkeit von seinem Hervordenker zu befreien vermag und nach und nach sich verselbständigt, ein eigenes Leben zu führen beginnt und dabei alsbald *eigene* Wege geht – nebenbei bemerkt nicht immer nur solche, die im Sinne ihres „Schöpfers" sind ...

Doch das gehört zu den Erfahrungen dazu, von denen wir mit Recht im Rückblick sagen, daß wir sie wohl machen *mußten.* Denn häufig sind Erfahrungen das, was sich erst aus verarbeiteten Erwartungsenttäuschungen absetzt. Aber unbeschadet dieser Bedeutung erworbener Erfahrung gilt ein anderer, nicht weniger grandioser Gedanke Lichtenbergs, und auch der ist tauglich, der Philosophischen Praxis als Motto vorangestellt zu werden:

> „Man muß etwas Neues machen, um etwas Neues zu sehen."[6]

Das bestätigt sich in den Kreisen philosophischer Praktiker, wie ich meine, seit vielen, vielen Jahren, und wir dürfen dankbar dafür sein.

Doch ich will meinerseits – denn das wird wohl von einem Rückblick auf die vergangenen 40 Jahre erwartet – etwas von dem berichten, was ich infolge des Neuen, was wir machen, neu und anders sehen lernte. Mit andern Worten, ich will von einigen gewonnenen Erfahrungen berichten. Oder: Was ergab sich im Verlaufe der zurückliegenden Jahrzehnte anders, als ich es wohl erwartet hatte? Womit hatte ich nicht „gerechnet", wie man so sagt, oder: was vor allem hat mich überrascht?

Nun, ich denke nichts so sehr wie dies: Ich habe sehr bald durch die Erfahrungen in den Beratungen erkennen müssen und zu würdigen gelernt, daß die Menschen bei weitem eigenartiger sind, eigensinniger in gutem Sinne, mit gebräuchlicher Wendung: *individueller*, manche sogar *origineller*, als ich mir dies zuvor hatte vorstellen können und darum erwartet hatte.

Die Folge? Inzwischen denke ich, niemand hat einen andern verstanden, sofern er sich nicht die Augen erwarb, zu sehen, daß dieser andere *einzigartig* ist. Diese Erfahrung aber ist mir mittlerweile zu einem Grundsatz geworden, der sich so formulieren läßt: Bin ich zu Beginn einer Begegnung versucht, die vielen zweifellos *auch* vorhandenen Seiten eines Menschen, die er mit anderen teilt, die ihn – heute vorzugsweise – als „Zeitgenossen" wiedererkennen lassen, bin ich mithin in Versuchung, diese Seiten an ihm allzu deutlich, womöglich überdeutlich wahrzunehmen – was mir durchaus passiert ... –, dann weiß ich: ich bin dabei, mich in ihm zu irren, ich lasse mich blenden von dem, worauf es ausdrücklich *nicht* ankommt. Denn, zum Grundsatz ausformuliert: *Typisierung ist der Bankrott der Menschenkenntnis.* Der Typus gehört in die Komödie. Was typisch ist, ist komisch, schlimmerenfalls lächerlich. Soviel als Wink im Blick auf die psychotherapeutische Gewohnheit, den Patienten nach Kategorien, die dort Diagnose heißen, zu taxieren – schlimmer: nicht nur zu taxieren, auch zu „behandeln".

Es ist im übrigen diese Erfahrung, die mich immer wieder erneut in dem Grundsatz bestärkt, skeptisch gegenüber *allen* Theorien zu sein, insofern sie nämlich Individuelles schematisieren – und das tun sie alle und sämtlich: Theorien können sozusagen nicht anders. Womit der rechte Augenblick gekommen ist, eine Sentenz anzubringen, die ich der Philosophischen Praxis als weitere Devise mit auf den Weg gegeben habe. Wir verdanken sie Goethe:

---

6 Lichtenberg, Schriften und Briefe, Bd. II, München-Wien 1992, S. 321 [Nr. 1770].

„Theorien sind gewöhnlich Übereilungen eines ungeduldigen Verstandes, der die Phänomene gern los sein möchte und an ihrer Stelle deswegen Bilder, Begriffe, ja oft nur Worte einschiebt."[7]

Und da ich soundso gern Gedanken anderer einlade, im jeweiligen Zusammenhang auf ihre Weise mitzureden, möchte ich gleich noch zwei weitere Merksätze dem Diktum Goethes zur Seite stellen. Der erste, wiederum ein Aphorismus, ist aus der Feder des französischen Moralisten La Rochefoucauld und lautet:

„Es ist leichter, die Menschen, als einen einzigen Menschen kennenzulernen."[8]

Den anderen und zweiten Hauptsatz, ein sonderbar schlichtes, nahezu einfältig frommes Wort, verdanken wir dem geistigen Mentor der Simone Weil, Gustave Thibon:

„Man behandelt nicht auf universelle Art, was Gott grundverschieden haben wollte."[9]

Beide Sätze wären es wert, in den unverrückbaren Bestand gültiger Maximen aufgenommen zu werden. Auf jeden Fall aber gehören sie zu den Überzeugungen Philosophischer Praxis und gelten mir als befestigter Grundsatz.

Nun verbindet sich auf die sonderbarste Weise diese Überzeugung von der grundsätzlichen Individualität des uns begegnenden Menschen mit einem anderen, uns aus denkbar anderer Himmelsrichtung zukommenden Gedanken, nämlich jenem, den Schopenhauer in seiner so vorbildlich skeptisch angekündigten und mit gründlichem Vorbehalt durchgeführten „Transzendenten Spekulation über die anscheinende Absichtlichkeit im Schicksal des Einzelnen" vortrug, einem grandiosen, geheimnisvollen Text, dem als Motto ein kaum weniger sibyllinischer Satz Plotins vorangestellt ist, übersetzt:

„Den Zufall gibt es nicht im Leben, sondern nur Harmonie und Ordnung."[10]

Mich lehrte: Widme ich mich einem Menschen mit einer solchen Annahme – also mit der Unterstellung jener von Schopenhauer angesprochenen Absichtlichkeit, die dem Schicksal des einzelnen zukomme –, erlaubt mir dies, den oft sonderbaren Wegen, die Menschen einschlagen, ihren Eigenarten und Besonderheiten mit förderlichem Respekt zu begegnen, sie zunächst einmal, so wie sie sind, so wie sie wurden, zu respektieren, sie anzuerkennen, sie gelten zu lassen. Mit andern Worten: Das erste und fast schon das eine, auf das alles ankommt, ist, die Menschen, die zu uns kommen, so *wie* sie sich zu uns begeben, zu verstehen, um sie dann, im zweiten Schritt, über sich selbst aufzuklären, was freilich mit schöner Regelmäßigkeit, wie die Erfahrung lehrt, *Bewegung* in ihr Leben bringt.

---

7 Goethe, Maximen und Reflexionen, Hamb. Ausgabe Bd. 12, S. 440 [Nr. 548].
8 Die Französischen Moralisten, hg. v. F. Schalk, Bd. I, München 1973, S. 83.
9 Thibon, Nietzsche und Johannes vom Kreuz, Paderborn 1957, S. 44.
10 Plotin, Enneades IV, L. 4, c. 35.

Sehen wir uns dies in einem besonderen Fall an. Der Mensch, der sich zu uns in die Beratung begibt, ist bedrückt. Dann ist es der erste Auftrag des philosophischen Praktikers, zu verstehen, *was* ihn drückt. Der zweite, bereits anspruchsvollere ist, zu verstehen, *wie sehr* ihn drückt, was ihn bedrückt. Nicht zuletzt und drittens aber ist der philosophische Praktiker aufgefordert, sein Leiden als eines aufzufassen und neu zu erzählen, das keineswegs nur – erfahrungsgemäß sogar nur äußerst selten – „endogen" oder „hausgemacht" ist (eine Bürde, wie sie der Psychologie-Verwender seinem Patienten gewöhnlich als Last auferlegt), vielmehr das subjektive Moment eines objektiven Weltlaufs, womit sich die persönliche Geschichte als zugehörig zur Zeitgeschichte lesen läßt.

Als hilfreich für den Bedrückten erweist es sich außerdem, gelingt uns, ihm zu vermitteln, es spreche entschieden nicht gegen ihn, wenn ihm das Leben schwerfalle. Nein, im Gegenteil: Dem philosophischen Gemüt gingen seit jeher die Virtuosen des Leichtnehmens wider die Natur.

Das ist die Gelegenheit, wieder einmal einen Gedanken eines anderen dazu zu laden, ein weises Resümee, seinerseits lebenslanger Erfahrung abgewonnen, eine Notiz des Theologen Helmuth Thielicke:

> „Gefährdungen des Menschen sind ausnahmslos [ich würde vorsichtiger sagen: häufig] die Kehrseite seiner Größe und seines Ranges. Seine Größe und sein Elend gehören zusammen. [...] Die Formen des Scheiterns, der Existenzverfehlung, entstammen demnach nicht dem Bereich des Inferioren, den animalischen Kellergewölben sozusagen, wo die Wölfe heulen (Nietzsche), sondern sie ereignen sich in der ‚bel-étage' der Personalität, dort also, wo der Mensch seine Freiheit mißbraucht und das Privileg seiner Bestimmung verschleudert."[11]

Ich muß, wann immer ich diese Passage wieder einmal lese, an die Replik Sigmund Freuds auf die Festrede Ludwig Binswangers zu Freuds 80. Geburtstag im Jahre 1936 denken – und bin auf diesem Wege dorthin gelangt, wohin mich der selbstgewählte Titel meines Vortrags ohnehin verweist, also bei dem dort zitierten „Souterrain" und „Bel Étage" ...

Damals hatte es der Meister, seiner Vorsicht geschuldet, klug vermieden, sich diese Rede seines so unbekehrbar der Philosophie ergebenen Freundes leibhaftig anzuhören – er war der Feierstunde ferngeblieben, da er sich, wie er verlauten ließ, nicht recht gesund fühle. Doch dann hatte er die Rede immerhin gelesen, in der Binswanger auf die denkbar seriöseste und vornehmste Weise die Grenzen des psychoanalytischen Denkens benannt hatte. Ich empfehle bei dieser Gelegenheit gern die Lektüre dieses vorzüglichen Textes, der die Stellung der Daseinsanalyse – jener achtenswerten Vorläuferin Philosophischer Praxis – zur orthodoxen Psychoanalyse präzise markiert.

---

11 Thielicke, Religion in der heutigen Gesellschaft, in: Kindlers Enzyklopädie Der Mensch, Bd. VI., S. 818.

Titel: „Freuds Auffassung des Menschen im Lichte der Anthropologie". Die alles fundierende Grundthese der Analyse, die Binswanger darin der Psychoanalyse angedeihen läßt, lautet – um wenigstens soviel zu zitieren ... –:

> „In diametralem Gegensatz zu jahrtausendelanger Überlieferung über das Wesen des Menschen als homo aeternus oder coelestis und als ... historischen Menschen oder homo universalis, und in ebensolchem Gegensatz zu der neuzeitlichen ontologisch-anthropologischen Auffassung des Menschen als einer in einem prägnanten Sinne ‚geschichtlichen' Existenz, als eines homo existentialis, handelt es sich bei Freud ... um die wissenschaftliche Idee des *homo natura*, des Menschen als Natur, als natürliches Geschöpf."[12]

Binswanger hat damit ins rechte Licht gerückt, was nochmals destilliert und konzentriert wiederum ein Aphoristiker von Gnaden prägnant auf die Formel brachte, mit der nun nicht mehr nur die Psychoanalyse, sondern die wissenschaftliche Psychologie generell bezeichnet ist. Sie verdanken wir dem kürzlich verstorbenen, einzigartigen Nicolás Gómez Dávila:

> „Jede wissenschaftliche Psychologie ist ihrem Wesen nach falsch, weil sie das als Objekt auffassen will, dessen Natur gerade darin besteht, Subjekt zu sein."[13]

Doch zurück zu Freud. Er hatte also jenen Vortrag seines so bedenklichen Freundes Binswanger gelesen und danach sich gedrungen gefühlt, ihm brieflich dafür zu danken, ihn freilich nun – bei dieser Gelegenheit – seinerseits in seine Schranken zu verweisen. Mit andern Worten: Das fundamentale Fragezeichen, das Binswanger hinter Freuds Lebenswerk gesetzt hatte, mußte auf dem Wege eines gezielten Gegenangriffs ausgetilgt und die andernfalls zu gewärtigende Beschädigung der Psychoanalyse abgewehrt werden.

Ich meine: Dieser Brief Sigmund Freuds, datiert auf den 8. Okt. 1936, abgeschickt aus der Berggasse 19 in Wien, im IX. Bezirk, darf in Anspruch nehmen, „historisch" genannt zu werden. Aus ihm habe ich übrigens auch die Formulierungen meines Titels bezogen. Ich zitiere:

> „Lieber Freund!
> Eine liebe Überraschung Ihr Vortrag! Die ihn angehört und mir berichtet hatten, waren sichtlich unberührt geblieben; es muß ihnen auch zu schwer gewesen sein. Im Lesen freute ich mich Ihrer schönen Diktion, Ihrer Gelehrsamkeit, des Umfangs Ihres Horizonts, des Taktes im Widersprechen. An Lob verträgt man bekanntlich ungemessene Mengen.
> Natürlich glaube ich Ihnen doch nicht. Ich habe mich immer nur im Parterre und Souterrain des Gebäudes aufgehalten. – Sie behaupten, wenn man den Gesichtspunkt wechselt, sieht man auch ein oberes Stockwerk, in dem so distinguierte Gäste wie Religion, Kunst und andere hausen. Sie sind nicht der einzige darin, die meisten Kulturexemplare des Homo natura denken so. Sie sind darin konservativ, ich revolutionär. Hätte ich noch ein Arbeitsleben vor mir, so getraute ich mich auch jenen Hochgebore-

---

12  Binswanger, Ausgewählte Vorträge und Aufsätze, Bd. I, Bern 1947, S. 159.
13  Nicolás Gómez Dávila, Notas. Unzeitgemäße Gedanken, Berlin ²2006, S. 44.

nen eine Wohnstatt in meinem niedrigen Häuschen anzuweisen. Für die Religion habe ich es schon gefunden, seitdem ich auf die Kategorie „Menschheitsneurose" gestoßen bin. Aber wahrscheinlich reden wir doch aneinander vorbei und unser Zwist wird erst nach Jahrhunderten zum Ausgleich kommen.
In herzlicher Freundschaft ..."[14]

Wie sich Freud solche Einquartierung eines höheren menschlichen Vermögens in jenen Kellergewölben dachte, in denen der Psychologe heimisch ist, hat uns wiederum sein Freund Binswanger mitgeteilt, der von einem Besuch in Wien bei Freud, das war im April 1913, berichtete. Damals hatte er Freud besucht gemeinsam mit Paul Häberlin, dem Philosophen, an den sich heute viele nur noch seiner Freundschaft mit Walter Benjamin wegen erinnern. Häberlin seinerseits hat seine Erinnerungen an diesen Besuch Binswanger überlassen, der sie uns in seinem Büchlein „Erinnerungen an Sigmund Freud" mitgeteilt hat. Ich zitiere:

Nachdem Häberlin im Gespräch gegen „Freuds Ableitung des Gewissensphänomens („Zensur") opponiert" hatte, Freud jedoch bei seiner Ansicht geblieben war, und nachdem Freud sich seinerseits bei seinem Gast erkundigt hatte, „ob nicht Kant's ‚Ding an sich' dasselbe sei wie das, was er (Freud) unter dem Unbewußten ‚verstehe" – was Häberlin lachend verneint hatte, wie sich von selbst versteht –, habe Freud „geäußert ..., Philosophie sei eine der anständigsten Formen der Sublimierung verdrängter Sexualität, nichts weiter." Daraufhin habe Häberlin „die Gegenfrage" gestellt, „was dann Wissenschaft, und im besonderen die psychoanalytische Psychologie sei."[15]

Soviel als kleine, unterhaltsame Einlage. Zugleich aber möchte ich die Gelegenheit nutzen zu erklären, ich befände mich in diesem Konflikt – oder „Zwist", wie Freud sagt – an der Seite Binswangers und seiner Daseinsanalyse, also im Blick auf die Frage: ob nun der Mensch ins Souterrain gehöre, d.h. als Einwohner desselben und lebenslanges Kellerkind verstanden werden müsse, oder ob er in den helleren und lichteren Räumen der Bel Étage empfangen werden sollte, wo ihm vom Philosophen Ausblick und Umsicht eröffnet werden können.

Vor allem aber – und damit erlaube ich mir, eine These in den Raum zu stellen, die sich schlimmstenfalls als Kampfansage an die tiefenpsychologisch orientierte Psychotherapie auffassen läßt –, vor allem aber finden sich dort oben, in jener höheren Etage keineswegs, wie Freud im larmoyanten Tonfall suggerieren wollte, nur „distinguierte Gäste" ein, sondern da sind Zyniker darunter, Abgefeimte, gewissenlos Gerissene, Abgebrühte, Verbitterte, Lebensenttäuschte; ausgemachte Halunken hinter der Fassade bürgerlicher Wohlanständigkeit; es sind Daseinsvermieser und Alles-und-jedes-Verneiner

---

14 Sigmund Freud, Ludwig Binswanger, Briefwechsel 1908–1938, hg. v. G. Fichtner, Frankfurt a.M. 1992, S. 236f.
15 Binswanger, Erinnerungen an Sigmund Freud, Bern 1956, S. 19f.

darunter; Ängstliche und Verzweifelte; solche, denen die durchgemachten Erfahrungen den Mut zu leben raubten; da sind solche, die meinen, mit allem abgeschlossen und alles hinter sich zu haben, die womöglich an sich selber vorbeigelaufen sind ein Leben lang und sich jetzt nicht mehr zu finden wissen; da sind Ernüchterte und Desillusionierte, die nun keinen Weg zurück in ein Leben finden, das ihre Zustimmung fände und eine bessere Zukunft in Aussicht stellte; und da reiben sich Tugenden an Lastern und nochmals häufiger – im Ungeist des Ressentiments – sich diese an jenen (auch wenn die entsprechenden Begriffe nicht mehr *en vogue* sind ...); da gibt es Schwache, die an ihrer Schwäche leiden, und Starke, die mit ihrer Stärke nichts anzufangen wissen; da gibt es vermeintlich Hochbegabte, denen die simpelste Lebensklugheit abgeht, so daß sie zu Alltagsversagern werden, und Fachleute, denen es an Bildung mangelt. Religiös Verwahrloste treffen wir dort, die sich in den Irrgärten der Esoterik verlaufen haben ... – es ließe sich noch lange so weiter fortfahren und aufzählen, wer beim praktischen Philosophen Hilfe, Rat, in erster Linie aber Aufklärung sucht, Aufschluß darüber, wie er in seine Misere geriet und ob sich Auswege aus seinem Dilemma finden ließen. Nicht zuletzt gibt es dort oben, im gehobenen, noblen Stockwerk, wie seit eh und je Gute und Böse in allerlei Schattierungen.

Dies alles aber erzeugt Konflikte, die äußerstenfalls *tragisch* anmuten, was von uns verlangt, sie als *tragische* Konflikte auch aufzufassen und sie so zu würdigen. Es sind dies allerdings Konflikte, die nicht einer Kollision der unteren Kräfte, also der Keller- und Souterrain-Mächte entspringen, sondern in diese Konflikte verstricken sich in der Tat jene „Hochgeborenen" im oberen Stockwerk oder der „Bel-étage der Persönlichkeit", womit gemeint ist: Es sind *Kollisionen des Geistes*, der Auffassungen, Urteile, der Selbstbilder und Annahmen über den Sinn und Gang dieser Welt. Es sind nicht zuletzt weltanschauliche Kontroversen im weitesten Sinn, wobei zu ergänzen ist: „Weltanschauungen" sind weder harmlos noch bloße „Theorien" – denn: Je nachdem, wie ich die Welt anschaue, die Welt verstehe, je nachdem werde ich handeln, mich manchen zugehörig fühlen, andere als fremd abweisen.

Für die Beratung aber heißt das: Was Menschen – so wie Thielicke es sagte – in Konflikte verstrickt und ihnen in manchen Fällen das Leben erschwert, es ihnen womöglich unerträglich macht, sind nicht selten ihre *besten* Seiten, ihre entschiedensten, berechtigtsten Überzeugungen, ja ihre eigentlichen moralischen Qualitäten, die nicht der therapeutischen Mäßigung bedürfen – eines faulen Lebensbilanz-Friedens wegen –, sondern der Stärkung womöglich gerade dann, wenn sich das Leben, das ihnen die Treue bewahrt, eben dadurch in Tragik verstrickt.

Das ist ein guter Moment, noch einmal Georg Christoph Lichtenberg zu zitieren, von dem ich mir schon zu Beginn das Motto hatte ausleihen wollen. Ich zitiere ihn sonst viel zu wenig, und verdanke ihm doch so viel. Ja, dem vorzüglichen Lichtenberg hat die Philosophische Praxis einen weiteren ihrer Grundsätze zu verdanken, von denen ich meine, die Erfahrung des vierzigjährigen Engagements in der Beratung habe sie befestigt, so daß sie nun noch solider und unerschütterlicher gelten als je zuvor. Lichtenberg selber nennt, was ich als Grundsatz von ihm anführen möchte, eine „goldene Regel". Und die lautet so:

> „Eine goldene Regel: Man muß die Menschen nicht nach ihren Meinungen beurteilen, sondern nach dem, was diese Meinungen aus ihnen machen."[16]

Womöglich muß man zweimal hinhören, damit die erste Pointe dieser klugen Empfehlung nicht entgeht. Die aber ist: *Daß* die Meinungen, die Menschen hegen, etwas „aus ihnen machen". Und das ist wahr. Wobei dies im Umkehrschluß heißt: Gewinnen wir einen Menschen – etwa auf dem Wege der Einsicht, durch den Erwerb einer anderen, sagen wir: differenzierteren Sicht der Dinge, die ihn das Leben vielfältiger, bunter, vielleicht aus verschiedenen, einander ergänzenden Perspektiven ansehen lehrt –, gewinnen wir einen Menschen auf solchem Wege, seine Meinungen und Ansichten zu revidieren, zu verfeinern, zu sensibilisieren, ihren Umkreis zu erweitern, ihren Blick in weitere Horizonte einzufügen, verändern wir ihn zugleich und fördern wir so seine Vorzüge, und das heißt: seine besten Tugenden, und das sind solche, die seit jeher im Ansehen standen: Nachdenklichkeit, Besonnenheit, Umsicht, die Fähigkeit und Bereitschaft, klug abzuwägen, die Entschlossenheit, für das als richtig Erkannte einzustehen und tapfer bei dem zu bleiben, was für gut erachtet wurde. Daß er dem die Treue bewahrt, worauf es – seiner gewissenhaftesten Erwägung nach – letzten Endes und alles in allem ankommt, dem, was er wirklich, also nachdrücklich will.

Im besten Falle aber ist dies das, was er begreift als: Es will von mir gewollt werden. Das ist mehr, als nur zu wollen. Das heißt: Erfüllen, was mir zugedacht ist.

Das alles läuft auf eine Korrektur des feinen Gedankens von Marvin Minsky hinaus:

> „Denken beeinflußt unsere Gedanken."[17]

Schon recht, bin ich gesonnen zu sagen. Doch das Umgekehrte gilt auch und ist die eigentliche Hoffnung, die sich mit der Philosophischen Praxis verbindet:

Gedanken beeinflussen das Denken.

Der praktizierende Philosoph, der dies versteht und sich vom Reichtum philosophischen Denkens hat inspirieren lassen, der von jenem Geist begeis-

---

16 Lichtenberg, Bd. I, S. 789 [Nr. 966].
17 Marvin Minsky, Mentopolis, Stuttgart 1990, S. 58.

tert ist, der wird seinerseits begeistern und wird das Leben seines Gastes durchlüften, wird es – mit dem Sprachbild des Novalis[18] – „dephlegmatisieren und vivifizieren", in gewöhnlicheren Worten: Er wird beleben und auf die Sprünge helfen. Und so wird er *wirken*.

So weit, so gut, bin ich aufgelegt zu sagen. Doch noch ist kein Wort von den „transzendentalen Wolkentretern" die Rede gewesen, wie sie der Titel angekündigt hat, einer Wortschöpfung übrigens, die wir meines Wissens meinem Lehrer Odo Marquard verdanken. Aber das ist ein dunkles, womöglich sogar trauriges Kapitel. Wobei philosophischen Praktikern gewiß nicht umständlich erläutert werden muß, wer damit gemeint ist: die theoriezufriedene, vorrangig mit sich selbst beschäftigte akademische Philosophie. Die weiß von jenen Souterraingeschossen des Menschlichen nichts und will davon nichts wissen, und in der Bel Étage treffen sie sich nur untereinander, was sich in gehobenem Tonfall und im Klima wertschätzender Kollegialität arrangieren läßt und manchen an die alte Zunftseligkeit erinnern mag. Vielleicht belasse ich es im Hinblick auf diese – mit uns verglichen – noblen und akkuraten Kollegen mit dem einfachen Hinweis, was mich einst – damals, als ich mit der Idee der Philosophischen Praxis schwanger ging – aus ihren elaborierten Gefilden flüchten ließ. Das war ein Gedanke, den ich bei C.G. Jung aufschnappte und der sich sinngemäß so wiedergeben ließe: „Mit unzulänglichen Theorien" lasse „sich sehr lange aushalten", sofern wir sie nicht in der Praxis erprobten.[19]

Nun, die Philosophische Praxis *ist* jetzt der Probierstein und damit *der Ernstfall der Philosophie*, insofern sie sich in der Begegnung mit Menschen, die sich an sie wenden und von ihr etwas, oftmals viel, manchmal allzuviel erwarten, zu bewähren hat.

Was hinreichendes Motiv für eine Ermunterung im Sinne des Königsbergers sein könnte: Habet den Mut, vom erworbenen philosophischen Vermögen dort, wo es angefordert wird, Gebrauch zu machen.

---

18 Novalis, Werke, Tagebücher, Briefe, hg. v. H.-J. Mühl/R. Samuel, Bd. II, Darmstadt 1978, S. 317.
19 C.G. Jung, Ziele der Psychotherapie, in: Gesammelte Werke Bd. XVI, S. 40.

„Wenn wir die Menschen nur nehmen, wie sie sind,
so machen wir sie schlechter.
Wenn wir sie behandeln, als wären sie, was sie sein sollten,
so bringen wir sie dahin, wohin sie zu bringen sind."

*Johann Wolfgang von Goethe*

# Es ist die Bestimmung der Philosophischen Praxis, das Erbe der Philosophie sich zu erwerben

## Zugleich ein Beitrag zur Philosophie des Selbstmords[1]

Geschätzte Kollegen, werte Festversammlung,

was ich vorhabe in den kommenden 45 Minuten, ist mit dem gewählten Titel hinlänglich umrissen: „Es ist die Bestimmung der Philosophischen Praxis, das Erbe der Philosophie sich zu erwerben."

Haben Sie die Anspielung mitgehört, die ich mir mit diesem halben Zitat aus dem schlechthin repräsentativen Drama deutscher Sprache erlaubt habe?

> Was du ererbt von deinen Vätern ...,
> Erwirb es, um es zu besitzen. (682f.)

Das ist aus Goethes „Faust" entnommen. Aus der Tragödie erstem Teil, und dort der ersten Szene, „Nacht" überschrieben, deren Auftakt sich hören läßt, als habe ihn uns der Autor wie zum Gruß ins gegenwärtige Kolloquium der Philosophen geschickt:

> Habe nun, ach! Philosophie, [...]
> Durchaus studiert, mit heißem Bemühn.
> Da steh' ich nun, ich armer Tor,
> Und bin so klug als wie zuvor!

Die außerdem genannten Studienfächer Jurisprudenz, Medizin und Theologie, die der Meister ebenfalls absolvierte, ohne daß sie am lebenspraktisch enttäuschenden Resultat etwas gebessert hätten, habe ich im Zitat überschlagen. Später, noch in derselben Szene, nachdem der Herr Magister den Geist der Erde heraufbeschworen und nach dieser so erhebenden wie niederschmetternden Vision auch noch den Kurzbesuch seines Famulus Wagner, des „trockenen Schleichers", überstanden hat, zieht Faust Bilanz: Da sitze er nun, halb schon eingesargt unter tausend Büchern und allerlei staubigem Laborgerät, das ihm zu nichts mehr nütze, und wisse allenfalls noch eine Ermahnung, die er gewissermaßen an sich selber richtet:

> Was du ererbt von deinen Vätern ...,
> Erwirb es, um es zu besitzen. (682f.)
>
> [Was man nicht nützt, ist eine schwere Last,
> Nur was der Augenblick erschafft, das kann er nützen.]

Doch im Falle des Doktor Faust schlug diese wohlerwogene Kur offenbar nicht mehr an, und so bemächtigt sich seiner der Gedanke an den Selbst-

---

[1] Vortrag zur Eröffnung des Jubiläums-Kolloquiums der IGPP („40 Jahre GPP/IGPP") am 29. Oktober 2022 in Remscheid/Lennep.

mord als fatale Rettung aus einem rettungslos verlorenen, fehlgeleiteten Leben, denn im unmittelbaren Anschluß heißt es, ich zitiere:

> Doch warum heftet sich mein Blick auf jene Stelle?
> Ist jenes Fläschchen dort den Augen ein Magnet?
> Warum wird mir auf einmal lieblich helle,
> Als wenn im nächt'gen Wald uns Mondenglanz umweht?

Danach werden wir Zeuge – Sie erinnern sich –, wie Faust aus eigenstem Entschluß sich den braunen Saft, „der eilig trunken macht", in der Phiole zubereitet, ein paradoxes Pharmakon, das er feierlich als „letzten Trunk" dem Morgen zuzutrinken sich entschlossen hat.

Der Ausgang der so zelebrierten Lebensabschlußfeier ist zumal für uns philosophische Praktiker von Interesse – wird doch der Gelehrte von seinem Vorhaben nicht etwa durch die Überzeugungskraft wohlerwogener Argumente abgebracht, etwa gar solche philosophischer Provenienz – was ohnehin keine Erfolgsaussichten geboten hätte –, ja, selbst und auch kein Glaube wohl bemerkt bringt ihn zurück ins Leben, sondern den von fern herüberklingenden „Himmelstönen", die den Osterhymnus intonieren –

> Christ ist erstanden!
> Freude dem Sterblichen ...
> wird beschieden:
> Die Botschaft hör' ich wohl, allein mir fehlt der Glaube. (765)

Was, frage ich nun, erstattete denn den Lebensmüden der so nachdrücklich verachteten Erde zurück? Goethe ist um die Antwort nicht verlegen: Es sei der Klang der Glocken, ihm „von Jugend auf" vertraut, der ihn „zurück ins Leben" rief. Und Faust selbst erklärt:

> Erinnrung hält mich nun, mit kindlichem Gefühle,
> Vom letzten, ernsten Schritt zurück. (781f.)

Ich will Ihnen aber verraten, warum mir diese Eingangsszene aus der Faust-Tragödie überaus willkommen ist. Sie gestattet mir, zwanglos meinen sicherlich von Ihnen auch erwarteten Erinnerungspflichten nachzukommen, also unseren Blick zurück auf jenen 10. 10. 1982 zu lenken, an dem die Gesellschaft für Philosophische Praxis und spätere IGPP vor nunmehr runden 40 Jahren in Bergisch Gladbach von 10 Gründungsmitgliedern ins Leben gerufen wurde. A propos: 10.10.1982, vervollständigt durch 10 Gründungsmitglieder: Einer aus jenem Kreis, Thomas Macho – später Prof. für Kulturgeschichte und Direktor des kulturwissenschaftlichen Instituts an der Humboldt-Universität zu Berlin –, der schon damals eine distanziert-interessierte Intim-Beziehung zur Kabbala unterhielt, erklärte am Gründungstag, die Sache gehe mit günstiger Prognose an den Start, sei also, kabbalistisch betrachtet, eine „runde Sache". Inwiefern? Das Datum selbst enthalte bereits 4 x die 10, und dann seien auch noch 10 Gründungsmitglieder beteiligt, mache 5 x 10, die 5 aber sei wiederum die glatte Hälfe der 10 usw. – Sie ahnen schon ...

Nun ist allerdings der Vollständigkeit halber zu ergänzen: Wir waren nicht von vornherein 10 Personen, die das Gründungsmanifests unterschrieben, sondern eigentlich und zunächst waren wir 11 – „11": die „Teufelszahl", wie Sie wissen. Doch wissen Sie auch, warum die 11 als Teufelszahl in Verruf ist? Weil von den zwölf Jüngern nur elf übrigblieben, nachdem der eine, Judas Iskariot, den Einflüsterungen des Widersachers erlag und den Nazarener im Kreise der Seinen verriet. Soviel nebenbei.

Also: Zu jener Gründungsveranstaltung war u. a. ein Philosophiekollege erschienen, der bereits seit einigen Jahren an einer westdeutschen Universität den Lehrstuhl für „praktische Philosophie" versah und seiner philosophieschulischen Prägung nach das Fach in erster Linie, wenn nicht überhaupt, ja sogar mit betonter Ausschließlichkeit als Sachwalterin der Rationalität vertrat. Man dürfte sagen – sofern man eine solche Anleihe an die mythische Überlieferung nicht scheute –, Kollege G. sei gewissermaßen als „trojanisches Pferd" angereist, womöglich in der Hoffnung, im innersten Kreis der künftigen philosophischen Praktiker für den rationalen Diskurs zu streiten und ihm als dem einzig legitimen Mittel philosophischer Problembewältigung auf Vereinsebene normative Geltung zu verschaffen.

Es war aber ein zunächst fiktiver „Fall", an dem von unserem Kollegen G. die Notwendigkeit rationaler Behandlung, wie sie einzig der Kompetenz des akademischen Philosophen entspreche, demonstriert wurde, und das war der ausgedachte Fall, ein Mensch sei entschlossen, Hand an sich zu legen. Und Sie sehen jetzt, wie sehr mir die Szene aus Goethes Faust willkommen war und mit welcher selbstzufriedenen Laune ich referierte, Faust habe sich vom Klang der Osterglocken ins Leben zurückgerufen empfunden – und dies trotz des eingestandenen Unglaubens an deren Verkündigung ...

Doch zurück in jenen Abend vor 40 Jahren. Da ist also, so wurde gesprächsdienlich von uns angenommen, ein Mensch, entschlossen, sich umzubringen. Und wir Philosophen denken uns hinzu als beteiligte bzw. hinzugezogene Zeugen. Was nun?

Bedauerlicherweise bin ich nicht mehr in der Lage, den Gesprächsverlauf jenes Abends, es war Samstag, der 9. Oktober, im einzelnen zu rekapitulieren. Wohl aber erinnere ich mich, daß ich seinerzeit, zunächst noch schüchtern, später entschiedener, die Ansicht vertrat, es gebe keine „guten Argumente", die uns im Leben hielten, wohl aber käme es vor, daß sich Menschen als unempfänglich erwiesen für die Verführungen zum Leben, daß ihnen das Leben „verleidet" sei, oder daß sie sich in der Auflehnung gegen die gewöhnlichen Lebenszumutungen wund gelebt hätten, und nun wüßten sie keinen Ausweg mehr außer diesen einen, eben den finalen Exodus. Und dann gab ich zu bedenken, da stelle sich womöglich für den philosophischen Praktiker die Frage, wie er diesen traurigen Menschen mit neuer Lebenszuversicht infiziere, mit welcher womöglich erotischen Energie er ihn erneut zum Leben zu verführen verstehe, wie er ihm das Leben gewissermaßen wieder „schmackhaft" mache, wie er ihm noch einmal die lebensbeflügelnde Begeisterung für Interessen erwecke, wie er in einem Leben, das zur Asche ausgebrannt scheint, noch einmal ein zaghaftes Glimmen zunächst, bestenfalls eine neu lodernde Glut entfachen könne usw.

Aber Sie ahnen bereits, mit solchen Erwägungen war mir natürlich nicht vergönnt, Prof. G. umzustimmen oder gar ihn zu bewegen, sich auf so unsicheres, begrifflich unsauberes Terrain zu begeben. Das Gespräch, soweit ich mich erinnere, nahm die gesamte Nacht in Anspruch und endete erst am frühen Morgen gegen 7:00 Uhr mitteleuropäischer Zeit.

Zuvor aber hatte sich Bewegendes zugetragen: Prof. G. hatte in vorgerückter Nacht und sicherlich unterstützt von erheblichen, tatsächlich sogar übermäßigen Mengen zugesprochenen Weines gestanden – Sie wissen ja: *in vino veritas* –, zahlreiche Gespräche, die er einige Zeit zuvor mit seinem Sohn geführt habe, hätten jenen offenbar gefährdeten Jungen nicht vermocht, vom Selbstmord abzubringen. So war der Sohn also von eigener Hand gestorben. Und sein überlebender Vater folgerte nun: Da sehe man, Philosophie sei eben ungeeignet, in einem so ernsten Fall hilfreich zu sein.

Diese sehr starke, unsere Möglichkeiten limitierende These stand nun allerdings im Konflikt mit einer mich nachwirkend bewegenden Erfahrung, die mich seinerzeit, nur ein Jahr zuvor, *mit* den Mut hatte finden lassen, im Mai 1981 die Philosophische Praxis zu gründen.

Was war geschehen? Einige Monate zuvor hatte die damals siebzehnjährige Tochter eines mir bekannten Künstlers den Versuch unternommen, sich umzubringen, war dabei glücklicherweise gescheitert, war nach vollbrachter Tat, wie unter solchen Umständen üblich und gesetzlich geregelt, der Psychiatrie überstellt worden, hatte sich dort jedoch als „unkooperativ" erwiesen, wie es im Jargon der Zuständigen heißt, das heißt weder mit den um sie bemühten psychiatrisch arbeitenden Fachärzten noch mit den hinzugezogenen Psychotherapeuten war sie bereit zusammenzuarbeiten, kurz und gut: sie schwieg ostentativ, wie ihr Vater berichtete, der sich darum nun an mich wandte mit der merkwürdigen Erklärung, ich sei doch Philosoph, ich müsse doch in der Lage sein, mit seiner Tochter zu sprechen. Was ich tat – übrigens mit Zustimmung der in der Klinik zuständigen Fachleute, da sie ja so offenkundig an dieser Patientin gescheitert waren.

Nun, die Gespräche, die ich damals mit jenem Mädchen führte, verhalfen ihr tatsächlich aus ihrer mehr als mißlichen, vor allem als mißlich empfundenen, als widrig eingeschätzten Lage heraus, sie fand zurück in die Prosa des Lebensalltags, studierte später mit Erfolg, heiratete, bekam Kinder, und wenn sie nicht gestorben ist – was ich hoffe, sie dürfte jetzt 57 sein, ich habe nachgerechnet! –, wird sie noch heute irgendwo in Österreich leben.

Nun habe ich nicht vor, Ihnen ausführlich zu erläutern, wie jene Gespräche damals verliefen und ihren begrüßenswerten Ausgang fanden – das sprengte jeden zeitlichen Rahmen; außerdem war ich damals, wenn Sie so wollen, Anfänger, gerade mit dem Abschluß meiner Promotion beschäftigt und von der Idee einer Philosophischen Praxis bewegte mich damals seit einiger Zeit nur erst die „Idee". Wohl aber kann ich von den Gesprächen, die ich mit jenem unglücklichen Mädchen führte, in generalisierendem Zuschnitt sagen: Ich habe mich so entschieden, so ausführlich, so umständlich mir dies nur irgend möglich war, für dieses Menschenkind interessiert, für ihre Beweggründe, für die Farben ihrer Gestimmtheit, für die Tönung ihres Empfindens, für ihre ihr selbst allenfalls halb bewußte Lebensauffassung und ihre hoffnungsbangen Vorstellungen vom Leben, für ihr sich selber suchendes Selbstverständnis, ihre träumerisch sich vorfühlenden Erwartungen und still gehegten Wunschszenarien, ihre nur schwer die Worte findenden Befürchtungen und drückenden Sorgen, für die sie bedrängenden Erlebnisse, für das ihr Widerfahrene und ihr Zugemutete, für die Erwartungen, denen sie gerecht zu werden sich bemühte – sei es, daß andere sie an sie stellten, sei es, daß sie selbst an ihnen sich bemaß –, für ihre Umstände und die Wege und Pfade, auf denen sie bis dato zu sich gekommen war, oder, wie sie es wohl selbst empfand, auf denen sie bisher an sich vorbei gelebt hatte. Das aber war, wie ich schon damals erfuhr, eine für sie völlig neue, unerwartete Erfahrung: sie wurde – wie sie sagte und wie ich es später noch so oft in Beratungen hören sollte –, sie wurde von einem Menschen *ernst genommen* und hat dies zu ihrem Glück auch so erlebt und so empfunden. In der Klinik hingegen, in der sie sich als „therapieresistent" erwiesen und „unkooperativ" gebärdet hatte, so ihr Eindruck, sei sie *wie ein Objekt, eine Sache, wie ein Ding* angesehen worden, wie eine, *über die* gesprochen wird, nicht aber *mit ihr*.

Übrigens hatte sie damit etwas im Modus unmittelbarer Erfahrung erlebt, was wir in der gelungensten aphoristischen Zuspitzung Nicolás Gómez Dávila als Einsicht verdanken. Wie bereits zitiert:

> „Jede wissenschaftliche Psychologie ist ihrem Wesen nach falsch, weil sie das als Objekt auffassen will, dessen Natur gerade darin besteht, Subjekt zu sein."[2]

Bereits jene Siebzehnjährige hatte dies mit feinem Instinkt und sensibilisiert in der Bedrängnis ihrer Not als Mißachtung ihrer selbst erlebt.

Soviel dazu. Und ich könnte es eigentlich bei diesen Erinnerungsstücken aus der damaligen Gründungsveranstaltung bewenden lassen, eröffnete mir jener für uns historisch gewordene Abend nicht zugleich den Zugang zu jenem Thema, das uns jetzt und hier, 40 Jahre später, noch einmal beschäftigen soll, also den Zugang zur Frage, wie wir als philosophische Praktiker unserer

---

2 Notas, 44.

Bestimmung gerecht werden, das Erbe der Philosophie uns zu erwerben. Sie erinnern sich?

> Was du ererbt von Deinen Vätern ...,
> Erwirb' es, um es zu besitzen.

Denn liegt es nicht nahe nach allem bisher Berichteten, sich nun in der Geschichte des philosophischen Denkens umzusehen, wie dort und bisher von der Selbsttötung gedacht und geurteilt wurde, um im Anschluß daran – und im Blick auf dieses spezielle Thema – die Frage zu bedenken, in welcher Weise der philosophische Praktiker die große Philosophie als Erblasserin einschlägiger Erwägungen würdigen und sich selbst als solchen Erbes würdig erweisen könne? Ich denke wohl.

Wer immer aber diesen Versuch unternähme, käme kaum an jenem hochberühmten Eröffnungs-Satz des philosophisch-literarischen Essays „Der Mythos des Sisyphos" von Albert Camus vorbei, der bekanntlich mit der wuchtigen These aufwartet:

> Es gibt nur ein wirklich ernstes philosophisches Problem: den Selbstmord.

Ja, allerdings. Doch um nun gleich auch dies anzufügen: Es ist ein gewaltiger Unterschied – die Redensart sagt: ein „Unterschied ums Ganze" –, ob wir philosophieintern in der Obhut unverbindlicher Gesprächsrunden an akademischen Seminartischen über den Selbstmord fachsimpeln und sich jemand im Rahmen dessen womöglich als vielunterrichteter und theoriekundiger Debattenredner hervortut, oder – wie mir dies in den 41 Jahren Philosophischer Praxis etliche Male begegnet ist –, oder ob ich einem Menschen vis-à-vis gegenüber sitze, der mit seinem Leben abgeschlossen hat oder seines Lebens müde ist, den sein Leid mürbe machte oder der die Kraft schwinden fühlt, in den Mühlen des Alltags Schritt zu halten, oder der, alarmierend anspruchsvoll, den unabweisbaren Ausdruck seiner Verzweiflung über den Weltlauf und den Gang aller Dinge im Plan seiner Selbstauslöschung sucht – etwa ein Mensch vom Schlage E. M. Ciorans, dessen Denken im Banne lebenslanger Selbstmordvertagung sich in Titeln wie „Die verfehlte Schöpfung" oder „Vom Nachteil geboren zu sein" oder vom „Absturz in die Zeit" kundtut, oder einer wie weiland Philipp Mainländer, der sich, das war am 1. April 1876, erhängte, nachdem tags zuvor die druckfrischen Belegexemplare seines opulenten Hauptwerks, „Philosophie der Erlösung", eingetroffen waren, – Ulrich Horstmann hat eine kleine Werkauswahl unter dem Titel „Vom Verwesen der Welt und anderen Restposten" von ihm herausgebracht –, oder aber einer wie Alfred Seidel, der, 29-jährig, nach Fertigstellung seines Werkes „Bewußtsein als Verhängnis" seinem Mentor Prinzhorn (am 20.10. 1924) einen Abschiedsbrief schrieb mit der Bitte, für die Veröffentlichung seines Buches Sorge zu tragen – was dieser großartige Ausnahmepsychiater tat.³ Seidel, ein mehr als nur hoffnungsvoller Philosoph, der „Nihilisierer des Nihilismus", starb von eigener Hand im Jahre des Herrn 1924.

Nun ließe sich darauf verweisen, die ausgewiesenen Stellungnahmen namhafter Philosophen von Platon und Aristoteles an, mit besonderem traditionsbildenden Schwergewicht Augustinus dann, und so fort bis in die Gegenwart lägen schließlich vor und dürften zur Kenntnis genommen werden – dann sei man als Philosoph wohl vorbereitet, wenn sich Menschen verzweifelt und halb schon dem Tod in die Arme gesunken an ihn wenden, vielleicht um sich noch einmal ihres in einem verdunkelten Herz gefaßten Entschlusses sicher zu werden, auf jeden Fall aber sich Verständnis erhoffen für ihre aussichtslose Lage, wie sie meinen ...

Übrigens: Wer sich diesbezüglich einen Überblick über die markanten philosophischen Positionen zur freiwilligen Lebensbeendung verschaffen möchte, den verweise ich auf die Veröffentlichung meines alten Freundes und Weggefährten Thomas Macho, „Das Leben nehmen. Suizid in der Moderne".⁴ Thomas hat dieser detailkundigen Monographie das kryptische Wort Walter Benjamins aus dessen zurückgelassenen „Passagen-Werk" mit auf den Weg gegeben:

> So erscheint der Selbstmord als die Quintessenz der Moderne.⁵

Doch was wäre das Resultat, wenn wir uns also in der Geschichte des philosophischen Denkens umsähen, um uns auf diesem Wege auf die Anforderungen in der Praxis vorzubereiten? Fänden wir denn dort ein Erbe, das sich hilfreich „erwerben" ließe, so daß es uns zu eigen wäre und unserem kummervollen Gast eine Hilfe?

Ja und nein – und, leider, ganz überwiegend zunächst einmal: nein. Warum?

Gewiß nicht nur – wie der, der sich als Zeitmitläufer bequem im allzu gegenwärtigen Denken und Urteilen eingerichtet hat, zunächst gewiß meinen wird –, weil nahezu alle großmächtigen Meister-Philosophen die Rechtfertigung des Selbstmords verweigerten, ja, zum Teil kategorisch ausgeschlossen haben – sehen wir einmal von den Stoikern und einigen anderen hellenistischen Philosophiesekten ab –, wobei das höchst wahrscheinliche Befremden unter unseren Zeitgenossen über dieses Resultat beiläufig Benjamins enigmatisches Wort belegt, die Rechtfertigung des Selbstmords sei das Signum der Moderne ... – nein, sondern wenn ich sagte: Die philosophische Überlieferung sei überwiegend *keine* Hilfe oder Unterstützung für uns angesichts der Herausforderungen, denen wir uns im Falle der Lebensdissidenz unseres Gastes gegenüber ausgesetzt sehen, so ist der Grund keineswegs diese höchst un-

---

3  Alfred Seidel, Bewußtsein als Verhängnis. Bonn, 1927.
4  Suhrkamp 2017.
5  Gesammelte Schriften V,1, S. 455 (J 74 8,2).

zeitgemäße Verwerfung des Selbstmords in der Tradition, nein, nochmals: sondern, weil die philosophiegeschichtlich überlieferten Stimmen die Frage nach dem Selbstmord vorrangig unter dem Gesichtspunkt ansahen, ob er „zulässig" sei oder nicht, ob er moralisch sich rechtfertigen lasse oder nicht, ob er als menschliche Entscheidung zu respektieren oder ob schon der Versuch der Selbsttötung zu verwerfen sei. Häufig stand die quasi-juristische Frage im Mittelpunkt der Erörterung, wem denn unser Leben letztlich oder erstlich „gehöre", wer mithin dessen bevollmächtigter Eigentümer sei und folglich über das Leben verfügen dürfe.

Sie ahnen: Solche Fragen laden sogleich und umstandslos zu einem klug unterrichteten *Argumentieren* ein – ergo: zu jenem Geschäft, auf das sich unser damaliger Gast Prof. G. so professionell-vorzüglich – wenngleich im Blick auf den Ausgang erfolglos – verstand.

Doch Fragen, in dieser Weise überlieferungskonform gestellt, gehen an dem, was den Lebensmüden bewegt – bzw. schlimmer: gerade nicht mehr bewegt –, restlos vorbei. *Der Mensch in seiner Not*, der sich an uns wendet, dieser eine, der da zu uns kommt, *der ist die Frage*, die uns als praktische Philosophen aufsucht und uns fordert – und viele gewiß zunächst einmal *über*fordert ... –, nicht jedoch ein sogenanntes „Problem", für das eine theorieförmige Auflösung herausgesucht wird, womöglich noch auf argumentativem Wege.

Als Zwischenbemerkung: Diese nicht eben übliche Wendung, *der Mensch* dort sei „die Frage", die uns begegnet, nicht etwa ein verbalisiertes „Problem", ließe sich interpretatorisch erschließen im Blick auf die sonderbare Selbstauskunft, die jener Delinquent im Verhör dem Prokonsul Pilatus gab, als er sagte, er *sei* die Wahrheit, was der Römer bekanntlich mit der lakonischen Replik abwinkte: „Was ist Wahrheit?" Dies als Randglosse nur. Und damit zurück in den verlassenen Gedankengang.

Ich sagte: Eine unmittelbare Übernahme der philosophiegeschichtlich überlieferten Kommentare zur Selbsttötung sei für den in der Praxis angesprochenen Philosophen wenig hilfreich, weil sie die berechtigten Belange des Menschen in seinen Lebens- und darum Sterbensnöten nicht einmal zur Kenntnis nähmen – geschweige denn als die eigentliche „Frage" erkannten. Nota bene ist damit der international geläufigen Wendung von der „applied philosophy" eine Absage erteilt.

Benötigten wir aber ein Beispiel für jenes Erbe, das uns die Philosophiegeschichte an lebensferner Reflexion überlieferte, so wüßte ich kein überzeugenderes als jene korrekten Erwägungen, die seinerzeit Immanuel Kant anstellte, im 2. Teil seiner „Metaphysik der Sitten", den „Metaphysischen Anfangsgründen der Tugendlehre" gewidmet, dort in der „Ethischen Elementarlehre", deren erstes Buch „den vollkommenen Pflichten gegen sich selbst" gilt, darin wiederum das erste Hauptstück „Der Pflicht des Menschen gegen sich selbst, als einem animalischen Wesen", worin sich schließlich das erste Kapitel, „Von der Selbstentleibung" überschrieben, finden läßt. Erinnern Sie sich?

Kant stellt dort zunächst apodiktisch fest:

a) Die Selbstentleibung ist ein Verbrechen (Mord).

Danach präzisiert er, es müßten dafür gar nicht die vielfältigen Pflichten gegenüber anderen in Betracht gezogen werden (etwa gegen Eheleute, Eltern, Kinder, Obrigkeit, endlich gegenüber Gott), sondern es gehe einzig um die mögliche „Verletzung einer Pflicht gegen sich selbst", also darum, ob „der Mensch ... zur Erhaltung seines Lebens, bloß durch seine Qualität als Person verbunden sei, und hierin eine (und zwar strenge) Pflicht gegen sich selbst anerkennen müsse".

Ich liebe die Kantische Aufgeräumtheit, die in seinem sauberen Satzbau so vorzüglich anschaulich wird.

Denn nun heißt es im Anschluß daran - nachdem Kant noch rasch mit einer eher rhetorischen Volte die Stoa bedachte, die bekanntlich als den „Vorzug" des Weisen ansah, „beliebig aus dem Leben (als aus einem Zimmer das raucht) mit ruhiger Seele hinaus zu gehen; weil er in demselben zu nichts mehr nutzen könne" - ich zitiere wörtlich:

> Der Persönlichkeit kann der Mensch sich nicht entäußern, so lange von Pflichten die Rede ist, folglich so lange er lebt, und es ist ein Widerspruch, die Befugnis zu haben, sich aller Verbindlichkeit zu entziehen, d.i. frei so zu handeln, als ob es zu dieser Handlung gar keiner Befugnis bedürfte. Das Subjekt der Sittlichkeit in seiner eigenen Person zernichten, ist eben so viel, als die Sittlichkeit selbst ihrer Existenz nach, so viel an ihm ist, aus der Welt vertilgen, welche doch Zweck an sich selbst ist; mithin über sich als bloßes Mittel zu ihm beliebigen Zweck zu disponieren, heißt die Menschheit in seiner Person (homo noumenon) abwürdigen, der doch der Mensch (homo phaenomenon) zur Erhaltung anvertrauet war. (VII, 555)

Wie sähe nun wohl der Versuch aus, solches Denken, als Erbe übernommen, im Sinne der Philosophischen Praxis sich anzuzeigen, mit Faustens Wort: sich zu „erwerben", um es zu besitzen? Wird es uns in dem Falle, den wir als den eigentlichen Ernstfall der Philosophie ansehen dürfen, da uns nämlich ein Mensch gegenüber sitzt, der sich aus dem Leben nehmen wollte, indem er versuchte, sich das Leben zu nehmen, oder der im Begriffe ist, diesen Anschlag auf sein Leben zu planen, weil er ihn für den letzten Ausweg aus einer ausweglosen Lage ansieht - wird uns in diesem Falle die kantischen Entschiedenheit weiterhelfen?

Statt mich nun leichtfertig dem Vorwurf auszusetzen, ich getraute mich, dem großen Kant zu widersprechen, oder, was nahezu auf dasselbe hinausliefe, ihm für den Fall, da es um eine wirklich lebensentscheidende Frage geht, ein ernstliches Mitspracherecht abzusprechen, wähle ich als Ausweg den Hinweis auf jene „philosophische Beratung", die Kant höchstselbst einst der Klagenfurterin Maria von Herbert angedeihen ließ, die sich in ihrer Gewissensnot an den Königsberger gewandt hatte, indem sie ihn brieflich als „großer Kant" anredete, zu dem sie „wie ein gläubiger zu seinen Gott um Hilf, um Trost, oder um Bescheid zum Tod" rufe. Diese „Beratung", die Kant mit gründlicher Ausführlichkeit der Bedrängten brieflich zuteil werden ließ, endete fatal: Am 23. Mai 1803 fand die unglückliche Briefschreiberin in den Wellen der Drau den Tod, zu dem sie sich selbst verurteilt hatte, weil sie „ihr Schicksal nicht ertragen konnte". Es lohnt sich für angehende philosophische Praktiker, sich diese Geschichte, in der sich - nach Walter Benjamins Wort - „Kant als Liebesratgeber" zu bewähren versuchte, genauer anzusehen und darüber nachzudenken.[6]

Gern wollte ich es an dieser Stelle beim kurzen Rückblick in die philosophische Gedankentradition belassen, um zu sehen, wie weit sie ertragreich ist als Kommentar zum Thema des „Freitods" - so die Wortwahl, wie sie die neuzeitliche Sprachaufsicht lancierte, der Akt der Selbstauslöschung: semantisch aufgehübscht, entdramatisiert, seiner Schreckensseiten entledigt, während der Vorgang dazu als „Hand an sich legen" betitelt wird, wie der vielbeachtete Rechenschaftsbericht des Jean Améry. Améry selbst übrigens demonstrierte den Euphemismus, den diese Betitelung eben auch darstelle, indem er als besonders „handgreiflichen" Fall solchen „Hand-an-sich-Legen" die Geschichte des Schmieds kolportiert, „der seinen Kopf zwischen die Blöcke eines Schraubstocks legte und mit der Rechten das Gerät zudrehte, bis der Schädel zerbrach".[7]

Doch möchte ich noch hauptsächlich dreier Stimmen gedenken, die sich in einer für uns tatsächlich hilfreichen Weise zum Thema der Selbsttötung geäußert haben, so daß wir uns ihnen mit Fug und Recht als Erben anschließen dürfen: das sind Karl Löwith, Paul Ludwig Landsberg und Ludwig Wittgenstein. Karl Löwith zuerst.

In seiner Habilitationsschrift „Das Individuum in der Rolle des Mitmenschen" leitet Löwith von der anthropologischen Wendung, wonach der Mensch „von Natur unnatürlich" sei, die Folgerung ab, der radikalste „Ausdruck" dieser „fragwürdig-zweideutigen Unnatürlichkeit" des Menschen sei die spezifische, allein dem Menschen vorbehaltene „Möglichkeit des Selbstmords". Ich zitiere:

> Ein eindeutig natürliches Lebewesen kann sein eigenes Leben nicht verneinen ... Indem es rein von Natur aus lebt, kann es auch nur natürlich sterben. Indem es ist, hat

---

6 Berger/Macho, Kant als Liebesratgeber. Eine Klagenfurter Episode. Wien 1989; darin u.a.: Achenbach: Brief an E. Martens, zu dessen „Philosophie und Handlungsorientierung".
7 Hand an sich legen. in: Merkur 338, Heft 7 von 1976, S. 638.

es auch schon zu sein. Der Mensch hat aber damit, daß er am Leben ist, noch nicht eo ipso zu sein. Und weil sein natürliches am-Leben-sein nicht schon ohne weiteres mit seinem Sein-wollen zusammenfällt, er sein natürliches Dasein kraft seiner geistigen Existenz verneinen kann, kann er in gesicherter Weise auch nur leben, sofern er sein will. Ausdrücklich sein Leben sein wollen, bedeutet: Gegebenes übernehmen.[8]

Und weiter:

> So sei der Gedanke an den Selbstmord ... eine dem Menschen natürliche Unnatürlichkeit. Nur in ihm liegt auch die wirkliche Möglichkeit zu einer wirklichen Entscheidung des Menschen für oder gegen sein Leben. Eine positive Entscheidung kann die Philosophie dafür nicht voraussetzen. Sie hat es auch nicht jederzeit getan.

Und dann der entscheidende Satz, der uns mitten in die Realität der Philosophischen Praxis versetzt, sofern dort der Philosoph dem einen „wirklich ernsten Problem", oder – Camus verbessert – dem wirklichen Ernstfall begegnet, einem Menschen, der nicht mehr sein will, der sein Dasein tatbereit verneint. Hier, erklärt Löwith, habe „die Philosophie" nichts zu entscheiden. Sondern – ich zitiere den meines Erachtens alles entscheidenden Satz:

> Entschieden werden kann diese Frage jeweils nur von einem „Ich selbst". (S. 23)

Ja, sehen Sie, liebe Kollegen, damit hat Karl Löwith, wie es recht ist, die Verantwortung dorthin verlegt, wohin sie gehört, denn keine Philosophie nimmt uns die Verantwortung für unser Denken und Optieren ab. So daß Löwith folgern darf:

> Die jeweilige Stellung eines Philosophen zur Frage des Selbstmords ist der sicherste Index für seine Auffassung vom menschlichen Leben als solchem. (ebd.)

Das heißt, als Philosophen in der Philosophischen Praxis sind wir nicht als „Vertreter einer Philosophie" gefragt – so wie sich der Wissenschaftler im Dienste seiner Seriosität gern als Sprecher seiner Disziplin vernehmen läßt –, sondern *wir selbst* sind gefragt. *Ein Mensch*, der Philosoph, *von einem Menschen*, seinem Gast.

Ich erwähnte zweitens den Philosophen Paul Ludwig Landsberg, Autor u. a. des großartigen Essays „Die Erfahrung des Todes". Eine kleine Schrift, „Das moralische Problem der Selbsttötung", hat zusammen mit Wilhelm Kamlahs „Meditatio Mortis" Eduard Zwierlein herausgegeben. Ich empfehle euch die Lektüre dieses von Matthes & Seitz (Berlin) betreuten Büchleins. Auch Landsberg rekapituliert zunächst die prominenten Kommentare namhafter Philosophen zum Thema Selbstmord, um dann mit der Einfügung eines seltsamen Wortes von Goethe aus dessen „Werther" gewissermaßen das Steuer herumzureißen und einen vollends neuen Ton anzuschlagen.

---

8 Löwith, Das Individuum in der Rolle des Mitmenschen. Darmstadt 1969, S. 22.

An jener Stelle im Werther sagt dieser zu Albert:

> Nur insofern wir mitempfinden, haben wir die Ehre, von einer Sache zu reden.

Wenn aber in diesem Goethe-Passus vom „Mitempfinden" gesprochen wird, dann im Blick darauf, ob wir uns wohl „vorstellen" können,

> ... wie dem Menschen zu Mute sein mag, der sich entschließt, die sonst angenehme Bürde des Lebens abzuwerfen.[9]

Ja, da kann ich nun nicht widerstehen, ich muß einen weiteren kleinen Dialogabschnitt, der dieser Stelle vorausging, auch noch zitieren. Schließlich habe ich mit Goethe eröffnet, da liegt es nahe, ihn auch – nun fast schon am Schluß – noch einmal mit seinem für immer erfolgreichsten, so ungebärdig jungen Roman zu Wort kommen zu lassen. Der Vorzug: Hier hören wir Werther, der freilich noch weit davon entfernt ist, sich selbst zu töten, im Gespräch mit Albert, dem rechtmäßig Verlobten der geliebten Lotte, der ihm später seine Pistolen ausleiht, mit denen Werther sich erschießen wird. Da, an dieser früheren Stelle also, kommt die Rede auf den Selbstmord, und Albert fährt sogleich auf:

> „Ich kann mir nicht vorstellen, wie ein Mensch so töricht sein kann, sich zu erschießen; der bloße Gedanke erregt mir Widerwillen."

> „Daß ihr Menschen", rief ich aus, „um von einer Sache zu reden, gleich sprechen müßt: ‚das ist töricht, das ist klug, das ist gut, das ist bös!' Und was will das alles heißen? Habt ihr deswegen die innern Verhältnisse einer Handlung erforscht? Wißt ihr mit Bestimmtheit die Ursachen zu entwickeln, warum sie geschah, warum sie geschehen mußte? Hättet ihr das, ihr würdet nicht so eilfertig mit euren Urteilen sein."

> „Du wirst mir zugeben", sagte Albert, „daß gewisse Handlungen lasterhaft bleiben, sie mögen geschehen, aus welchem Beweggrunde sie wollen."

Wenig später wird Albert ausrufen – und darin die gesamte geistesgeschichtliche Wendung in der Einschätzung des Selbstmords gewissermaßen auf den Punkt bringen, und zwar mit der „Pathologisierung" des Selbstmords, nachdem er zuvor unter Modernitätsbedingungen entheroisiert, entkriminalisiert und schließlich entmoralisiert wurde –: Wer sich selbst töte, müsse von einer wirren Leidenschaft überwältigt oder wie ein „Betrunkener" sein, ein „Wahnsinniger" mit einem Wort. Werther darauf:

> „Ach ihr vernünftigen Leute! ... Leidenschaft! Trunkenheit! Wahnsinn! Ihr steht so gelassen, so ohne Teilnehmung da, ihr sittlichen Menschen, scheltet den Trinker, verabscheut den Unsinnigen, geht vorbei wie der Priester und dankt Gott wie der Pharisäer, daß er euch nicht gemacht hat wie einen von diesen. Ich bin mehr als einmal trunken gewesen, meine Leidenschaften waren nie weit vom Wahnsinn, und beides reut mich nicht: denn ich habe in einem Maße begreifen lernen, wie man alle außerordentlichen Menschen, die etwas Großes, etwas Unmöglichscheinendes

---

9 Hamb. Ausg. Bd. VI, S. 48.

wirkten, von jeher für Trunkene und Wahnsinnige ausschreien mußte. ... Schämt euch, ihr Nüchternen! Schämt euch, ihr Weisen." (47)

Nun, ich habe mich abbringen lassen – was mir regelmäßig geschieht, sobald Goethe ins Gespräch kommt. Denn wir waren bei Paul Ludwig Landsberg, der, wie ich sagte, mit jenem Goethe-Zitat einen neuen Ton anschlug und zugleich das Nacherzählen der gewissermaßen „offiziellen" philosophischen Stimmen damit abschloß. Hören wir Landsberg noch einige wenige Sätze weiter zu, und ihr werdet bemerken, wie sehr dieser Philosoph, der als getaufter Jude am 2. April 1944 im KZ Sachsenhausen an Hunger, Erschöpfung und Krankheit verstarb, ein früher Weggefährte jenes Geistes war, dem sich heute die Philosophische Praxis verdankt. Landsberg schreibt:

> Man stelle sich einen Menschen vor, der eine sehr starke Selbsttötungsversuchung erfährt. Man stelle sich vor, er verliert seine Familie, er verzweifelt an der Gesellschaft, in der er leben muss, grausame Schmerzen häufen sich, um ihm alle Hoffnung zu rauben. Seine Gegenwart ist schrecklich, seine Zukunft düster und bedroht. Wenn man ihm sagte, dass man leben muss, um das Gebot Gottes zu befolgen, um sich nicht an der Liebe zu sich selbst zu versündigen, um seine Pflicht gegenüber der Gesellschaft und der Familie zu erfüllen, schließlich um nicht durch eigenen Willen eine Frage zu entscheiden, die Gott zu entscheiden hat, so frage ich, kann dies einen Menschen in seinem Leid und seinem Elend überzeugen? Eine solche Frage beantworte ich ohne Zögern mit nein. Er wird diese Argumente entweder lächerlich oder verdächtig finden. Er mag von der Selbsttötung Abstand nehmen wegen technischer Schwierigkeiten, aus Willensschwäche und Feigheit, aufgrund eines gewissen Lebenstriebs ... Doch die traditionellen Argumente werden sehr wahrscheinlich ohnmächtig bleiben. Und so bedarf es auch nicht so sehr abstrakter Argumente, als vielmehr eines Beispiels. Und hier glaube ich, dass das großartigste und gültigste Beispiel tatsächlich existiert.[10]

Wen er dann allerdings als dieses „gültigste Beispiel" anführt, das lasse ich hier aus denselben Gründen beiseite, aus denen ich mich seinerzeit weigerte, mich vor der Kommission, die über die Gültigkeit meiner Gewissensentscheidung, den Wehrdienst zu verweigern, zu befinden hatte, mit religiösen Argumenten zu verteidigen. Doch Sie ahnen womöglich, wen dieser zuletzt noch zum Katholizismus konvertierte Sohn strenggläubig jüdischer Eltern als die eigentliche Antwort auf die Frage nach dem Selbstmord verstand: Jener, der dafür stand, daß Leiden das Leben nicht widerlegt. In dessen Sinne gelte – und ich zitiere noch einmal Paul Ludwig Landsberg –:

> Wenn das Glück der Sinn des Lebens wäre, so wäre dies eine empörende und letztlich unerträgliche Tatsache. Doch es stehe ganz anders, wenn sein Sinn durch Leiden nicht desavouiert werden könne.

Womit schließlich auch Landsberg dorthin gelangte, wohin vor ihm schon Schopenhauer gelangt war. Der hatte als die eigentliche Kritik an der stoischen Philosophie, die das Leiden als Widerruf des weisen, glückseligen Lebens ansah und diesen Stachel auszuziehen suchte so wie Epiktet, der mit

---
10  S. 32f.

schöner Regelmäßig seine philosophischen Predigten mit der Empfehlung geendigt habe: „Denk' immer daran, die Tür steht offen." Schopenhauer hat diese Haltung wie folgt kommentiert:

> Es liege ein vollkommener Widerspruch darin, leben zu wollen ohne zu leiden.[11]

Ich erlaube mir den Zusatz: Das ist ein Grund- und Basis-Bekenntnis, das unserer Arbeit in der Philosophischen Praxis als Fundament soliden Halt zu geben vermag.

Zugleich aber gilt: Eben dieser „vollkommene Widerspruch", „leben zu wollen ohne zu leiden", wurde zur fast konkurrenzlosen Leit-Idee der Moderne, die wiederum der Gesundheitswirtschaft, auch Gesundheits-Bewirtschaftung Tür und Tor eröffnete.

Doch – um noch einmal Walter Benjamin zu Wort kommen zu lassen:

> Wer vom humanen, humanistischen Standpunkt – fast möchte man sagen: vom Standpunkt des Laien – den Menschen studieren will, der hätte ihn gewiß in seiner Fülle, gewiß auch als genießenden, gesunden und herrschenden darzustellen. Dem theologischen Ingenium aber erschließt allerdings und seit jeher das Menschenwesen sich an der passio am tiefsten.[12]

Ich füge an: die genießenden, gesunden, oder die, denen die Zeiten die Gehirne bereits erfolgreich gewaschen haben, suchen uns nicht auf in unserer Praxis. Eher jene, die, wie Benjamin sagt, von uns in ihrem Leiden verstanden werden müssen.

Geschätzte Kollegen, ich komme zum Schluß, den ich einem kolossalen Wort von Ludwig Wittgenstein reservieren wollte. Wittgenstein, der einem Freund einmal gestand, es habe „in seinem ganzen Leben kaum einen Tag gegeben, an dem er nicht an Selbstmord gedacht" habe[13] – hatte in seiner Familie gleich drei seiner Brüder durch Selbstmord verloren: Bruder Hans tötete sich mit 25, Rudolf vergiftete sich mit 23, und schließlich erschoß sich auch noch sein Bruder Kurt im November 1918 als Weltkriegs-Offizier.

Hier nun Wittgensteins Wort, das er am 10. Januar 1917 notiert:

> Wenn der Selbstmord erlaubt ist, dann ist alles erlaubt. Wenn etwas nicht erlaubt ist, dann ist der Selbstmord nicht erlaubt. Dies wirft ein Licht auf das Wesen der Ethik. Denn der Selbstmord ist sozusagen die elementare Sünde.[14]

Daß Wittgenstein mit diesem schroffen Wort auf Dostojewskis zu unheimlicher Berühmtheit gelangter Wendung, alles sei erlaubt, reagiert, ist unüberhörbar. Und wirklich hat wohl keiner an der Schwelle zur Neuzeit so un-

---

11   „Die Welt als Wille und Vorstellung", Ed. Lütkehaus, Band I, S. 141.
12   Angelus novus, S. 216.
13   Macho, a.a.O., S. 130.
14   Tractatus logico-philosophicus, Werkausgabe I, S. 187.

barmherzig tief und abgründig den Selbstmord begriffen wie dieser Russe – und zwar ganz im Sinne der vorhin zitierten Benjaminschen Sentenz, im Selbstmord erscheine „die Quintessenz der Moderne".

Doch Wittgenstein hält dagegen – „unzeitgemäß" auch er wie vor ihm Kierkegaard und Nietzsche, wie im Grunde alle neuere Philosophie von Format, soweit sie der Philosophischen Praxis die Wege bereitete.

Und Wittgenstein sprach diese sonderbare Absage an die Selbstliquidation als einer, der so auf seine Weise das Erbe der großen Philosophie noch einmal persönlich auf sich nahm.

Argumentativ hätte er dafür nicht einstehen können. Er hat es auch gar nicht versucht. Und ein „Argument" ist sein Bekenntnis ebenfalls nicht. Doch es gibt zu denken. Und das ist es, was wir uns von einem Philosophen erwarten. Zumal vom Philosophen, der sich bereit erklärt, für Menschen in Not da zu sein.

Wer heute Philosophie lehrt, gibt dem Andern Speisen, nicht,
weil sie ihm schmecken, sondern um seinen Geschmack zu ändern.

*Ludwig Wittgenstein*

# Die Jugend für die Philosophie gewinnen, heißt: sie zur Philosophie verführen

## Einige Gedanken zum Philosophieren mit Jugendlichen

Die Jugend gewinnt, wer sie begeistert. Nur – was heißt „begeistern"? Ich versuche es der Reihe nach. Also erstens:

Andere begeistert, wer selbst begeistert ist. Doch was heißt das nun wieder?

Oder ist zuvor, um das schlimmste Mißverständnis auszuschließen, zu erklären, was *nicht begeistert*, was beispielsweise toter Kram ist? *Tatsachen* etwa, auch wenn sie nackt sind, *Fakten*, sie mögen noch so akkurat ermittelt sein, *Informationen*, seien sie aus erster oder zweiter Hand, *Kenntnisse*, selbst solche, die als „wissenschaftlich untermauert" gelten dürfen, sogenanntes „*Wissen*", das man irgendwo ergattert oder aus dem „Weltnetz" aufgefischt hat, Antworten auf *Fragen nach dem „Wie"* (wie lang, wie kurz, wie viele und wieviel, wie hoch, wie tief, wie langsam, von meinetwegen auch wie schnell) und Erklärungen, die in Form von *Zahlen* vorgetragen werden – ob nun mit oder ohne Ziffer hinterm Komma. „57,3 % aller ... sind ..." Nicht 57,9? Nicht vielleicht sogar komplette Sechzig von den Hundert?

Auch der nüchtern unbeteiligte Bericht vom Feuer, das einmal andernorts brannte, läßt kalt. Die wertvollste Einsicht, die andern einmal aufgegangen ist, wird zur unbrauchbaren Münze, für die sich nichts mehr kaufen läßt, wenn die Buchhalter des Geistes Bericht davon erstatten. Oder: Einer hatte einen umstürzenden Gedanken – und? Entfacht das ordentliche Referat, das darüber Auskunft gibt, als solches schon das Feuer der Begeisterung? Nein – sofern der Referent nicht selber „Feuer fing". Nur wer selbst für eine Sache brennt und lodert, steckt andere an. *Ihn* muß die Idee, die da einmal einem aufgegangen ist, „ergriffen" haben. Denn der Begeisterte *ist* ein Ergriffener. Und nur, wer seinerseits ergriffen – oder nochmals: *wer selbst begeistert ist, begeistert andere.*

Die Konsequenz daraus: Wer mit Jugendlichen philosophiert, hat ihnen keine Vorträge zu halten darüber, was *andere dachten*, sondern die jungen Menschen wollen *von dir* wissen, was *du* denkst, der *du* mit ihnen sprichst. Also rede nicht *über* Philosophen und nicht *über* Philosophie, sondern sprich *als Philosoph* mit ihnen – oder, wenn du das nicht willst, beziehungsweise wenn du das nicht kannst, geh hin und unterhalte dich mit Deinesgleichen, da bist du allemal gut aufgehoben und ... – in Sicherheit.

Wagst du aber, es mit jungen Menschen aufzunehmen – mit solchen obendrein, die man noch nicht daran gewöhnt hat, in Hörsaalbänken still zu sitzen, und die nicht darin trainiert sind, am Seminartisch über großen Texten oder philosophischen Vermächtnissen zu brüten –, gilt für dich:

*Sapere aude* – habe den Mut, selbst Philosoph zu sein.

Nun wird man mir entgegenhalten: „Ja, wer ist denn dann noch Lehrer? Wir sollen *Philosophen* sein? Das ist zuviel verlangt! Das ist unmöglich! Wir unterrichten Philosophie, wir sind bloß Fachvertreter. Wir vermitteln Kenntnisse, wir prüfen Kenntnisse, benoten Kenntnisse. Aber sind wir deshalb Philosophen? Weit gefehlt! Wir machten uns ja lächerlich. Diese Nummer ist zu groß für uns. Im übrigen – setzen sie belehrend obendrauf –: man sollte seine Grenzen kennen, sonst überhebt man sich."

So? frage ich zurück und ziehe nach: Liegt da vielleicht ein Mißverständnis vor? Meint ihr denn, wer Philosoph ist, habe alles aus sich selbst, aus seinem eigenen (leider viel zu kleinen) Kopf hervorzukramen? Wie haben es denn alle anderen, die „großen Philosophen" – wie haben es denn die gehalten? Haben die nicht auch gelernt, profitierten sie denn nicht von dem, was andere vor ihnen dachten, fanden, spekulierten, womöglich umgeworfen, bestritten und bezweifelt hatten? Doch, das haben sie getan. Nur gaben sie sich nicht damit zufrieden, sich mit denen, die vorangegangen waren, „auszukennen". Sie haben vielmehr was die Alten dachten übernommen, sie haben es sich angeeignet, und manches haben sie auch abgewiesen: Ein wählerischer Magen unterscheidet, was er verdauen kann, was nicht. Was er aber aufnimmt, macht er sich zu eigen.

So der, der Philosoph ist – und nicht bloß „Kenner" der Materie. Als Philosoph doziere ich nicht *über* Philosophen, ich denke *mit* ihnen. Ich begnüge mich nicht damit, verstanden zu haben, was beziehungsweise wie der gute, strenge Kant gedacht hat, ich habe mir sein Denken – soweit mir's möglich und bekömmlich war – zu eigen gemacht. Ich sehe mir nicht einfach an, wie Hegel den Gang der Weltgeschichte ansah, ich sehe – soweit dies tunlich ist – den Gang der Ereignisse mit *seinen* Augen, die – vielleicht ein wenig nur – nun auch *meine* Augen sind. Epiktet, der freigelassene Sklave, ein Erster und Großer unter den Philosophen, fand dafür das einschlägige Bild:

> Die Schafe beweisen dem Hirten nicht dadurch, daß sie das Futter wieder von sich geben, wieviel sie gefressen haben, sondern sie tragen Wolle und geben Milch.[1]

Und wir, die wir mit jungen Menschen philosophisch reflektieren, diskutieren, streiten wollen? Scheuen nicht, uns ganz im Sinne Epiktets philosophisch Überliefertes als „Futter" vorzunehmen, das uns nährt und stärkt und man verdauen muß, um davon zu leben.

Bis dahin ist ein erster Anhaltspunkt gefunden, was es heißt, als Lehrer Philosoph und als Philosoph *begeistert* zu sein: Es kommt alles darauf an, was mich bewegt, bevor ich hoffen darf, andere mit meinem Enthusiasmus anzustecken.

Doch weiter: Begeistert, inspiriert, ein Feuer, eine Flamme sein – da wird der Stoff, der mich erfaßt, nicht sachdienlich betrachtet, nicht bloß ordent-

---

1 Epiktet, Handbüchlein, S. 47.

lich verstanden, und dann – didaktisch präpariert, lerntechnisch zugerichtet – wird fachkundiges „Unterrichtsmaterial" daraus; nein, der Stoff, in mir gezündet, in mir entfacht, lodert nun, und den Jugendlichen dämmert: Der – sie meinen mich ... – brennt für die Sache. Und sie staunen: Der ist *heiß*, nicht „cool". Mir ist es recht.

Doch da melden sich die pädagogischen Wachteln, belehren mich: „Aber die Jugend heute" ... – und dann geht's los: Gerade Pathos sei ihr doch verdächtig, und es sei kein Zufall, wenn eben „Coolness angesagt" sei, so die „Jugendversteher". Mit andern Worten, wer da als Lehrer oder Alter zu sehr aufdrehe, sagen sie, werde sehen, wie die jungen Menschen ihn als „überdreht" belächeln, als einen, der's nicht drauf hat – und schon habe er verspielt.

Auf *das* Stichwort habe ich gewartet ... Heißt das also: Die Jugend begeistere nur, wer so ist, wie sie? Wer sie gewinnen wolle, müsse sein, wie sie? Sie noch einmal, nur ein wenig angejahrt und – im Gegensatz zu ihrer Frische – schon etwas altersschimmelig? Wie? Die Jugend wäre also letztlich von sich selbst begeistert? Das wäre wahr? Nein, das glaub' ich nicht. Im Gegenteil: Ich glaube eher noch, sie langweilt sich und döst bloß vor sich hin – und zwar genau so lange, bis der Geist, der wachmacht, in sie fährt; man nennt das: „inspiriert". Die Frage aber, die mich umtreibt – ich bin immer noch am Anfang! – lautet: *Wer* ist berufen, sie zu „inspirieren", oder, was dasselbe ist, sie zu begeistern?

Eines weiß ich: Anders als die pädagogischen Betreuer meinen, die da sagen: Das junge Volk vertrage nur, was es schon kennt, und das auch nur didaktisch portioniert in Häppchen – behaupte ich: Vorgekautes macht keinen Appetit. Sondern: Um zuerst einmal „empfänglich", „ansprechbar", aus ihrem Lullaby geweckt zu werden – in das die Jugend notwendig versinkt, solange sie sich nur die Melodien vorsingt, die sie schon im Ohr hat –, ist ihr anderes bekömmlich – und wenn nicht dies, so hat sie's nötig –, nämlich: Fremdes, Irritierendes, Erstaunliches, etwas, was sie provoziert und fordert, also eher noch *Verrücktes, „Irres",* wie die jungen Leute sagen werden, als das Vertraute und Gewohnte, kurz: etwas oder *jemand, der entschieden anders ist* als sie. Denn nur der ist in der Lage, sie über sich hinaus zu reißen, damit die jungen Menschen von der Stelle kommen, in Bewegung, denn ohne die gibt's keinen Aufbruch. Hingegen: Wer versucht, ihnen als „einer von ihnen" zu kommen, wer sich mit ihnen verkumpelt, läßt sie statt dessen „in Ruhe". In Ruhe aber wollen wir die Alten lassen, die üben schon den langen Schlaf.

Anders die Jugend: Bei ihr ist am Platz, was das früheste, ja, das erste Anliegen der Philosophen war, zumal deren Wegbereiter im antiken Griechenland. Das war: Die Menschen, die als Schlafende wandeln, die wie Somnambule ihre Tage verträumen und vertrödeln – im Jargon: die „ihren Arsch nicht hochbekommen" –, aufzuwecken, sie zu reizen und zu kitzeln, bis sie wach sind. Die da herum in ihren Ecken hängen, mit irgendeinem Alltagsallerlei beschäftigt, mit irgendwelchem Zeug, das bestenfalls ein bißchen unterhält und ablenkt und zerstreut – was brauchen die? Texte? Seriöse, philosophisch einträgliche Theorien? Nein, zuvor und erst einmal ist einer nötig, der seinen Auftrag und sein Amt versteht, wie es damals Sokrates verstand: Der Gott, erklärte dieser Proto-Philosoph sein philosophisches Mandat, habe ihn wie eine Stechfliege gesandt, damit er den Athenern lästig werde, bis sie zu sich kämen und sich endlich fragten: Was tue ich hier eigentlich? Was ist das alles überhaupt? Und: Was ist mit mir?

Ist damit klar, was den Einstieg macht und was zur Vorbereitung nötig ist? *Irritation* ist fällig, die vor allem und zuerst. Man muß ihnen heimlich etwas vor die Füße legen, daß sie stolpern. Schlimmer, strenger: Man muß sie auf die Nase fallen lassen. Das war die Kunst des Sokrates – aller Philosophen Vater –, der hat es uns vorgemacht: Auf die „unbefangenste Art in der Welt stieg er den Leuten aufs Dach" (so Hegel über ihn) und machte ihnen klar, daß sich eben nicht „von selbst versteht", was sie für selbstverständlich hielten. Eine kleine, feine Unterhaltung nach sokratischer Manier, und schon zeigt sich, was so sicher schien, steht in Wirklichkeit auf wackeligen Füßen. Was ist die Folge? Der Mensch wird zugänglich für Fragen, er denkt nach. Und: Dahin wollten wir ihn haben.

Der Stoff mithin, der anfänglich zu denken gibt, ist das Erwartungswidrige, das Anormale, Unfaßbare, Unbegreifliche, das Unvorhergesehene und darum Irritierende, alles, was die bequemen Meinungsträger provoziert, die Überzeugten durcheinander bringt, die Selbstgefälligen verlegen macht und den bestens Informierten eine Falle stellt, also den vermeintlich Sattelfesten und den Inhabern des Wissens, die ihren Kopf hoch tragen. Die Verfechter der korrekten, einzig gültigen Gesinnung aber wollen wir schockieren, indem wir ihnen zeigen, wie sich die Freiheit, unbeaufsichtigt zu denken, anfühlt. *So* wird zur Philosophie verführt.

Doch noch einmal: warum? Weil – so werden sich die Jugendlichen denken, so *müssen* sie gewissermaßen schließen –, wer entschieden abweicht, ist entweder „verrückt", oder er hat außerordentliche, starke Gründe. Es fragt sich also: Ist der „noch ganz normal" – oder ist womöglich, was sonst für üblich und „normal" gilt, was doch alle eigentlich für selbstverständlich halten, in Wahrheit nichts als Konvention, Schlafwandelei, Gedankenlosigkeit?

Und dann: Wer anders ist, muß sich rechtfertigen, muß sich erklären. Wer es hingegen macht wie alle, geht zwar ohne solchen Aufwand durch, ist aber auch nicht interessant.

Denn: Philosophisches Nachdenken hat eigentlich nur nötig, wer von den vielen, von den meisten, vom allgemeinen Trend und „Mainstream" abweicht.

Und so umgekehrt:

Wer sich zur Philosophie verführen läßt, schert aus der Herde aus, ist als Mitläufer nicht länger zu gebrauchen.

Die Lehre daraus lautet: Wer die Jugend für die Philosophie gewinnen will, indem er sie begeistert, beginnt gescheiterweise nicht mit „Theorien", sondern mit Geschichten; nicht mit sogenannten „Lehren" – sofern es solche in den philosophischen Enklaven je gegeben hat –, sondern mit der Erzählung von Philosophen, von denen nicht wenige entschiedene Außenseiter waren. Ja, mancher unter ihnen hat sogar sehr nachdrücklich dazu geraten, sich von den vielen abzusondern. Seneca zum Beispiel. Es reizt mich, ihm ein paar Sätze einräumen ...

> Auf nichts ... müssen wir mehr achten als darauf, nicht nach Art des Herdenviehs der vorauslaufenden Schar zu folgen: wir würden dann nur den meist betretenen, nicht aber den richtigen Weg wählen. Denn nichts verwickelt uns in größeres Unheil, als daß wir uns nach dem Gerede der Menge richten, in dem Wahn, das sei das Beste, was sich allgemeinen Beifalls erfreut ... Wie im tödlichen Menschengedränge, wo die Menge sich staut und sich selbst zerquetscht, niemand stürzt, ohne zugleich einen anderen mit zu Fall zu bringen, ... so irrt keiner nur für sich, sondern gibt zugleich Grund und Veranlassung zum Irrtum anderer. ... Wir können aber Heilung finden; nur müssen wir uns absondern von der großen Masse. ...
>
> Wenn es sich um das Lebensglück handelt, darfst du mir soundso nicht mit einer Antwort kommen, wie sie bei den Abstimmungen im Senat üblich ist: „auf dieser Seite scheint die Majorität zu sein". Denn eben darum ist sie die schlimmere. Wo es sich um Fragen der Menschheit handelt, sind wir nicht in der glücklichen Lage, sagen zu können, daß der Mehrzahl das Bessere gefalle: der Standpunkt der großen Masse läßt gerade den Schluß auf das Schlimmste zu. Wir müssen also fragen, was zu tun das Beste, nicht was das Gebräuchlichste ist, und ... dem großen Haufen, diesem verwerflichsten Ausleger der Wahrheit, genehm ist. Zur großen Masse rechne ich aber ebensogut gekrönte Häupter wie Menschen im Kittel.[2]

Was halten junge Menschen wohl davon? Ist es der Jugend nicht gewissermaßen „von Natur aus" eigen, sich gegen das „Vorhandene", das „Etablierte", gegen die „Verhältnisse", so wie sie nun mal sind, aufzulehnen? Ist es nicht seit alters her ihr Vorrecht, gründlich „Nein" zu allem Überkommenen, zur lebensweltlichen Routine der Erwachsenen, zur bloßen Konvention, zu allem Üblichen zu sagen? Müßte es mithin nicht ganz in ihrem eigenen Interesse sein, einen „Aussteiger" zu finden, der diese jugendliche Rebellion, dieses Aufbegehren gegen alles Feste, Eingemauerte, Erstarrte, Eingemottete und Ranzige in einer einzigen Person verkörperte? So einen haben „wir", einen, wie gemacht, um junge Menschen anzusprechen ...

Auf einem öffentlichen Platz im antiken, altehrwürdigen Athen, vor dem Tempel der Kybele, der verehrten Göttermutter, sitzt Diogenes, der Philo-

---

[2] Seneca, Philos. Schriften Band II, hg. v. Otto Apelt, Dialog „Vom glücklichen Leben", S. 3ff. (Geringfügig überarbeitet.)

soph, vor seiner Tonne und masturbiert. Die Passanten wundern sich, sind konsterniert, manche sind entsetzt. Was macht der da? fragen sie. Und er? Kommentiert seine inszenierte Sorge um Ausgeglichenheit des Triebhaushalts mit der Bemerkung:

> „Könnte man sich doch so durch Reiben des Bauches auch den Hunger vertreiben."[3]

Eine glänzende Performance! Gerade den vielen, die heute – so war kürzlich zu lesen – gern sein wollen „wie alle", sollten wir Geschichten solchen Kalibers vor die Füße werfen. Diogenes, erzählen wir ihnen beispielsweise, habe zwar nur mäßig gebettelt. Als aber einmal einer im Hervorkramen seiner Gabe allzu langsam war, wurde er ungeduldig: ‚Mann, ich bettle zum Essen, nicht zum Begräbnis'.[4]

Da ist die erste Frage, die den Jugendlichen kommen mag, wenn sie sowas hören, nicht was „Philosophie" oder „Philosophieren" sei, sondern: Was sind denn das für Typen, diese Philosophen?

Gut so! Wenn wir *das* geschafft haben, wenn den jungen Menschen diese Frage wie ein erstes Licht aufgeht, ist ein Anfang gemacht. Und beiläufig läßt sich eine Erfahrung damit verknüpfen, die ein großes Thema anschaulich präsentiert: Ich meine die tiefe Verwandtschaft, die Philosophisches und Religiöses miteinander verbindet. Ich führe es vor:

Die bekannteste Anekdote, die sie sich von diesem ersten Kyniker erzählten, berichtet vom Besuch des großen Alexander, der zu dem Philosophen in der Tonne sagte: „Ich bin Alexander, der große König." Diogenes darauf: „Und ich Diogenes, der Hund."[5] Schon dieser „Klopper", wie sie vielleicht sagen, dürften jungen Menschen ein Interesse weckendes Vergnügen bereiten.

Und dann dies: Als ihm Alexander anbot, er wolle ihm – ganz nach Belieben – einen Wunsch erfüllen, sagte der ins Licht der großen Majestät gerückte Philosoph nur: „Geh mir aus der Sonne."[6]

Kann es sein, daß sich da ein alter Mann herausnahm, was der Traum so manches jungen ist? Doch dann sollten wir ihm gleich auch noch die eigentümlich geistverwandte Anekdote von einem großen Heiligen dazu erzählen, den haben nicht die Griechen, den hat das Christentum in seinem Personal. Sie handelt von dem heiligen Antonius, dem Wüstenmann und Eremiten. Eines Tages, so wird überliefert, suchte ihn ein kaiserlicher Bote auf und überbrachte ihm die Einladung des Kaisers Konstantinus. Er sei geladen, den

---

3 Vgl. Diogenes Laertius, Leben und Meinungen berühmter Philosophen, VI, 46; ähnlich: VI, 69.
4 J. Burckhardt, Griechische Kulturgeschichte II., S. 419.
5 Diogenes Laertius, a.a.O., VI, 60.
6 Ebd. VI, 38.

Herrscher in Konstantinopel zu besuchen. Was macht Antonius? Winkt ab: „Ein Einsiedler gehört nicht in die Stadt, sondern in die Wüste."[7]

Und Luther? Wenn einer, dann ist es dieser außerordentliche, beispiellose Vorforderer, Rebell und Mönch, der junge Menschen geradezu „elektrisieren" könnte, wenn man ihn nur nicht, wie es gegenwärtig allenthalben Usus ist, als gottesbürgerlichen „Jesus-hat-uns-lieb"-Verkünder zu rechtfertigen versuchte oder mit dem Blick durch die moralisch feinjustierten Gläser musterte, um dann entsetzt zu sehen – O Gott! –, ihm sei das empfindliche Gewissen abgegangen, das uns Zeitgenossen ethisch so weit über ihn erhebt.

Nein, ich wüßte anderes, was ich den Jungen von diesem – zumal heute: „unerhörten" – Menschen offerierte. Etwa, was er im kleinen Kreis im Rückblick auf die Zeit im Kloster und als Erinnerung an den famosen Abt und Lehrer Staupitz ausgeplaudert hat. Ich zitiere:

> Da ich ein Mönch war, schrieb ich Doktor Staupitzen oft, und einmal schrieb ich ihm: ‚O meine Sünde, Sünde, Sünde!' Darauf gab er mir diese Antwort: ‚Du willst ohne Sünde sein und hast doch keine rechte Sünde; Christus ist die Vergebung rechtschaffener Sünden, als die Eltern morden, öffentlich lästern, Gott verachten, die Ehe brechen, das sind die rechten Sünden. Du musst ein Register haben, darin rechtschaffene Sünden stehen, soll Christus Dir helfen; musst nicht mit solchem Humpelwerk und Puppensünden umgehen und aus einem jeglichen Bombart eine Sünde machen!'[8]

Da sehe ich Diogenes vor seiner Tonne sitzen, der freut sich dran und klatscht mit seinen Händen auf seinen blanken Wanst ...

Ich habe beiläufig bemerkt keineswegs vergessen, daß noch immer nicht geklärt ist, *wer* berufen sei, die Jugend zu „begeistern", oder, was dasselbe ist, sie zu „inspirieren". Genügt es etwa, ihr solche Anekdoten und Legenden mitzuteilen?

Nein, es genügt bei weitem nicht. Vielmehr müssen sie erfassen, daß *du* es bist, der bis heute über diese Außerordentlichen nicht hinweggekommen bist. Wichtig ist, *du selbst* fragst dich, ob *du* wohl diesen Mut, dies Selbstbewußtsein, diese unanfechtbare Gelassenheit aufgebracht und durchgehalten hättest. Es kommt darauf an, daß man *dir* anmerkt: *dich fasziniert, was du selber nie erreichen würdest.* Aber – und *das* spricht für dich, nimmt für dich ein – du bewunderst, respektierst, dir imponieren diese Menschen, die so ganz anders sind als die gewöhnlichen und vielen. Das bemerken sie an dir, die jungen Menschen, und das macht sie aufmerksam. *An dir* ist ihnen klar geworden: Es gibt Fälle, da ist *die Ausnahme* beachtlich, nicht die Regel. Und Fälle dieses Schlages sind es, die uns faszinieren und *zu Recht* begeistern. Wo diese Einsicht keimt, ist für unser Interesse viel gewonnen.

---

7 Vgl. Stadlers Vollständiges Heiligenlexikon. Ökumenisches Heiligenlexikon, im Internet: www.heiligenlexikon.de/Stadler/Antonius_der_Grosse.html.
8 Luthers Briefe, Schriften, Lieder, Tischreden, hg. v. T. Klein, 1917, S. 16.

Um ein Beispiel nachzuladen: Da ist eine Menge Menschen in Bewegung. Doch sonderbar: Sie marschieren *allesamt* von links nach rechts; nur *einer* nicht, der kommt von rechts, geht nach links, den Marschierenden entgegen. Was jetzt? Selbstverständlich ist da auch von Interesse, was alle diese Leute massenhaft bewegt, im großen Pulk von links nach rechts zu laufen. Das ist das Interesse seriöser Wissenschaftler, Soziopsychologen oder Theoretiker der Massen. Das ist außerdem begrüßenswerte wissenschaftliche Ernüchterungsbeflissenheit, emotionsfrei, distanziert, ein unberührter, kühler Blick aus sicherer Entfernung. Der diagnostiziert womöglich ebenfalls „Begeisterung", denn Massen in Bewegung reißen Massen mit sich, stimulieren, heizen auf, stacheln an, erregen und berauschen; doch da feiern die Instinkte, da kocht's und brodelt's aus den Tiefen hoch und kommt die Lust zum Zuge, sich im Gebräu und Dunst der Menge loszuwerden. „Verführung" ist auch dort im Spiel, im schrecklichen, doch fürchterlich, bedrohlich, dumpf – da toben außer Band geratene Exzesse täuschender Befreiung, die dem, der widersteht, Beklemmungen verursacht. Es ist zu beklagen, daß die Sprache auch zur Benennung solcher Massenhysterien das Wort „Begeisterung" bereit hält – denn mit der Begeisterung, die ich hier als Wegbereiterin des *philosophischen* Interesses würdige, hat das hingerissene Gebrüll des großen Tieres nichts gemein.

Wer junge Menschen auf Philosophenpfade lockt und sie verführt, nachzudenken, geleitet sie zur „engen Pforte" und „auf schmalem Weg", wie es heißt, und als Kommentar dazu: „wenige sind's, die ihn finden". „Die Pforte aber ist weit und der Weg ist breit, der ins Verderben führt, und viele sind's, die auf ihm gehen."[9]

Da sehen wir: Das Band, das untergründig die philosophische und religiöse Tonart zu *einer* Stimmung moduliert, verknüpft nicht nur den Kyniker mit dem Eremiten in der Wüste, sondern läßt den Mann in Palästina eben jenen Ton anschlagen, den sein Zeitgenosse Seneca[10] als Philosoph anschlug.

Im Blick auf unser Beispiel: Philosophisch fasziniert uns nicht die Menge – die ist in aller Regel gut vorhersehbar, berechenbar, dafür haben wir „Erklärungen" parat und „Theorien" –, sondern daß da *einer* ist, der sonderbarerweise *nicht* mitmacht, der widerstrebt, der der Versuchung widersteht und nicht mitläuft. Was mag *den* bewegen? – ist die Frage, die der Philosoph sich stellt und ihn seinerseits *bewegt*. Jetzt sehen wir, hier scheiden sich die Geister: Mehr als die Regel und als alles Allgemeine, das Gewöhnliche und Übliche, interessiert das philosophische Gemüt *die Ausnahme zur Regel*, die ist es, *für die* er sich begeistert und *die ihn* begeistert – und so ist er der von

---

9  Mt 7,13f.
10  Geb. 4 v. Chr. in Cordoba, also wahrscheinlich in jenem Jahr, da der Sohn der Maria im vorderen Orient zur Welt kam.

uns Gesuchte, der *Begeisterte*, dazu berufen, seinerseits die Jugendlichen zu begeistern.

Als Exempel steht dafür der weltberühmt gewordene Prozeß des Sokrates: Wer wäre aufgelegt, sich für die fünfmal Hundert zu begeistern, die da in Athen zu Gericht gesessen haben über Sokrates? Im Grunde geben sie dem Menschenkenner keine Rätsel auf: Sie reagieren, wie ein Haufen reagiert, wenn ein einzelner und Unerschrockener sie provoziert. Da gibt es nichts zu staunen und zu wundern, und schon gar nichts zu *be*wundern. Nein, nur *einer* fesselt unser Interesse und *gibt* uns *zu denken*, der alte Mann dort, Sokrates, der Philosoph, der sich nicht beugt, der widersteht, der die, die über ihn befinden, noch stichelt und empfindlich stachelt, der sie mit List und hintergründigem Humor nachgerade nötigt, über ihn das Todesurteil zu verhängen.

Oder, da schon von ihm die Rede ist: „Die Dreißig" haben sich mit einem Staatsstreich an die Macht geputscht, und nun fängt das große Reinemachen an: mißliebige Personen werden aus dem Weg geräumt, als Rollkommando aber unbescholtene und brave Bürger ausgeschickt. Die erhalten den Befehl, die Delinquenten heimzusuchen, sie im Namen der Tyrannen zu verhaften und sie zur Hinrichtung herbeizuschaffen. Immer schön zu fünft schickt man sie aus und macht sie so zu Kollaborateuren des Systems. Wer sich mit schuldig macht, gehört dazu; das ist die Logik, die bekanntlich vielerorts noch heute gilt. Und so, mit vier ausgesuchten andern, erhält auch Sokrates den hinterhältigen Befehl, Leon aus Salamis herbeizuschaffen. Und? Da man die Fünfe losschickt, gehen Vier der Fünf nach Salamis, um den Leon abzuholen und ihn auszuliefern, Sokrates jedoch ging ruhig seines Wegs nach Hause – was sicher seinen Tod bedeutet hätte, wäre nicht die Tyrannei der Dreißig kurz danach ihrerseits entmachtet worden: zum Glück nicht nur für Sokrates.

Doch jetzt die Frage: Wer begeistert uns? Etwa die vier Handlanger, die Kollaborateure, wie es sie *en masse* und auf der ganzen Welt gibt, überall, damals so wie heute und, wer weiß, zu allen Zeiten? Oder ist es dieser eine, der *nicht mitgemacht* hat? Die Frage schon genügt ...

Es gibt keinen besseren Weg, junge Menschen aufmerksam zu machen und ihr Interesse aufzuwecken, als sie mit solchen Menschen wie Diogenes und Sokrates bekannt zu machen – und dabei nochmals: In erster Linie sind es keine „Lehren", schon gar nicht sind es „Theorien", die bezaubern oder überzeugen, es ist ihr Beispiel, das sie geben. So sagt Sokrates – in den „Erinnerungen" des Xenophon – zu Hippias:

> Wie, Hippias, hast du nicht bemerkt, daß ich nie aufhöre, an den Tag zu legen, was ich für Recht halte? Nicht durch Worte, sondern durch die Tat lege ich es an den Tag. Und ist die Tat nicht eine besserer Beweis als das Wort?

Das ist das Bekenntnis eines außerordentlichen Menschen, der, so klar und einfach einerseits sein Leben ist, zugleich doch Rätsel aufgibt, mit dem wir also nicht so leicht ins Reine kommen werden – ja, womöglich nie ... –, der uns mit dem Beispiel, das er uns mit seinem Leben aufstellt, nicht in Ruhe läßt. Der uns in eins damit beschämt, uns unsern Kleinmut, unsere Bestechlichkeit vor Augen führt, unsere uns anvererbte Neigung madig macht, uns „den andern" anzupassen und uns so in Sicherheit zu bringen, damit wir unauffällig weiterwurschteln können, gedankenlos, bequem und ungestört: wir wie alle, alle so wie wir. Von Jugendlichen heute ist zu lesen, der Wunsch, man wolle sein „wie alle", nehme zu, sei inzwischen das Bedürfnis nicht nur vieler, sondern mittlerweile das der meisten. Sollen wir die ziehen lassen, vielleicht als solche, die „philosophisch nicht erreichbar" sind? Oder wollen wir versuchen, auch diese „zu versuchen", ja, sie „zu verführen", ihnen philosophisch Appetit zu machen, sie auf den Geschmack zu bringen? Vielleicht, daß sie doch Lust bekommen, anzubeißen, bis sie mehr verlangen, und schließlich lernen sie, selbst schwere Kost nicht zu verachten. Und warum? Weil sie begriffen haben: Es ist nicht alles leicht verdaulich. Und: Nichts in dieser Welt geht ohne Brüche auf. Vielmehr: Alles „glatte" ist verdächtig. Auch Mephistopheles, „der manche tausend Jahre | An dieser harten Speise kaut", also hoch willkommener Gewährsmann, wußte: „Daß von der Wiege bis zur Bahre | Kein Mensch den alten Sauerteig verdaut!"

Ist das ein Anlaß, wie der Magister Doktor Faust – „Habe nun, ach! Philosophie ..." – zu resignieren und sich den Gifttrank anzumischen? Nein, im Gegenteil: Das ist die Einsicht, mit der wir erst einmal den neunmalklugen Vorwitz sabotieren, der unter Jugendlichen gar nicht selten anzutreffen ist. Was sich da so oft im Gestus einer kalten Schnauze oder cooler Intellektualität gefällt und dabei ein Gehabe an den Tag legt, als habe man die Dinge in der Tasche, und natürlich: keiner mache einem etwas vor – dieses ganze Arsenal der antrainierten jugendlichen Überheblichkeit ist in Wahrheit komisch. Botho Strauß, in seinem neuesten Essay, „Reform der Intelligenz", hat dafür die passende Verachtungsformel ausgegeben: Das sei *„cognitio praecox* – man versteht, noch bevor man eindringt."[11] Mein Antidot in diesem Fall: ein wohldosiertes Quantum Gegengift ...

Und das ist: Was seit jeher der Introitus des Denkens war und die Abkehr von aller fixen, allzu schnell mit allem „fertigen" Gescheitheit und eindimensionalen Rationalität – das *Staunen*.

Man kann – Peter Sloterdijk hat es getan – diesem alten Topos, der ehrfürchtigen Hochschätzung des staunenden Bewußtseins, widersprechen und sie als Fiktion belächeln: *Einen* Menschen abgerechnet sei ihm noch „nie eine Person zu Gesicht gekommen, von der man im Ernst hätte behaupten

---

11 In: DIE ZEIT Nr. 14 vom 30. März 2017, S. 41f.

dürfen, der Anfang ihrer geistigen Tätigkeit habe im Staunen gelegen", hat uns Sloterdijk versichert und den Befund dann kommentiert: Selbst „die zur Institution geronnene Philosophie" führe inzwischen einen „Feldzug gegen die Verwunderung", und so halte sich „die wissende Personale ... hinter der Maske der Unbeeindruckbarkeit verborgen", was gelegentlich auch als „Verblüffungsresistenz" gelobt werde. Sloterdijk fügt an:

> „Sollte sich irgendwo in unserer Zeit noch eine Spur des angeblich ursprünglichen *thaumazein*, des erstaunten Innehaltens vor einem unerhörten Gegenstand, bemerkbar machen, so darf man sicher sein, daß sie auf eine Stimme aus dem Abseits oder das Wort eines Laien zurückzuführen ist – die Experten zucken die Schultern und gehen zur Tagesordnung über."[12]

Zumal was seine letzte Mutmaßung betrifft – es werde „eine Stimme aus dem Abseits oder das Wort eines Laien" sein, der wir, wenn überhaupt, noch einmal einen Anstoß zur Verwunderung zu verdanken haben würden –, so hat sie sich erfüllt: Es war der Romanschriftsteller David Foster Wallace, der im Mai 2005 vor Absolventen des Kenyon College in Gambier, Ohio, einem traurigen Nest im mittleren Westen von wenig mehr als zweitausend Seelen, eine Rede hielt, die seither einen fast beispiellosen Siegeszug durch das weltweit ausgespannte Netz antrat. Diese außerordentliche Popularität dürfte seine Rede nicht zuletzt gewonnen haben, weil Wallace es versteht, gleich mit den ersten Sätzen noch einmal ein ursprüngliches Staunen anzuregen – literarisch raffiniert gemacht: er stimuliert das Staunen über das verlorene Talent zu staunen, wodurch die spät erworbene Verdummung sich selbst verkennen darf. Ihr fehle nichts? O doch! Ihr fehle die Einsicht, was ihr fehlt ... Heidegger fand dafür die feine Formulierung von der „Not der Notlosigkeit". Hier der Auftakt jener außerordentlichen Rede, die Wallace offenbar gezielt als Anrede an junge Menschen wählte:

> Schwimmen zwei junge Fische des Weges und treffen zufällig einen älteren Fisch, der in die Gegenrichtung unterwegs ist. Er nickt ihnen zu und sagt: „Morgen, Jungs. Wie ist das Wasser?" Die zwei jungen Fische schwimmen eine Weile weiter, und schließlich wirft der eine dem anderen einen Blick zu und sagt: „Was zum Teufel ist Wasser?"[13]

Treffender läßt sich nicht leicht „eine Stimme aus dem Abseits" denken – hier sogar als Unterwasserkommentar –, der wir den Anstoß zum Staunen verdanken. Der junge Mensch, der in der Lage wäre, den subtilen Witz, den sich Wallace da erlaubt, auch nur ahnungsweise zu erfassen, der vielleicht zum ersten Mal den Kopf darüber schüttelt – über jenen Fisch und über sich gleich mit ... –, hätte wohl den ersten Schritt getan, mit dem wir in das

---

12 Peter Sloterdijk, Streß und Freiheit, Berlin 2011, S. 7f.
13 D. F. Wallace, Das hier ist Wasser, Köln [18]2016, S. 9. Im Original: There are these two young fish swimming along and they happen to meet an older fish swimming the other way, who nods at them and says „Morning, boys. How's the water?" And the two young fish swim on for a bit, and then eventually one of them looks over at the other and goes „What the hell is water?".

Reich des philosophischen Begriffs eintreten. Was ist das Ganze, worin wir fraglos wie der Fisch im Wasser schwimmen? Wallace hat damit die eigentliche Angriffslinie, die philosophisch seit den Griechen gegen jene selbstgefällige Zufriedenheit der Gedankenlosen vorgetrieben wurde, mustergültig in Erinnerung gebracht: „Die Pointe" der vorausgeschickten Fisch-Geschichte sei, erläutert Wallace, „dass die offensichtlichsten, allgegenwärtigsten und wichtigsten Tatsachen oft die sind, die am schwersten zu erkennen und zu diskutieren sind". (10) Damit hätte Wallace in der Tat den ersten, unverzichtbaren Impuls, dem das philosophische Bedenken sich verdankt, benannt: Das (scheinbar) Fraglose, das (scheinbar) Selbstverständliche, das allzu Nahe oder das Bekannte, das eben darum, daß es als bekannt gilt, noch keineswegs *erkannt* ist (frei nach Hegel formuliert), reizt dazu, bedacht zu werden: In solchen Wehen kommt Philosophie zur Welt.

Wittgenstein, das wahrhaft ur- und basisphilosophische Genie, hat in seinem *wundervollen* Vortrag „Ethik" – das Wort „wundervoll" setze ich in ausdrücklichem und verantwortungsbereitem Sinn hierher ... – so ziemlich dasselbe, freilich in anderen Worten gesagt, wenn er darin überlegt, was es eigentlich bedeuten solle (bedeuten könne), wenn er von dem „Erlebnis" berichte, zu „staunen, *daß die Welt existiert*", ein Staunen, das sich auch in die Worte fassen lasse: „Wie erstaunlich, daß überhaupt etwas existiert" oder „Wie erstaunlich, daß die Welt existieren soll".[14] Wohl veranstaltet er dann mit diesen Sätzen zunächst ein paar logische Examina, die den „Sinn" solcher Sätze bestreiten – ihnen komme keine „wissenschaftliche" und keine irgendwie erweisbare Bedeutung zu, was wir ihm gerne zugestehen –, doch schließlich traut sich Wittgenstein das Credo zu: Ein solches „Staunen über die Existenz der Welt" lasse sich gleichwohl als „das Erlebnis beschreiben, die Welt als ein Wunder zu sehen" – eine Weise der Sicht, die mit der gern in Position gebrachten, allerdings absurden These, „Die Wissenschaft hat bewiesen, daß es keine Wunder gibt", keineswegs erledigt werden könne, weil „in Wirklichkeit die wissenschaftliche Art, eine Tatsache zu betrachten, einfach nicht die Art [ist], sie als Wunder anzusehen".

Zuletzt fügt Wittgenstein seiner Erörterung eine Erwägung hinzu, der er zwar den Ton einer stillen, unauffälligen Notiz mitgibt, so als wolle er sie tarnen, deren Gewicht jedoch in Wirklichkeit gewaltig ist: Solche Sätze zu sprechen wie jene, in denen er von seinem „Erlebnis" berichtet habe, fügten zwar „unserem Wissen in keinem Sinn etwas hinzu", gleichwohl seien sie das Dokument „einer Tendenz im Menschen, die hochzuachten ich nicht umhin

---

14 Ich zitiere den Text nach der Ausgabe im Band Ludwig Wittgenstein, Geheime Tagebücher, hg. von Wilhelm Baum, Wien 1991, in der dieser Vortrag Wittgensteins in der Übersetzung von Franz Wurm erscheint, die von der Neuen Zürcher Zeitung vom 14. Jan. 1968 veröffentlicht wurde. Leichter zugänglich, allerdings in der Übersetzung von Joachim Schulte, ist der Vortrag im Band Wittgenstein, Vortrag über Ethik und andere kleine Schriften, hg. v. J. Schulte, Frankfurt am Main 1989.

kann und über die ich mich um keinen Preis lustig machen möchte." Damit schließt er diesen einen und wohl einzigen (veröffentlichten) Vortrag, den er je in seinem Leben hielt.

Was hat das alles mit unserer Erörterung zu tun, wie es gelingen könne, junge Menschen zur Philosophie zu verführen? Sehr viel! Ich will versuchen, den Zusammenhang – anknüpfend an Wittgenstein – im Blick auf Kant verständlich zu machen.

Jene *Fragen, auf die es letztlich ankommt* und die sich mir gewissermaßen stellen, sobald ich angefangen habe, nachzudenken – ich könnte sagen: sobald ich mehr als nur ein eingekleidetes, mit einer Brille ausstaffiertes, schulisch zur Verwendungsfähigkeit dressiertes Tier bin ... – jene Fragen, die noch nie und niemand in ein wirkliches, verbindlich letztes „Wissen" überführt hat, sind die Fragen, die von Anfang an die Philosophen umgetrieben und zur Denkarbeit genötigt haben. Das *war* mit andern Worten das Geschäft der Philosophen – und das ist es noch und wird es bleiben, sofern Philosophie sich nicht selber untreu wird. Davon, in eins damit von allem philosophischen Bemühen, bekannte Wittgenstein, er könne nicht umhin, es „hochzuachten". Und doch gilt: Was immer als ein „Resultat" dabei herausgekommen ist: ein unumstößliches, gültig unbezweifelbares „Wissen" war es nie. Das heißt: Als fertiges, gedankliches Gebilde ist Philosophie nun einmal nicht zu lehren, oder, was dasselbe ist: man kann sie auch nicht „lernen".

Jetzt Kant, der sich in einer Königsberger Vorlesungsankündigung (1765/66) mit schätzenswerter Klarheit zu der Frage äußerte, die unsere ist, nämlich: Wie man „den Jüngling" zur Philosophie hinführen könne. Von der Schule her gewöhnt, *„zu lernen"*, denke er womöglich, jetzt werde er eben *„Philosophie lernen"*, doch, so Kant, das sei „unmöglich". Denn:

> „Um ... auch Philosophie [wie andere Wissenschaften] zu lernen, müßte allererst eine wirklich vorhanden sein. Man müßte ein Buch vorzeigen und sagen können: sehet, hier ist Weisheit und zuverlässige Einsicht; lernet es verstehen und fassen, bauet künftighin darauf, so seid ihr Philosophen."[15]

Ein solches Buch aber gibt es nicht, auch wenn die Bestände der philosophischen Bibliotheken wahrlich nicht dünn bestellt sind. Es gebe keine „fertige Weltweisheit ..., von anderen ausgedacht", die man nur aufzunehmen hätte. Also sei das Amt des philosophischen Lehrers, den jungen Menschen „nicht *Gedanken*, sondern *denken*" zu lehren – was soviel heißt wie: „er soll jetzt *philosophieren lernen*". Mit einem Bild, das Kant nachschiebt: Man dürfe den jungen Menschen ...

> „... nicht tragen, sondern [müsse ihn] leiten, wenn man will, daß er in Zukunft ... selbst zu gehen geschickt sein soll."

---

15 Immanuel Kants Nachricht von der Einrichtung seiner Vorlesungen in dem Winterhalbenjahre von 1765–1766, A 5f.

Doch warum soll der junge Mensch denn überhaupt „selbst gehen" lernen? Weil – wie Wittgenstein in seinem Ethik-Vortrag sagen wird –, weil es keine Instanz gibt, die ihm „mit logischer Notwendigkeit" zu sagen vermag, geschweige denn vorschreiben könnte, welcher „der *absolut* richtige Weg" ist. Ich wage dasselbe einmal in schlichtem Deutsch: Es gibt keine *Wissenschaft* des richtigen Lebens oder: Verbindlich ist nicht zu sagen, wie richtig zu leben sei. Das jedoch zu wissen, wäre eigentlich das Wissen, auf das es ankäme.

Alles andere Wissen, das in die Zuständigkeit irgendeines Wissenschaftsfaches fällt: Etwa wie sich dieses oder jenes Insekt vermehrt, wie sich das Element X verhält, wenn es unter den Bedingungen U auf das Element Y trifft, welche Rolle womöglich der „dunklen Materie" bei der Evolution des Kosmos zufällt usw. usf. – da ließe sich jetzt unendlich vieles aufzählen, denn tatsächlich „generieren" (ein Lieblingswort heute) die Wissenschaften ständig weit mehr Fragen, die sich wissenschaftlich in Angriff nehmen lassen, als sie Antworten auf schon vorhandene Fragen produzieren –, sämtliches Wissen solcher Art mag „interessant" sein, mag unsere Neugier befriedigen oder sogar nützlich sein, aber ich bin darauf nicht angewiesen, ich *muß* dies nicht wissen, ich darf die Beschäftigung damit guten Gewissens denen überlassen, deren wissenschaftliches Geschäft es nun einmal ist, sich darum zu kümmern. Ich muß auch nicht das Wissen irgendeines Handwerks besitzen, sofern ich dieses Handwerk nicht als Beruf ergreife.

Und: Ich *muß* auch nicht wissen, was dieser oder jener Philosoph gedacht hat, es sei denn, ich studierte Philosophie und wollte sicherstellen, im Examen auf eine entsprechende Frage mit einer Antwort dienen zu können. Doch selbst dann bliebe es meine freie Entscheidung, auf die Frage des Prüfers, was Hegel zur Frage XY geschrieben habe, zu antworten: „Hegel? Wer ist das? Nie gehört." Denn niemand kann mich verbindlich nötigen, eine Prüfung bestehen zu wollen oder mir durch nachgewiesene Kenntnisse eine gute Note zu verdienen. Allenfalls ließe sich sagen: Es sei *ratsam*, sich kundig zu machen, was in diesem oder jenem Text zu lesen ist.

Warum ist das so? Weil das Wissen, der Philosoph Soundso habe soundso gedacht, nicht heißt: Dies sei nun also „wahr" und, mit der zitierten Wendung Wittgensteins, „füge unserem Wissen etwas hinzu".

Ich ziehe mir ein Beispiel heran, um dies deutlich zu machen. Ich kann also „wissen", Wittgenstein habe unter dem Datum des 10. Januar 1917 notiert:

> Wenn der Selbstmord erlaubt ist, dann ist alles erlaubt. Wenn etwas nicht erlaubt ist, dann ist der Selbstmord nicht erlaubt. Dies wirft ein Licht auf das Wesen der Ethik. Denn der Selbstmord ist sozusagen die elementare Sünde.

So, das „weiß" ich nun. Das habe ich nachgeschlagen. Das steht im 1. Band der achtbändigen Werkausgabe auf der Seite 187. Und? „Weiß" ich nun auch, was vom Selbstmord zu halten ist? Oder hat mir Wittgenstein nicht „nur" etwas im Hinblick darauf „zu denken gegeben"? Käme ich aber in die Versuchung, mich selbst umzubringen, wäre zu *wissen*, ob dieser Schritt „erlaubt" ist oder nicht von Bedeutung; zumindest aber zu wissen, ob die Entscheidung „erlaubt" beziehungsweise „nicht erlaubt" überhaupt belangvoll ist im Blick auf die Frage: Setze ich meinem Leben ein Ende oder nicht? *Das* allerdings wäre ein Wissen, auf das es wahrlich ankäme, ein Wissen von „ausschlaggebendem Gewicht".

Nur: Ein solches „Wissen" – in dem Sinne, wie wissenschaftlich gewußt wird, was zu erwarten ist, wenn das Element X unter den Bedingungen U auf das Element Y trifft usw., also als ein notwendiges, unbestreitbares Wissen –, ein solches „Wissen" gibt es in einer bedrängenden Lebensfrage wie der nach dem Selbstmord eben nicht. „Diesen Weg" habe ich, wie Kant es formulierte, *„selbst* zu gehen".

Und? Hilft mir – mir oder den jungen Menschen, die wir zur Philosophie verführen möchten, die wir, mit anderen Worten, verleiten wollen, zu philosophieren, das heißt: nachzudenken, sich zu besinnen, eine Frage (wie die nach dem Selbstmord) möglichst gründlich, vielfältig und in vielerlei Hinsicht zu bedenken, mit ihr zu ringen, sie in Hintergründe einzurücken, ihre Tiefe auszuloten, ihre Abgründe und Untiefen nicht zu scheuen, sie zu anderen Fragen in Beziehung zu setzen, sie im Lichte traditionsüberlieferter Ansichten zu sehen und sie gesprächsweise hin und her zu bewegen –, hilft mir die Philosophie in einer solchen Frage also nicht weiter? Im Sinne einer „Entscheidung", die verbindlich eigentlich für jedermann und so für mich im *corpus philosophicum* gefunden worden wäre, nicht, ganz sicher nicht.

Aber hatte nicht – um einmal den berühmt gewordenen Eröffnungssatz eines philosophischen Traktates zu zitieren – Albert Camus im „Mythos von Sisyphos" mit jenem Satz, der wie ein Hammer zuschlägt, die Behauptung aufgestellt: „Es gibt nur ein wirklich ernstes philosophisches Problem: den Selbstmord"?

Da frage ich: Hat Camus denn das Problem „gelöst"? Nein, wie wir erwartet haben: Er hat es selbstverständlich *nicht* „gelöst", jedenfalls nicht in dem Sinne, daß sich nun verbindlich jemandem, der nach seinem Leben trachtete, erklären ließe, was von seinem Vorhaben zu halten sei. Wohl aber hat Camus die Frage nach dem Selbstmord – ich erinnere noch einmal an die Frageformulierung Wittgensteins – in einen anderen Zusammenhang gestellt: Er fragt nicht, ob „erlaubt", ob „nicht erlaubt", er erklärt, das „Problem", das der Entscheidung zum Selbstmord zugrunde liege, also jenes „eine wirklich ernste philosophische Problem" sei, „ob das Leben sich lohne oder nicht", denn das sei „die Grundfrage der Philosophie".

Doch nun: Gesetzt, ich komme zur Entscheidung, das Leben „lohnt sich nicht" – wäre dann der Selbstmord unausweichlich, sozusagen notwendig die „richtige" und einzig konsequente Folge?

Noch einmal kehre ich zum Anfang, zum „Vater der Philosophie", zu Sokrates zurück. Wir müssen sein berühmtestes Bekenntnis, er wisse, daß er nichts wisse, nicht nur als den ironisch angesetzten Hebel ansehen, mit dem er seine - vermeintlich „wissenden" - Gesprächspartner aufs Glatteis lockte und dort abstürzen ließ; wir dürfen seine Devise vielmehr zugleich als die tiefsinnigste Antizipation der gesamten Geschichte des philosophischen Bemühens bewundern: Nach mehr als zweitausendjähriger Geschichte sind wir tatsächlich zu der Einsicht genötigt, mit der Sokrates den Anfang machte: Zu einem „Wissen", das dem der Wissenschaften ebenbürtig wäre, hat es die Philosophie, haben es die Philosophen nicht gebracht, ja, inzwischen wissen wir, sie wird es und sie werden es dazu nie bringen.

Allerdings ist dieses Resultat eines Kommentars bedürftig: Mit jenem „Wissen", das Sokrates nicht hatte und das er nie erreichte, meinte er ein lebenspraktisch bedeutsames Wissen, eines, das „unsere Lebensprobleme" für uns entschiede, und nun obendrein ein Wissen, das unbestreitbar und unerschütterlich begründet wäre oder, wie wir heute vielleicht sagen, das als „bewiesen" gelten müßte und uns deshalb nötigte, ihm zuzustimmen. Im Vokabular des großen Kant wären dies die traditionellen Fragen nach „Gott, Freiheit und Unsterblichkeit" - wir setzen in der Wortwahl von Albert Camus hinzu: ob sich das Leben lohnt, ob nicht, und wie wir dann, je nachdem, von der Option des Selbstmords denken. Kant jedenfalls hat begriffen, daß *und warum* eine „spekulierende Vernunft" diese Fragen nicht zu beantworten wisse und gefolgert: So habe er die (trügerische) Hoffnung, diesbezüglich zu wirklichem *„Wissen"* zu gelangen, „aufheben" müssen, „um zum *Glauben* Platz zu bekommen".[16]

Dort aber, im „Glauben", in der „festen Überzeugung", als lebensleitende Gewißheit hatten solche Fragen auch schon für Sokrates ihren Platz und *wußte* er durchaus, *worauf es ankommt*. Allerdings stand ihm nur zu, solches Wissen als Überzeugung oder als Bekenntnis, wohl auch als seine Haltung auszusprechen, wie er dies ja auch tatsächlich ganz zum Schluß seiner Verteidigungsrede in Athen getan hat, wenn er die Bürger seiner Stadt bittet, nach seinem Tod seinen Söhnen „in derselben Weise zur Last zu fallen", wie er ihnen zur Last gefallen sei: „Sobald ihr den Eindruck gewinnt, daß sie sich um Geld oder irgend etwas anderes mehr kümmern als um Tugend [also darum, selber gut zu sein, vor allem gut zu werden], und sobald sie etwas zu sein beanspruchen, was sie nicht sind, dann macht ihnen" - bittet der Philosoph seine Mitbürger, die ihn zum Tod verurteilt haben - „Vorwürfe wie ich euch, weil sie sich nicht um die richtigen Dinge kümmern und glauben, sie wären etwas, obwohl sie Nichtsnutze sind." Redet so einer, der behaupten darf, nichts zu wissen?

---

16 Kritik der reinen Vernunft, Vorrede zur 2. Auflage, B XXXI.

Ja. Denn – und das ist entscheidend: Für diese Überzeugungen gab es auch für Sokrates keine hinlänglichen „letzten Argumente", und Beweise, die uns nötigten, seine Überzeugungen zu teilen, schon mal gar nicht. Auf nichts hat Sokrates sich stützen können, um anderen zu demonstrieren: sein Standpunkt sei der einzige erweisbar „richtige".

Und doch verfügte dieser Mensch über eine Sicherheit und innere Gewißheit, ein „Wissen" auch – er wußte sehr genau, *worauf es ankommt* ... –, wofür er bürgte, für das Sokrates mit seinem Leben *einstand*, einem Leben, in dem und an dem sich *erwies*, was es heißt, ein Leben nach solchen Grundsätzen zu führen. Und es war dieser Erweis, wie wir wissen, der viele überzeugt hat und sie zur Philosophie verführte ... Die Geschichte der praktisch bedeutsamen Philosophie nahm von ihm und dann durch ihn von ihnen – von Platon also, Aristoteles, dem Kyniker Diogenes, dann Epikur und seinem Widerpart, von Zenon und der Stoa, den Pyrrhonikern und vielen andern – ihren Ausgang.

Und wir wissen: Dieser Vater der Philosophie und *Erotiker* der Weisheit – der also verstanden hatte, daß man die Jugend zur Weisheit *verführen* muß, und der so, in diesem Sinne, *tatsächlich die „Jugend verführte"* – hat die vielen, die er in seinen Bann zog und für die Philosophie gewann, seinen Meisterschüler Platon allen voran –, nicht „argumentativ" überzeugt oder gezwungen, ihm zu folgen, sondern: Sein Leben und sein Beispiel haben sie beeindruckt und für seine Überzeugung, seine Haltung eingenommen, so daß sie die Kraft und die Entschlossenheit gefunden haben, *auf ihre Weise* und doch *in seinen Spuren* fortzugehen.

So bin ich zuletzt dahin gelangt, die besondere Art philosophischen „Wissens", das sich als Überzeugung, Glaube und Haltung erweist, wie ein Geschwister der Religion zur Seite zu rücken, wo die Philosophie eigentlich schon immer, zumindest aber schon lange ihren Platz gefunden hatte. Hier, im Kreis der Gläubigen, der Zweifelnden und Suchenden, zuletzt vielleicht im Kreise derer, die an Gott nicht glauben, ihn allerdings vermissen, hatte man schon längst begriffen, für alles, was als wichtig, als bedeutsam, vielleicht sogar als „heilsnotwendig" angesehen wurde, sei der Anspruch abzulegen, diesbezüglich gebe es ein „Wissen", wie es den Betrieb der Wissenschaft in Gang hält. Unter Philosophen lassen sich noch immer solche finden, die davon lernen könnten ...

Einer – allerdings nicht aus der Branche, vielmehr „eine Stimme aus dem Abseits" – *hat* gelernt und hat die Folgerung daraus gezogen, was heute jungen Menschen vorzusetzen ist, um sie aufmerksam zu machen und nachdenklich zu stimmen, woraus sich dann zuletzt vielleicht, wer weiß, der Geschmack am Reiz des Philosophierens entwickelt.

In jenem schon zitierten Vortrag, den er vor College-Absolventen im staubigen Ohio hielt, machte David Foster Wallace es uns vor mit seiner zweiten Geschichte, mit der ich meinerseits schließe.

Eine „kleine didaktische Parabel" wolle er noch erzählen, schließt Wallace also an. Und die geht so: Wie die erste Geschichte mit den zwei Fischen begann „There are these two young fish swimming along ...", so eröffnet er jetzt: „There are these two guys sitting together in a bar in the remote Alaskan Wilderness ...". Übersetzt:

> Sitzen zwei Männer in einer Bar irgendwo in der Wildnis von Alaska. Der eine ist religiös, der andere Atheist, und die beiden diskutieren über die Existenz Gottes mit dieser eigentümlichen Beharrlichkeit, die sich nach dem, sagen wir mal, vierten Bier einstellt. Sagt der Atheist: „Pass auf, es ist ja nicht so, dass ich keine guten Gründe hätte, nicht an Gott zu glauben. Es ist nämlich nicht so, dass ich noch nie mit Gott oder Gebeten experimentiert hätte. Letzten Monat erst bin ich weit weg vom Camp in so einen fürchterlichen Schneesturm geraten, ich konnte nichts mehr sehen, hab mich total verirrt, vierzig Grad unter null, und da hab ich's gemacht, ich hab's probiert: Ich bin im Schnee auf die Knie und hab geschrien: ‚Gott, wenn es dich gibt, ich stecke in diesem Schneesturm fest und sterbe, wenn du mir nicht hilfst!'"
> Der religiöse Mann in der Bar schaut den Atheisten ganz verdutzt an: „Na, dann musst du jetzt doch an ihn glauben", sagt er. „Schließlich sitzt du quicklebendig hier."
> Der Atheist verdreht die Augen, als wäre der religiöse Typ der letzte Depp: „Quatsch, Mann, da sind bloß zufällig ein paar Eskimos vorbeigekommen und haben mir den Weg zurück ins Camp gezeigt."[17]

Diese feine, didaktisch eingefädelte Geschichte führt vielleicht auch vor, bei welchen jungen „boys" der Vorsatz, sie zu verführen, scheitern wird. Und ich prophezeie: Da werden selbst philosophierende Eskimos nichts helfen.

---

17 Ebd. S. 12f.; in dem Bändchen findet sich auch die Originalfassung in Englisch S. 39ff.

„Der Ungebildete sieht überall nur einzelnes,
der Halbgebildete die Regel,
der Gebildete die Ausnahme."

*Franz Grillparzer*

# Grundzüge eines Curriculums für die Philosophische Praxis[1]

Meine sehr verehrten Damen und Herren, ich begrüße Ihren Entschluß, an italienischen Universitäten einen Master-Studiengang „Philosophische Praxis" einzurichten. Zugleich versichere ich Ihnen, daß ich sehr wohl weiß, ein wie anspruchsvolles und heikles Programm Sie sich damit auf Ihr Gewissen laden, und ich ahne, daß mancher von Ihnen zögert, die Verantwortung auf sich zu nehmen, die mit diesem Schritt unweigerlich verbunden ist.

Und wirklich ist es ja ein bedeutender Unterschied, ob sich ein Schüler von Ihnen mit einer zweifelhaften Interpretation eines philosophischen Meistertextes blamiert oder von aufmerksamen Hörern einer schlampigen Argumentation überführt wird oder streckenweise Riesenlücken im Reiche erwartbarer Kenntnisse aufweist, oder aber ob er versagt in einem Fall, da sich ein Mensch in Not an ihn wendet, verzweifelt, vielleicht verbittert und lebensenttäuscht, vielleicht verzagt, weil er aus den Irrwegen seines Lebens keinen Ausweg fand, vielleicht halb schon entschlossen, seinem, wie er meint, verpfuschten Leben ein Ende zu setzen, vielleicht gewillt, Frau und Kinder zu verlassen, vielleicht als Frau den Mann, mit dem sie Jahrzehnte zusammen lebte, von dem sie sich jetzt aber eines anderen wegen abgewandt hat. Vielleicht ist der Mensch, der sich mut- und trostlos, von einem harten und unerbittlichen Schicksal niedergeschmettert, in der Praxis eines Ihrer Schüler meldet, in tiefe Trauer versunken, weil er – in diesem Falle sie – das Leben in einer Bahn verbrachte, die es ihr nicht gestattete, ein Kind zu bekommen, und nun ist es zu spät, sie aber wird von dem Gedanken gemartert, ihr Leben vertan zu haben. Vielleicht sucht ihren Schüler ein Mensch auf, der in einem Beruf Erfolg hatte, der ihn zugleich jedoch menschlich ruinierte und nur ein Wrack von ihm übrigließ, wie er meint. Vielleicht kommt ein Mensch zu ihm, der von dem Unglück berichtet, von niemandem *ge*achtet, von kaum einem auch nur *be*achtet, von keinem aber geliebt zu sein, dem mißlang, was er versuchte, und fehlschlug, was er statt dessen wagte, und nun ist er vereinsamt und elend. Vielleicht kommt jemand zu ihm, ein angesehener, geachteter Bürger, dessen Tochter stiehlt und in üblen Milieus zu versacken droht. Vielleicht ein anderer, dessen Sohn in der Drogenszene verkam und schließlich an einer Überdosis Rauschgift starb; den Gast Ihres Schülers aber quält die Vision, er habe als Vater, sie als Mutter, versagt, sie hätten weggesehen und nicht wahrhaben wollen, was sich als Schicksal ihres Kindes abzuzeichnen begann, als sie aber hinsahen, vermochten sie nichts, was das Elend noch hätte abwenden können. Vielleicht kommt ein Mensch zu Ihrem Schüler, der einst, als Arzt, viel Geld verdiente, eines Tages aber einer betrügerischen Anlagefirma auf den Leim ging und sein

---

1 Vortrag zur Eröffnung der Tagung „I saperi umani e la consulenza filosofica", die vom 5. bis 8. Oktober 2005 in Cagliari auf Sardinien stattfand; im selben Jahr überarbeitet als Vortrag auf dem Kolloquium der IGPP in Hannover gehalten.

sämtliches Vermögen verlor, und schließlich büßte er auch noch das Wenige ein, was ihm verblieben war, indem er, ohne Erfolg, bis in die dritte Instanz klagte – ein anderer Kohlhaas und zuletzt ein anderer Hiob, denn in seinem Elend verließ ihn schließlich auch noch sein Weib, und ein Raub zahlreicher Krankheiten wurde er außerdem. Vielleicht kommt ein Mensch zu Ihrem Schüler, der von Zweifeln heimgesucht wird, er verfüge über die schreckliche Gabe der Hellsicht, und dann erzählt die Frau, welche Ereignisse ihr in erschütternden Visionen vorab verheißen wurden, so daß sie sich jetzt frage, ob sie eine Hexe sei. Vielleicht meldet sich ein Mensch, der als seine Not gesteht, vom Alkohol ruiniert zu werden, ohne daß er sich zu helfen wisse. Oder aber ein anderer ist unendlicher Trauer verfallen, weil die eine, die er liebte, ihn verließ. Und ein wieder anderer berichtet ihm in zerrütteter Verfassung, aufgelöst, entsetzt, ungläubig, seine Frau habe ihn bei der Polizei angezeigt und bezichtigt, er habe sich an einem der gemeinsamen Kinder, die sie allein für sich beansprucht, sexuell vergangen; das aber sei nicht wahr, das sei infam, dieser Verdacht sei geeignet, ihn in der Hölle verschwinden zu lassen, ihn zu zerstören und endgültig zu ruinieren. In einem wieder anderen Fall aber käme eine Frau zu Ihrem Schüler, die ihm von gescheiterten Therapien erzählt und einem Aufenthalt in einer Klinik, in der sie zuletzt fast vollends sich als zerstört habe erleben müssen, da ihr von einer jungen Therapeutin bedeutet worden sei, sie sei als junges Mädchen von ihrem Vater mißbraucht worden, und das habe sie der Therapeutin geglaubt; jetzt aber kämen ihr die schrecklichsten Zweifel und sie wisse gar nichts mehr, und eigentlich wünsche sie nur eines, ein Ende zu machen ...

Sehen Sie, diese kleine Auswahl mag genügen, um begreiflich zu machen, daß der eine oder andere unter Ihnen es womöglich für eine extrem belastende Verantwortung ansieht, als Philosoph Schüler darauf vorzubereiten, in solchen Situationen und Lagen und von solchen Problemen herausgefordert nicht nur zu bestehen und zumindest nichts falsch zu machen, sondern wirklich weiterzuhelfen, Lösungen zu finden und sie hilfreich dem Bedrückten zu vermitteln, ihn zu trösten, ihm Mut zu machen, ihn so über sein Leben aufzuklären, daß er es zu bewältigen, vielleicht zu meistern vermag, ihn mit sich und seinem Schicksal auszusöhnen, ihm womöglich aber auch über sich hinaus zu helfen, ihm eventuell völlig neue Lebenswege aufzutun, übersehene Perspektiven zu eröffnen, Hoffnungen, sofern sie berechtig sind, zu wecken, Befürchtungen, sofern sie unberechtigt sind, zu zerstreuen, Ängsten die Nahrung zu entziehen, Düsteres aufzuhellen, Nebel zu vertreiben und Blendwerk abzudunkeln, Einbildungen zu enttäuschen, Affekte zu mäßigen, Vorurteile zu erschüttern, Ahnungen zu Wort kommen zu lassen, Empfindungen zu würdigen, Einsichten zu schätzen, Urteile zu rechtfertigen, ggf. aber auch in Frage zu stellen – usw.

Ich belasse es bei dieser Galerie von Andeutungen und Winken, was den philosophischen Praktiker in seiner Praxis ggf. erwartet, was ihn fordert und ihn auf die Probe stellt. Es handelte sich übrigens ausnahmslos um Probleme, mit denen Menschen sich tatsächlich in meiner Praxis einfanden ...

Und nun hoffe ich, damit illustriert zu haben, daß der Praktiker nicht weiß, was von ihm erwartet werden wird, daß er sich also klugerweise auf alles gefaßt machen sollte. Und dies mit Recht, denn die Philosophie ist keine Disziplin, die sich ihre Tüchtigkeit durch Spezialisierung erwerben könnte, soweit es darum geht, sie in einer Praxis zu bewähren.

Wie aber kann nun ein Student der Philosophie auf solche Bewährungsproben vorbereitet werden? Dazu will ich, wie angekündigt, zumindest einige Hinweise wagen.

Der erste Hinweis gilt jenem überliefert-akademischen Bereich der Philosophie, von dem sich annehmen ließe, er ausgerechnet bedürfe doch eigentlich keiner weiteren Korrekturen oder Ergänzungen im Blick auf die Interessen der Philosophischen Praxis: Ich meine die *Geschichte der Philosophie*. Was sollte zur Vorbereitung auf die Philosophische Praxis anders aus der Tradition der Philosophie vermittelt werden müssen, als es soundso seriös an der Universität geschieht?

Nun, zum einen folgt aus den neu sich meldenden Ansprüchen, wie sie von der Philosophischen Praxis an die akademische Philosophie gestellt werden, eine Umwertung der Überlieferungsgeschichte. Denker, die bisher – nämlich aus der Sicht einer Grundlegungsphilosophie – als eher sekundär oder wenig originell oder allzu wenig eigenständig ins zweite oder dritte Glied geschoben wurden – wo sie dann allenfalls noch randständige Spezialisten beschäftigen, die sich ihr übersichtliches Kleinstbiotop suchten im Umkreis eines „Vergessenen" oder „Übersehenen" -, gewinnen durch den Auftritt der Philosophischen Praxis ein neues und berechtigtes Interesse. Ich will nur einige wenige Beispiele nennen: Als prominentes Exempel gehören Seneca hierher, Epiktet, Marc Aurel oder auch Cicero und Plutarch, überhaupt die hellenistischen Philosophen-Schulen, so wie später etwa Montaigne und die französischen Moralisten. Als kleine Notiz am Rande möchte ich dazu anmerken, daß sich – von professioneller Philosophie nicht selten übersehen – die Gegenwärtigkeit dieser in fundamentalphilosophischer Hinsicht wenig anspruchsvollen Philosophien in erstaunlicher Weise erhalten hat, während die Grundlegungsansprüche der „ersten" Philosophen in aller Regel sehr rasch überholt wurden und nurmehr im philosophischen Museum – in der Philosophiehistorie nämlich – überdauerten.

Um noch zwei weitere Beispiele für die Interessen-Verschiebung zu nennen, die mit dem Auftritt der Philosophischen Praxis in philosophiehistorischer Hinsicht plausibel wurde, so erwähne ich, daß sogar die sogenannte Popular-Philosophie der Aufklärung und selbstverständlich philosophisch belangvolle Literatur in ihrem gesamten Umfang Beachtung verdienen und den zukünftigen philosophischen Praktiker auf seine anspruchsvolle Arbeit vorbereiten.

## Grundzüge eines Curriculums für die Philosophische Praxis

Was die Populär-Philosophie anlangt, so ist es zwar nicht die Absicht der Philosophischen Praxis, ihrerseits „populäre" Philosophie zu werden – es sei denn, wir verstünden darunter eine Philosophie, die niemandem den Zugang zu sich verwehrt –, sie wird aber ihre Stellung zur Popular-Philosophie klären müssen, insofern sich jene zu Lebensführungsgrundsätzen äußert, Lebenserfahrungen bilanziert, Lebensdeutungen und Lebenshaltungen vorführt, Lebensbefindlichkeiten anschaulich macht, Lebensroutinen reflektiert, die ggf. durch Schicksale erschüttert wurden, Lebensklugheit, die an Widerfahrnissen zerbrach usw. Zu denken ist hier beispielsweise an die reichhaltige Literatur von Gracian über Knigge, Lichtenberg und Alain bis zu den Romanen Camus'.

Eine nicht weniger bedeutende Rolle bei der Vorbereitung des akademisch geprüften Studienabsolventen im Fach Philosophie auf die Erfordernisse der Philosophischen Praxis spielt allerdings die umfangreiche philosophisch ernstzunehmende Literatur: von der antiken Tragödie angefangen über Shakespeare, die Werke Lessings, Goethes, die Essayistik Schillers, die Stücke Büchners, die Fragmente des Novalis, die Romane Dostojewskis oder Thomas Manns oder des alten Fontane – vorzüglich nenne ich den „Stechlin" –, bis hin zu Musils Roman oder zu den Unheimlichkeiten Kafkas, den Abgründigkeiten Becketts und so der Werke vieler anderer.

Dabei könnte sich die Absicht, philosophische „Gehalte" aus Werken und Überlieferungen zu gewinnen, die keine Produktionen der Fachphilosophie sind, von dem klugen Diktum Kierkegaards leiten lassen:

> „Erst die Persönlichkeit dessen ist reif geworden, der sich das Wahre aneignet, gleichgültig, ob es Bileams Esel ist, der spricht, oder ein Lachsüchtiger mit seinen Lachkrämpfen, oder ein Apostel und ein Engel."[2]

Vor allem aber werden solche Werke und Autoren wichtig, weil es in der Philosophischen Praxis nicht darum geht, andere philosophisch zu belehren, sondern als Philosoph in der Lage zu sein, Geschichten, Verstrickungen, Schicksale, sei es Unglücks-, sei es Glückskonstellationen, oder das Ensemble der Widerfahrnisse, Ereignisse und Umstände philosophisch zu verstehen und dann lebensförderlich, lebensführungsdienlich zu verarbeiten.

Es werden außerdem – dies als weiterer Hinweis auf nötige Korrekturen der sonst philosophieüblichen Rezeption philosophischer Tradition – es werden Gestalten herausragender Lebenskönnerschaft und Lebensweisung bemerkenswert, die bisher gar nicht in den Kanon der gewohnten Philosophie-Geschichtsschreibung hineingehörten. Ich nenne nur einige wenige Namen: Konfuzius etwa, Buddha, der Nazarener, Franz aus Assisi.

---

2 Kierkegaard, Gesammelte Werke und Tagebücher, Bd. 28, Die Tagebücher, 1. Band, Simmerath 2003, S. 299.

Zur Um- und Neubewertung der philosophischen Überlieferungsgeschichte durch das Aufkommen der Philosophischen Praxis gehört aber auch, daß eine besondere Tradition philosophischer Werke vorrangig Aufmerksamkeit verdient: Ich meine die Tradition philosophischer Bekenntnisschriften beziehungsweise der Autobiographik, wie sie beispielgebend von Augustinus überliefert ist, als Essay Montaignes Geschichte machte und später von Rousseau noch einmal virtuos inszeniert wurde. Ebenso aber ist in der Vorbereitung auf den Beruf des philosophischen Praktikers daran zu denken, von ausgewählten Philosophen und anderen Denkern die Korrespondenz zu Rate zu ziehen, da in ihr nicht selten der sonst allein als Grundsatzdenker bekannte Kopf eine Herzensseite sehen läßt, die hilfreich Verständnis für Sorgen und Nöte nahestehender Menschen erkennen und womöglich als Vorbild aufstellen läßt. Dieselbe Bedeutung kann Biographien zukommen: Als einziges Beispiel erwähne ich Ernst Herhaus' vorzüglichen Roman „Kapitulation. Aufgang einer Krankheit", worin ergreifend und anschaulich geschildert wird, wie Max Horkheimer mit einem Alkoholiker umzugehen wußte und ihm nachhaltig zu helfen verstand. Übrigens: Was Horkheimer dazu in die Lage versetzte, hatte er nicht auf der Hochschule gelernt, und doch hatte die „hohe Schule der Philosophie" ihren erheblichen Anteil daran ...

Doch da schon der Bedeutung maßgeblicher Biographien philosophischer Autoren gedacht ist, darf auch der Hinweis auf den Reichtum der Briefliteratur und der Tagebücher nicht fehlen: Ich erwähne, um Beispiele nicht verlegen, den ganz außerordentlichen Briefwechsel Goethes mit seinem Freund Schiller, oder, was die Diarien betrifft, an so beeindruckende Tagebuchschreiber wie Kierkegaard, Hebbel und Kafka.

Zur Ergänzung dieses Aspekts – wie die Philosophiehistorie in praktischer Absicht fruchtbar gemacht werden könne – möchte ich noch erwähnen, daß nicht nur die Reihe der Autoren, die Beachtung verdient, durch die Interessen der Philosophischen Praxis umgestellt wird, sondern ebenso innerhalb bestimmter Philosophien, die wir gewöhnlich mit Namen benennen, nunmehr andere Schwerpunkte gesetzt werden. Um ein Beispiel angeführt zu haben, erwähne ich Kant: Daß der Student der Philosophie in seinem Studium gründlich mit diesem Hauptdenker und das heißt auch mit seinen großen Kritiken vertraut gemacht wurde, setze ich zunächst einmal voraus. Der angehende philosophische Praktiker aber hat darüber hinaus gute Gründe, sich besonders mit der „Anthropologie in pragmatischer Absicht" bekannt gemacht zu haben, die Kant als Vorlesung für Hörer aller Fakultäten und sonst Interessierte wiederholt gehalten hat und etwas von dem einlöste, was im Titel „Doktor der Weltweisheit" immerhin noch annonciert war. Es ist aber auch ratsam, den angehenden philosophischen Praktiker beispielsweise Kants Kondolenzbrief an Frau von Funk gründlich bedenken zu lassen („Gedanken bei dem frühzeitigen Ableben des Hochwohlgeborenen Herrn,

HERRN Johann Friedrich von Funk, in einem Sendschreiben an die Hochwohlgeborene Frau, FRAU Agnes Elisabeth, verwitwete Frau Rittmeisterin von Funk, geborene von Dorthösen, Erbfrau der Kaywendschen und Kahrenschen Güter in Kurland, des selig Verstorbenen Hochbetrübte Frau Mutter von Immanuel Kant"). Oder aber man hält ihn an, sich einmal an einer fälligen Kritik des Königsbergers zu versuchen, der in seinem Briefwechsel mit Maria von Herbert bester Absicht war, offenbar jedoch verhängnisvoll scheiterte.[3]

Ein besonders eindrucksvolles Beispiel für die hier in Frage stehende Verschiebung des Interesses im Blick auf eine bestimmte Philosophie ist übrigens die Schopenhauers: So wird der philosophische Praktiker aus erläuterungsunbedürftigen Gründen ein besonderes Interesse an den späten „Aphorismen zur Lebensweisheit" haben, und zwar mehr noch als an den zwei Fassungen seines bedeutenden Hauptwerks.

Und im Falle Kierkegaards, um ein letztes Beispiel zu nennen, bekommt das sonst wenig beachtete Werk „Über den Gesichtspunkt meiner Wirksamkeit als Schriftsteller" herausragende Bedeutung, da hier auf höchstem Niveau die Frage philosophischer Wirksamkeit reflektiert wird.

Bevor ich nun aber noch, den vagen Blick auf die Geschichte der Philosophie dann mit wenigen Andeutungen abschließend, auf gegenwärtigere Philosophien und Schulen ein Auge werfe, möchte ich anhand zweier Beispiele erläutern, wie sich die Stellung zur philosophischen Tradition mit der Philosophischen Praxis verändert, indem sie eine schärfere, anspruchsvollere Kontur erhält.

Ich verweise erstens auf Sokrates. Der Student der Philosophie wird sich gewöhnlich mit einigen der sokratischen Dialoge, vorzugsweise aus der Feder Platons, beschäftigt haben. Doch welchen Gewinn hat er daraus gezogen?

Die antiken, die hellenistischen, noch die späteren römischen Schulen – zumal jene, die Philosophie als Lebensform zu kultivieren suchten – mögen sich in zwar unterschiedlicher, insgesamt aber zustimmender Weise auf Sokrates als den Initiator einer auch lebenspraktisch belangvollen Philosophie berufen haben. Die Philosophische Praxis hingegen setzte sich dem Verdacht unverzeihlicher Naivität aus, glaubte sie, sich als unmittelbare Nachfolgerin dieses stacheligen Urahns ansehen zu dürfen. Vielmehr wird sie durch das neuere, zumal sokrates-kritische Denken Hegels, Kierkegaards, Nietzsches, Wittgensteins und anderer beunruhigt sein, indem ihnen im Blick auf die sokratische Initiation philosophischen Denkens dieses Denken selber zum Problem wurde. Soweit der innerste Impuls sokratischen Philosophierens die Prüfung tradierter Geltungsansprüche und gegenläufiger Meinungen war,

---

3 Vgl. dazu „Kant als Liebesratgeber", hg. v. W. Berger und Th. H. Macho mit Beiträgen von Achenbach, Benjamin, Martens u.a., Wien 1989.

bewahrt die Philosophische Praxis der sokratischen Philosophie wohl die Treue. Im Blick auf die späteren, nach-platonischen Erfahrungen des Denkens ist aus der Sicht Philosophischer Praxis hingegen eine Revision der Zuversicht erforderlich, die sokratisches Denken in die Erkenntnisleistung einfacher, geklärter Begriffe setzte. So werden die seinerzeit zur Geltung gebrachten Differenzierungen von Begriff versus Mythos, Idee versus Narrativität usw. hinsichtlich der beratungsrelevanten Idee vernünftigen Erzählens neu problematisiert werden müssen. Dabei wird sich möglicherweise gegen die traditionell eingeschliffenen Lesarten demonstrieren lassen – etwa durch eine unbefangene Auslegung des Dialogs „Phaidros" – daß der platonische Sokrates selbst bereits die gefährlichen Folgen eines begrifflich zugerichteten, rational argumentierenden Bewußtseins begriffen hatte, das sich als „Aufklärung des Mythos" verstand, und sich eine „Aufklärung *durch* den Mythos" als vernünftige Alternative zu jener einseitigen Vernunft denken konnte. Außerdem wird das Rezeptionsinteresse der Philosophischen Praxis – mit Blick auf die sogenannte „Schriftkritik" im „Phaidros" – wohl zeigen können, daß die Inszenierungen des Gedankens, die Platon dichterisch gestaltete, keine bloß beiläufige Form sind, sondern zum Gedanken selbst gehören und ihm seine Wirksamkeit verleihen, so wie dies zumal in der Praxis der Philosophie wünschenswert wird.

Als beiläufige Notiz: Mit der Philosophischen Praxis werden *Formfragen* des Philosophierens – wie sie bei Platon als stilistisch-schriftstellerische belangvoll sind – beachtenswert, Fragen des Umgangs, des Takts, der Höflichkeit usw., die im philosophischen „Erststudium" – wie ich es mir einmal zu nennen erlaube – vernachlässigt werden und auch vernachlässigt werden dürfen.

Doch zurück noch einmal zu Sokrates. Gewiß unverzichtbar bleibt für die Philosophische Praxis die grundlegende Aufmerksamkeit sokratischen Philosophierens auf Fragen der Lebensführung sowie die leitende Idee, wonach nur ein geprüftes ein anerkennungswertes Leben sei. *Was* jedoch ein gutes, gelingendes Leben wäre, ist heute neu – wenn auch bereichert durch eine mehr als 2000jährige Auslegungsgeschichte – zu erwägen. Schließlich wird es zur Entwicklung eines angemessenen Selbstverständnisses der Philosophischen Praxis notwendig sein, an die Erörterung des Sokrates eine Problemgeschichte des Weisheitsbegriffes anzuschließen, die fundamentale Korrekturen erlebte, und zwar nicht zuletzt solche, die heute das Selbstverständnis des philosophischen Praktikers betreffen. So etwa, wenn es bei Nietzsche heißt:

> „… was bedeutet uns heute philosophisch *leben*[,] weise-sein? Ist es nicht fast ein Mittel, sich gut aus einem schlimmen Spiele *herauszuziehn*? Eine Art Flucht? Und wer dergestalt abseits und einfach lebt, ist es wahrscheinlich, daß er damit seiner Erkenntniß den besten Weg gewiesen hat? Müßte er es nicht persönlich mit dem Leben auf 100 Arten versucht haben, um über seinen Werth mitreden zu können? Genug, wir glauben, daß Einer ganz und gar ‚unphilosophisch', nach den bisherigen Begriffen, gelebt haben muß, vor allem nicht als scheuer Tugendhafter – um über die

großen Probleme aus *Erlebnissen* heraus zu urteilen. Der Mensch der umfänglichsten Erlebnisse, der sie zu allgemeinen Schlüssen zusammendrängt: müßte er nicht der mächtigste Mensch sein? – Man hat den Weisen zu lange mit dem wissenschaftlichen, und noch länger mit dem religiös-gehobenen Menschen verwechselt."[4]

Oder, im Nachlaß, die Notiz:

„Der weiseste Mensch wäre der reichste an Widersprüchen, der gleichsam Tastorgane für alle Arten Mensch hat ..."[5]

Da werden Fragen notiert, deren Bedenken den künftigen philosophischen Praktiker auf seine schweren Aufgaben vorbereiten könnten.

Als Anhang: Ein Kapitel, das in der herkömmlichen historischen Philosophie zwar nicht übersehen, vielleicht aber doch allzu „historisch" eingeschätzt wurde, gewinnt mit der Philosophischen Praxis eine herausragende Dringlichkeit. Ich meine die konstitutive Versicherung, das sokratisch-platonische Denken habe die Philosophie begründet durch die Überwindung (oder wenigstens Überbietung) der Sophistik. Dagegen läßt sich aus gegenwärtiger Sicht womöglich die These vertreten, die „Erledigung der Sophistik" sei keine ein für allemal gesicherte Erwerbung der Philosophie. Zumal durch die Philosophische Praxis gewinnt die alte, eben keineswegs „erledigte" Frage eine außerordentliche neue Bedeutung und heißt nun etwa so: Entscheidet die *Wahrheitsnähe* bzw. der Erwerb „wahrer" Einsichten über die Legitimität philosophischer Beratung, oder rechtfertigt sie sich – wie die Mehrzahl der wahrheits-ignoranten, dafür aber wirksamkeitsambitionierten Psychotherapien – durch den Erfolg, gemessen an interessegeleiteten Zwecken?

Das zweite angekündigte Beispiel betrifft die Stellung des Augustinus. Ich denke, ein Student der Philosophie, der sich auf die Philosophische Praxis vorbereitet, sollte sich gründlich vergegenwärtigend mit folgendem Problem im Blick auf Augustin beschäftigt haben und im Verlauf dieser Beschäftigung zu einer Klärung gelangt sein:

Ist eine Philosophische Praxis überhaupt möglich, sofern Augustins Bruch mit aller lebenshelfenden, lebensanleitenden, lebensvervollkommnenden praktischen Philosophie der Antike unwidersprochen bleiben müßte? Augustinus erkannte jegliche Philosophie, indem sie beschränkt bleibt auf sich selbst, als prinzipiell trostlos. Das „heidnische" Menschenbild erscheint als allzu harmlos, mehr noch: als naiv, indem es den Menschen für das Wesen ansieht, das grundsätzlich „richtigkeitsfähig" wäre und daher zu seiner Bestimmungs-Erfüllung nicht mehr als einer philosophisch-pädagogischen Unterstützung und Nachhilfe bedürfte. Wie aber, wenn der Mensch – seiner natürlichen Verfassung nach – das „abgefallene", verlorene, rettungslose, abgründige, der Gnade ausgelieferte und so erlösungsbedürftige Wesen wäre,

---

4 Nachgelassene Fragmente 1884–1885, KSA XI, S. 519.
5 Ebd. S. 182.

das sich, soweit seine eigenen Kräfte reichen, allenfalls den *Schein* eines „gelingenden Lebens" zu beschaffen wüßte?

Soweit Augustins Einsicht in die Verfassung des Menschen, der zu sich selbst nicht durch sich selbst zu kommen vermag, berechtigt wäre, wäre dies zugleich die radikale Absage an allen Lebensführungs-Optimismus, und zwar nicht nur der hellenistischen „Lebensform-Philosophien", sondern auch noch an die Vielzahl gegenwärtiger Lebensverbesserungs-Konzepte, wie sie die Therapiekulturen entwickeln. Ebenso aber wäre jede selbstgewisse Helferattitüde und frohgemute Zuversichtlichkeit, mit der sich womöglich heute Philosophen auf die Menschen loslassen, in Frage gestellt. Wenn der Mensch das Wesen nicht ist, das sich im Gelingensfall seines Lebens selber gratulieren dürfte, sondern zu seiner Wirklichkeit allein im Modus des Dankens fände, müßte die Philosophische Praxis zu einer Selbstbescheidung finden (um in durchsäkularisierter Zeit nicht von „Demut" zu reden), die in ihrer Bedeutung und ihrem Folgenreichtum bisher kaum auch nur abzuschätzen wäre.

Eine abschließende Bemerkung zu den zwei Hauptgestalten, die bisher genannt wurden, zu Sokrates also und zu Augustinus:

Zur Vorbereitung eines angemessenen Begriffs Philosophischer Praxis wird es sich als sinnvoll erweisen, eine starke Konfrontation dieser zwei philosophischen Gründergestalten – Sokrates und Augustinus – zu wagen und diese Entgegensetzung dem angehenden philosophischen Praktiker auch zuzumuten: War die zwar ironisch in Anschlag gebrachte, zugleich aber tiefste Einsicht des Sokrates, daß er nichts wisse, war also der begriffene Mangel *ein Mangel des Wissens mit der Folge mangelhaften Tuns und Seins*, so kehrt dies die Einsicht Augustins um: *Der Erbmangel des Menschen ist die Verkehrtheit seines Seins und Tuns, und der Mangel des Wissens wird als deren Folge begriffen.*

So steht die Philosophische Praxis im Blick auf jene zwei herausragenden Gestalten vor der Alternative, die sie entscheiden muß: Ihr steht der sokratische oder der augustinische Weg offen.[6] Geht sie den ersten, wird sie sich als Wissens-Arbeiterin verstehen und so zur Einsicht in das Unvermögen des sei es noch so geklärten Denkens genötigt werden.

Geht sie den Weg des Augustinus, wird sie sich als Begegnung eines Menschen (des Gastes) mit einem Menschen (dem Philosophen) verstehen und

---

6 Diese Frage, so wie ich sie hier stelle, hat ähnlich Pascal zum grundlegenden Entweder-Oder erklärt, und zwar in jenem von dem Sekretär Fontaine aufgezeichneten „Gespräch mit Herrn de Saci über Epiktet und Montaigne", in dem Pascal freilich für sich selbst (unausdrücklich) die Position des Augustinus im Gegensatz zum Stoizismus Epiktets und zur Skepsis Montaignes reserviert. Dieses Gespräch gründlich als bis heute unabgeschlossene Herausforderung an den philosophischen Praktiker verstanden zu haben, möchte ich allen Studenten, sofern sie sich auf die Philosophische Praxis vorbereiten, abverlangen.

so zur Einsicht in das Unvermögen unserer noch so geklärten Menschlichkeit genötigt sein.

Nun hatte ich allerdings noch einen Blick auf nachidealistische Philosophien und Schulen angekündigt, und damit andeutungsweise eine Art Selbstverortung der Philosophischen Praxis in der Gegenwartsgeschichte der Philosophie. Dies kann aus Zeitknappheitsgründen freilich nur sehr kursorisch geschehen. Doch will ich die Frage nicht vollends beiseite liegen lassen.

So soll erwähnt sein, daß die Philosophische Praxis (u. a.) in der Tradition Feuerbachs steht, sofern mit ihm eine „Ich-Du-Philosophie" eröffnet wurde („Kein Du, kein Ich."), eine „Philosophie der Begegnung" oder des „Dialogs" oder des „Wir". Die damit verbundenen Denkerfahrungen sind für die Klärung des Verhältnisses des Beraters zu seinem Gast unverzichtbar. Jedenfalls sollte der angehende philosophische Praktiker mit der Geschichte des „dialogischen Denkens", von Feuerbach und Hegel ausgehend über Grisebach, Ebner, Binswanger, Löwith, Buber, Theunissen u.a. zur Klärung der Grundlagen Philosophischer Praxis in solidem Umfang vertraut sein.

Dasselbe gilt für die Tradition, die etwa „Schleiermacher und die Hermeneutik" betitelt werden dürfte. Es war wesentlich Schleiermacher, der das Problem des Verstehens damit eröffnete, daß er das Verstehen als den unwahrscheinlichen Fall begriff (Philosophie des „eigentlichen Gesprächs"). Das Verstehen aber steht im Mittelpunkt der Philosophischen Praxis.

Darüber hinaus hat die Philosophische Praxis selbstverständlich ein außerordentliches Interesse an der Geschichte der Hermeneutik ( Dilthey, Rothacker, Gadamer, Ricœur), insofern wohl nur mit ihr die Frage des Verhältnisses der Philosophischen Praxis zur Wissenschaft, wie die Frage nach den Grundlagen des Verstehens und des Verständigung ermöglichenden Gesprächs, nicht zuletzt sogar die Frage nach der ethischen Fundierung der Philosophischen Praxis geklärt werden kann.

Was die Orientierung des philosophischen Praktikers in den Konstellationen gegenwärtiger Philosophie anlangt, so will ich dazu nur zurückhaltend und nur sehr wenige Bemerkungen wagen. So wie Nietzsche – als letzte alles überragende Gestalt mit unübersehbarer Nähe zu den Anliegen der Philosophischen Praxis – natürlich erster Gewährsmann des philosophischen Praktikers ist, so wird er mit Georg Simmel seinen Blick für die Bedeutungen der (scheinbaren) Nebensächlichkeiten schulen können. Daß die Phänomenologie (Husserls und anderer) ihre Gewichtigkeit und Unverzichtbarkeit bereits für etliche daseinsphilosophische Denker und Therapeuten erwiesen hat, ist Gewähr genug, ihre Nötigkeit ebenso für die Philosophische Praxis zu unterstreichen. Für die Bedeutung der Daseins-Analyse in Heideggers Frühwerk wird unter den gegebenen Umständen gar nicht eigens geworben werden müssen, sie „versteht sich von selbst", wie man redensartlich sagt.

Daß zumal der späte Wittgenstein einen eigenen Sinn für praktische Fragen entwickelte, der dem philosophischen Praktiker zur Bewältigung seiner Aufgaben hilfreich sein könnte, dürfte als ebenso selbstverständlich gelten.

Einer eigenen Klärung wird die Frage bedürfen, inwieweit ein „postmodernes" Denken Möglichkeiten der Philosophischen Praxis eröffnet (oder sie um ihre nötige Kontur bringt), ob – um den bekannten italienischen Philosophen zu zitieren – eher ein „starkes" oder ein „schwaches" Denken in der Praxis der Philosophie am Platz ist,[7] oder auch: in welchem Umfang die Schulung in „analytischem" Denken zur Problemanamnese hilfreich sein mag.

Der hier zur Verfügung stehende Raum erlaubt mir allerdings nicht, ausführlicher die Stellung der Philosophischen Praxis zur Gegenwart der Philosophie zu diskutieren, so begrüßenswert und wichtig diese Klärung auch wäre.

Statt dessen will ich (wiederum auswahlweise nur) zeigen, inwiefern im Blick auf ein besonderes „Gebiet" der Philosophie – gemeint ist die Ethik – die Philosophische Praxis eine Umorientierung gewohnter Wahrnehmungen und Aufgabenstellungen nahelegt, die sich im Curriculum für einen Master-Studiengang „Philosophische Praxis" niederschlagen müßte. Um einleitend ein Motto einzuschieben, zitiere ich Aristoteles:

> „Denn wir wollen nicht wissen, was Tapferkeit ist, sondern wollen tapfer sein, und nicht, was Gerechtigkeit ist, sondern gerecht sein – genauso wie wir auch lieber gesund sein wollen als erkennen, was Gesundsein ist, und uns wohlfühlen wollen als wissen, was dies ist."[8]

Es gibt – was der Philosophischen Praxis zu entdecken bestimmt war – ein (betriebsames) Vergessen der Ethik. Sie wird vergessen, indem sie – einem Palimpsest vergleichbar – mit Diskursen, die Ethik als Wissen behaupten oder suchen, überschrieben wird.

Wieso aber sollte – wie aus der Sicht der Philosophischen Praxis nahegelegt wird – Ethik etwas anderes sein als „Wissen"? Ist sie denn nicht ein „Wissen", wenn sie, schon traditionellerweise, als Reflexion der Moral oder der Sittlichkeit gilt?

Aber dann: Ist sie damit auch die Reflexion über Liebe, Verstehen, Verzeihen, Wohlwollen, Mißgunst, Freude und Mißmut, Heiterkeit und Verdrossenheit, Zuversicht und Pessimismus, Lebensmut oder Verzagtheit usw.? Ist es als „ethisch" zu qualifizieren, über unsere – womöglich unbewußten – Tendenzen zu reflektieren, andere von uns auszuschließen? Oder über unsere Neigung, unsere Interessen gegen die Störung durch andere zu sichern? Kontrolliert ethische Reflexion primär (oder gar ausschließlich) Gedanken,

---

[7] Gemeint ist natürlich Gianni Vattimo, der sich für diese Unterscheidung einsetzt.
[8] Eudemische Ethik, 1216b 22–24.

# Grundzüge eines Curriculums für die Philosophische Praxis

Absichten, Willens-Entschlüsse? Oder ist sie ebenso die reflektierende Aufmerksamkeit auf Empfindungen? Oder (beispielsweise) die nachdenkliche Besinnung auf die Verfassungen unseres In-der-Welt-Seins? Womöglich auf die Gestimmtheiten, die unsere Stellung zum anderen mitbestimmen, uns ihm gegenüber vielleicht in kalter Ferne halten oder uns in bedenkliche Nähe zu ihm geraten lassen?

Die Frage, was die ethische Frage ist, ist bisher nicht verbindlich beantwortet worden. Ist es die traditionell Kantische Frage, *was ich tun soll*? Oder ist es die Schopenhauersche Frage, *wer ich bin*? Haben wir also primär *unser Tun*, oder nicht viel eher *unser Sein* zu verantworten? Ist die ethische Frage die nach der Begründbarkeit von Rechtfertigungen oder von verwerfenden Urteilen? Nach der Entscheidbarkeit der Gültigkeit von Handlungsnormen? Ist es die antike Frage nach dem gelingenden, guten Leben? Etwa nach einem Leben, das sich sehen lassen kann? Und wenn ja: vor wem? Ist es die Frage nach Pflichten, Tugenden, Maximen?

Die Philosophische Praxis ist an keine der traditionellen, die Ethik einleitenden und anweisenden Fragen umstandslos oder gar einseitig anzuschließen, sondern mit der Philosophischen Praxis wird die Frage, auf welche Frage die Ethik die Antwort sein könnte, neu gestellt. Darüber sollte sich der angehende philosophische Praktiker Rechenschaft geben können.

Um aber noch zumindest anzudeuten, welche Themen und Fragestellungen mit der Gegenwart der Philosophischen Praxis nunmehr belangvoll werden, sollen einige wenigstens erwähnt werden.

Klärende Reflexionen sollten Aufschluß geben über ...
Das Ethos des Sprechens und Hörens
Wie der Gast der Philosophischen Praxis angesehen wird
Das Ethos der Menschenkenntnis und des Umgangs
Was es heißt, „im anderen bei sich selbst zu sein"
Leiden und Trost
Hoffnung, Lebensmut, Vertrauen
Vom Geist der Verzeihung
Schuld und Scham
Anerkennung, Wohlwollen und Sympathie
Liebe
Was es hieße, den anderen als „Repräsentanten" – etwa als Gedanken Gottes zu sehen
Was es heißt, daß die „Würde des Menschen", der als Gast die Philosophische Praxis aufsucht, nicht angetastet werden kann (und insofern nicht angetastet werden darf)
Eine „Ethische Kritik" sollte Klarheit verschaffen über Fragen und Themen wie diese:

Die situative Unangemessenheit des bloß „theoretischen" Blicks, den ein Mensch auf einen anderen wirft
Über die traurige Verstrickung, in der ein Mensch befangen ist, der sich selbst „theoretisch" ansieht
Über die Verwerflichkeit eines „moralischen" Blicks, der den anderen beurteilt
Über die Heillosigkeit, die darin liegen kann, daß ein Mensch darauf beharrt, sich selbst „moralisch" anzusehen
Von der Schamlosigkeit, die darin liegt, daß einer seiner Scham sich schämt und davon loskommen möchte
Über Unduldsamkeit
Über die Versuchung des Belehrens
Über die Anmaßung, Menschen ändern („bessern") zu wollen
Ethos als Haltung

Um an einem einzigen Beispiel jedenfalls ein wenig anzudeuten von dem, was sich als Reflexion und Aufmerksamkeit durch die neuen Interessen der Philosophischen Praxis ergibt, will ich einige Anmerkungen zum Thema „Geist des Verzeihens" einfügen.

Ein unheimlicher, eigentlich beklemmender Befund ergibt sich, wirft man einmal einen Blick in eine kleine Sammlung philosophischer Nachschlagewerke, wie sie sich etwa in einer privaten Bibliothek zufällig finden. Zum Stichwort „Verzeihen" (oder „Verzeihung") findet sich in ...

Friedrich Kirchner: Wörterbuch der philosophischen Grundbegriffe, 5. neu bearbeitete Auflage, Leipzig 1907 – kein Eintrag
Rudolf Eisler: Wörterbuch der philosophischen Begriffe, 2. völlig neu bearbeitete Auflage, Berlin 1904 – kein Eintrag (allerdings gibt es jetzt einen knappen Artikel im „Hist.Wb.Phil" in der 3. Aufl.)
Fritz Mauthner: Wörterbuch der Philosophie, 2., verm. Auflage, Leipzig 1923 – kein Eintrag
Max Müller, Alois Halder: Philosophisches Wörterbuch, Freiburg 1988 – kein Eintrag
Johannes Hoffmeister: Wörterbuch der philosophischen Begriffe, 2. Aufl. Hamburg 1955 – kein Eintrag
Handbuch philosophischer Grundbegriffe, 6 Bde., hg. v. H. Krings u. a., München 1974 – kein Eintrag
Europäische Enzyklopädie zu Philosophie und Wissenschaften, hg. v. H.J. Sandkühler, 4 Bde., Hamburg 1990 – kein Eintrag
Heinrich Schmidt: Philosophisches Wörterbuch, 11. Aufl. Stuttgart 1951 – kein Eintrag
Walter Brugger, Philosophisches Wörterbuch, Freiburg-Basel-Wien 1976 – kein Eintrag
Religion in Geschichte und Gegenwart, 6 Bde., 3. Aufl. Tübingen 1962 – kein Eintrag (hier als zusätzliche Bemerkung: In diesem Lexikon der evangelischen Theologie findet sich ebenfalls kein Eintrag zu „Vergebung" – sehr wohl allerdings zu „Vergeltung"!)
Handbuch theologischer Grundbegriffe, 4 Bde., München 1962 – kein Eintrag

Im Verlag Kindler erschien 1985 in zehn großformatigen Lexikon-Bänden „Kindlers Enzyklopädie DER MENSCH". Das im letzten Band mitgegebene dreispaltige Sachregister im Kleindruck umfaßt 101 Druckseiten. Der „Sachbegriff" VERGEBUNG fehlt („Vergeltung" und „Vergeltungstheorien" sind mit mehreren Verweisen aufgeführt), es findet sich auch kein Eintrag „Verzeihung" oder „Verzeihen" (man sucht zwischen „Verwringungshypothese" und „Verzweiflung" vergebens ...).

Der Befund muß verblüffen: Wie konnte man übersehen, daß Hegel den vierten von sechs Teilen seiner „Phänomenologie", dem „Geist" gewidmet, mit dem „seiner selbst gewissen Geist", der „Moralität", abschließt und diese wiederum im „Geist der Verzeihung" gipfeln läßt? Dort ist es „das harte Herz", das sich als „geistverlassenes und den Geist verleugnendes Bewußtsein" zeigt, „denn es erkennt nicht, daß der Geist in der absoluten Gewißheit seiner selbst über alle Tat und Wirklichkeit Meister [ist] und sie abwerfen und ungeschehen machen kann".[95] Vom Geist des Verzeihens hingegen gilt:

> „Die Wunden des Geistes heilen, ohne daß Narben bleiben; die Tat ist nicht das Unvergängliche, sondern wird von dem Geiste in sich zurückgenommen, und die Seite der Einzelheit, die an ihr, es sei als Absicht oder als daseiende Negativität und Schranke derselben vorhanden ist, ist das unmittelbar Verschwindende."[106]

Oder – wenn man Hegel übersehen mochte, der den Geist des Verzeihens als wirkliche Ermöglichung des Gutseins begriff – wie ließ sich außerdem Kierkegaard und sein „Der Liebe Tun" gleich mit übersehen, der im 8. Kapitel des 2. Teils, „Der Sieg der Versöhnlichkeit in Liebe, welche den Überwundenen gewinnt", das Verzeihen durch gründlichstes Problematisieren zu jener letzten Wirklichkeit läuterte, die es dem Lieblosen schließlich erlaubt, seine Verstockung aufzugeben und zur Liebe als seiner eigensten Bestimmung zurückzufinden?

Schelers gründlich subtiles Begreifen des Verzeihens als Überwindung des „Ressentiments im Aufbau der Moralen" – eine Antwort auf Nietzsche zugleich – hat man ebenso übersehen; selbstverständlich gehört auch seine Studie zu „Reue und Wiedergeburt" in denselben Zusammenhang.

Im Gegensatz zu solchem Vergessen wage ich die These, daß mit der Philosophischen Praxis (beispielsweise) die Erörterung des Verzeihens eine Neufassung dessen nötig machen wird, was als Ethik gelten soll. Um dies andeutend zu erläutern, füge ich folgende Überlegung an:

Ein Mensch sucht die Praxis auf und berichtet – oder läßt erkennen –, daß er „Probleme" habe. Wie ist es nun? Hat der Berater – mit frei variiertem Hegel-Wort – mit einem „eine Persönlichkeit habenden Problem" zu tun, das er erkennt, begreift, womöglich klassifiziert, also wiedererkennt – und

---

9 Tagebuch III, S. 491.
10 Tagebuch III, S. 492.

nun weiß er, wer ihn da aufgesucht hat?[11] Erkennt er also den Menschen aus der Sicht des Problems? Oder sieht er diesen Menschen, der jenes Problem „hat", von dem er berichtet bzw. das er erkennen läßt? Jenen zweiten Blick erkannte Hegel als den *Blick der Liebe*, die den Menschen nicht aus seinen Eigenschaften erschließt, sondern „das Band des Lebens" zu jenem selbst knüpft und nun, seien es Eigenschaften, Taten oder „Probleme", diese als „Momente" wahrnimmt, deren der andere sich – das ist seine Freiheit – ebenso „entäußern" kann, ohne aufzuhören, er selbst zu sein. In diesem Blick – dem es nicht um die Frage geht, wie Taten o. ä. ethisch qualifiziert zu beurteilen seien, der insofern auch gar kein „Wissen" zu sein beansprucht – ist das Verzeihen gegenwärtig, das dem andern, sei es seine Tat, sei es sein Problem zu sehen erlaubt, ohne daß er genötigt bliebe, darin „sich selbst anzuschauen" (ebd.). Eben deshalb liegt im Blick des Verzeihens das Geheimnis der Rückkehr und des Neuanfangs beschlossen. Darum aber ist es in der Philosophischen Praxis zu tun und das qualifiziert sie nicht nur zur Praxis, sondern genauer zu einer *ethischen* Praxis: Sie sucht kein begründetes Urteil – weder über Taten noch über Personen –, sondern sie sucht dem Menschen die „Wiederkehr zum Leben" zu eröffnen, ihn aus seinen Problemen zu sich selbst zurückzubringen, damit er von sich abtun kann, was ihn belastete.

Nunmehr abschließend ist mir nur noch möglich, gewissermaßen Themen und Problemfelder zu benennen, die in der Vorbereitung auf eine gewissenhafte Ausübung des Berufs des philosophischen Praktikers erörtert und persönlichkeitsbildend entschieden werden müßten. Es sind Fragen, zu denen wir von dem zukünftigen philosophischen Praktiker bündige Einschätzungen erwarten, ein sicheres, solides, nachvollziehbares und berechtigtes Urteil, das wir obendrein in seinem Falle als „menschenbildend" erkennen können. Auch die Liste dieser Themen ist selbstverständlich nicht vollständig, sondern allenfalls richtungweisend.

Eine eigene (umfangreiche) Seminarreihe wird den „philosophischen Vermögen des philosophischen Praktikers" gewidmet sein müssen:

Verstehen
Verständnis
Lebenskönnerschaft
Menschenkenntnis
Erfahrung
Einfühlung
Tugenden

Klärungen werden nötig sein, die Beziehungen und Verhältnisse betreffen. Etwa: Das Verhältnis der hellenistischen Philosophie zur späteren Seelsorge

Die Geschichte der Seelsorge

---

11 Tagebuch I, S. 353.

## Grundzüge eines Curriculums für die Philosophische Praxis

Das Verhältnis der Philosophischen Praxis zur Seelsorge
Die Auswanderung der Psychologie aus der Philosophie
Romantische Philosophie und Freud
Kritik der medizinalisierten Psychoanalyse und der naturwissenschaftlich orientierten Psychologie
Daseinsanalyse (Binswanger, Grisebach, Boss, Gebsattel, Caruso u. a.)
Die Philosophie der Stimmungen, Befindlichkeiten, der Angst, Freude, Verlorenheit usw. (hier ist vor allem auf Bollnows bedeutende „Philosophie der Stimmungen" hinzuweisen)
Szondis „Schicksals-Analyse"
Humanistische Psychologie (Perls, Frankl, Fromm u. a.)
Systemische Psychologie (Bateson, Watzlawick, Maturana, Stierlin u. a.)
Psychologische Erfolgskontrollen (Grawe u. a. – Was ist „Erfolg" in der Philosophischen Praxis?)
Die Philosophische Praxis und die akademische Philosophie

Über die „Ordnungen der Philosophischen Praxis" (die Psychoanalyse nannte es das „Setting") muß klärend nachgedacht werden. Die Themen sind hier etwa:

Die Zeit als Bedingung des Gesprächs
Der Raum als Ambiente des Gesprächs
Über „Widerstand" und „Übertragung"
Über „Atmosphäre" als die Seele des Gesprächs
„Eingelassenheit" als die Tugend des Gesprächs

Darüber hinaus aber wäre ein eigenes, so bedeutendes wie unverzichtbares, ja grundlegendes Kapitel im Rahmen eines Curriculums Philosophische Praxis zu entwickeln, das sich an die letzten Bemerkungen zwar anschließt, aber dennoch als eigenständige „Philosophie des Gesprächs" in den Mittelpunkt träte. Themen wären hier etwa:

Erneuerungen der Rhetorik
Was hieße „Gesprächstechnik"?
Bestimmend ist das „Ethos des Gesprächs"
Inwiefern die Antwort auf ein Gefühl ein Gefühl ist
Inwiefern die Antwort auf eine Geste eine Geste ist
Zur Entwicklung des Verständnisses im Gespräch

Klärungen müssen angestrebt werden über mögliche „Ziele" Philosophischer Praxis. Stichworte dürften dabei sein:

Das Ziel der Philosophischen Praxis sind Klärung und Aufklärung
Gewinn von Orientierungen
Gewinn von Haltungen
Versöhnung
Sicherheit

Selbstachtung
Übersicht über das „Protokoll unserer Taten" ( Schopenhauer)
Anerkennung
Neuanfang und Entschluß

Schließlich wird bei der Ausbildung zum philosophischen Praktiker daran zu denken sein, daß – im zwar seltenen, aber immerhin möglichen Fall – der angehende philosophische Praktiker auch einmal seinerseits andere in der Ausbildung zum philosophischen Praktiker sollte unterstützen können. Dazu sind abschließend Fragen wie die folgenden belangvoll und klärungsbedürftig:

Moralische, ökonomische, juristische, institutionelle Voraussetzungen der Praxis-Gründung
Die Wiederkehr der Frage, ob Tugend lehrbar ist
Geistesgeschichtliche Voraussetzungen eines erwarteten Etablierungs-Erfolgs der Philosophischen Praxis bzw. eines nicht auszuschließenden Nichterfolgs
Inwiefern das Ansehen der Philosophie mittlerweile faktisch mit dem der Philosophischen Praxis verknüpft ist
Philosophische Praxis als Bewährung oder als Scheitern der Philosophie (Die Frage der Verantwortung)
Anforderungen an die akademische Philosophie, die sich aus der Philosophischen Praxis ergeben
Anforderungen an die Philosophische Praxis, die sich aus der traditionskontinuierenden akademischen Philosophie ergeben

Ergänzend möchte ich zuletzt anfügen: Es scheint mir unverzichtbar, daß angehende philosophische Praktiker längere Praktika in der Psychiatrie absolvieren, um eine (auch gefühlsmäßige, die Urteilskraft stärkende) Einschätzungsfähigkeit im Blick auf psychische Krankheiten zu gewinnen, damit sie in der Lage sind, Besucher, die der Sache nach als „Patienten" anzusehen sind, als solche auch zu erkennen und ggf. an fachkundige Betreuer weiter zu verweisen. Es handelt sich hier um eine für Philosophen bisher noch unbekannte, höchst nötige Wahrnehmung von „Grenzen", die zumal der philosophische Praktiker kennen muß, um im Rahmen der eigenen Möglichkeiten verantwortlich wirken zu können. Unterstützend wäre dem angehenden philosophischen Praktiker das gründliche Studium der „Allgemeinen Psychopathologie" von Karl Jaspers zu empfehlen und (zumindest) die Lektüre des sehr verständlich geschriebenen „Lehrbuchs der Psychiatrie/Psychotherapie": „Irren ist menschlich" von Klaus Dörner und Ursula Plog.

Doch jetzt bedanke ich mich für Ihre Aufmerksamkeit und wünsche zugleich den rühmenswerterweise in Italien begonnenen Bemühungen um eine akademisch begleitete Etablierung der Philosophischen Praxis jenen Erfolg, den diese Bemühungen zweifellos verdienen.

Zur Warnung darf ich allerdings anfügen: Bleibt dieser Erfolg aus, nimmt nicht nur das Ansehen der „hantierenden" philosophischen Praktiker Schaden (was ein geringfügiges Problem wäre), sondern das der Philosophie überhaupt – was eine Tragödie wäre, die zu verhindern wir keine Mühe scheuen dürfen.

# Eine kleine Literatur-Auswahl zur Philosophischen Praxis

Achenbach, Gerd B., Zur Einführung der Philosophischen Praxis. Vorträge, Aufsätze, Gespräche und Essays, mit denen sich die Philosophische Praxis in den Jahren 1981 bis 2009 vorstellte. Eine Dokumentation, Köln 2010 (= Schriftenreihe zur Philosophischen Praxis Bd. V).

Drs., Das kleine Buch der inneren Ruhe, Freiburg-Basel-Wien 2000: erweiterte Neuausgabe 2016.

Drs., Lebenskönnerschaft, Freiburg-Basel-Wien 2001. 2. Aufl. Köln 2009.

Drs., Vom Richtigen im Falschen. Wege philosophischer Lebenskönnerschaft, Freiburg-Basel-Wien 2003; Neuauflage Köln 2014.

Drs., In der Philosophischen Praxis erwacht das Selbst aus seinem psychologischen Schlummer, in: Ruth Conrad/Roland Kipke (Hrsg.), Selbstformung. Beiträge zur Aufklärung einer menschlichen Praxis, Münster 2015, S. 67-80.

Drs., Der Philosoph und die Philosophien. Wege zur Philosophischen Praxis. Vortrag zum „14. Kongreß für Philosophie" in Gießen, in: Agora. Zeitschrift für Philosophische Praxis, H. 1, 1987.

Drs., Eine Traumdeutung (1. Praxisbericht) in: Agora. Zeitschrift für Philosophische Praxis, H. 5/6, 1989.

Drs., Fragmentarischer Bericht aus einer Beratung (Stundenprotokoll) in: Agora. Zeitschrift für Philosophische Praxis, H. 8/9, 1990.

Achenbach, Gerd B./Macho, Thomas H., Das Prinzip Heilung. Medizin, Psychoanalyse, Philosophische Praxis, Köln 1985 (= Schriftenreihe z. Philosophischen Praxis Bd. 2).

Amir, Lydia, Taking Philosophy Seriously, Cambridge 2018.

Bennent-Vahle, Heidemarie, Weltverflochtenheit, Verletzlichkeit und Humor, Baden-Baden 2022.

Brandt, Daniel, Philosophische Praxis. Ihr Begriff und ihre Stellung zu den Therapien, Freiburg/München 2010.

Krauß, Jirko, Perspektiven Philosophischer Praxis. Eine Profession zwischen Tradition und Aufbruch, Baden-Baden 2022.

Lindseth, Anders, Zur Sache der philosophischen Praxis. Philosophieren in Gesprächen mit ratsuchenden Menschen (= Fermenta philosophica), Freiburg/München 2005 ($^2$2014).

Marinoff, Lou, Plato, not Prozac! Applying Philosophy to Everyday Problems, New York 1999.

Neubauer, Patrick, Schicksal und Charakter. Lebensberatung in der Philosophischen Praxis, Hamburg 2000.

Polednitschek, Thomas, Der politische Sokrates. Was will Philosophische Praxis? Münster 2013.

Schuster, Shlomit C., Philosophy Practice. An Alternative to Counseling and Psychotherapy, London 1999.

Außerdem:

Von 1987 bis 1993 erschien die Agora. Zeitschrift für Philosophische Praxis, in insgesamt 15 Heften.

Von 1994 bis 1996 erschien als Nachfolgerin die „Zeitschrift für Philosophische Praxis" als Halbjahresschrift.

## Eine kleine Literatur-Auswahl zur Philosophischen Praxis

Seit 2005 erscheint das „Jahrbuch der Internationalen Gesellschaft für Philosophische Praxis", Münster 2005 ff.

# Personenregister

**A**

Adorno, Theodor W. 19, 28–30, 89, 96, 97, 175, 176
Alain 93, 179, 180, 236
Alexander der Große 218
Améry, Jean 204
Amir, Lydia 251
Antiphon 21
Antonius (der Heilige) 218, 219
Aristoteles 27, 43, 201, 229, 243
Augustinus 23, 24, 167, 201, 237, 240, 241
Aurel, Marc 166, 235

**B**

Barnes, Julian 174
Bateson, Gregory 248
Baudelaire, Charles 127, 128
Beckett, Samuel 236
Beethoven, Ludwig van 45, 46
Benjamin, Walter 33, 45, 55–57, 188, 201, 208, 209
Bennent-Vahle, Heidemarie 251
Binswanger, Ludwig 34, 186-188, 242, 248
Bloch, Ernst 25
Blumenberg, Hans 58
Boethius 24
Bollnow, Otto Friedrich 248
Boss, Medard 34, 248
Brandes, Georg 106
Brandt, Daniel 251
Brem-Gräser, Luitgard 10
Buber, Martin 242
Bubner, Rüdiger 68
Büchner, Georg 236
Buddha 44, 236

**C**

Camus, Albert 200, 205, 227, 236
Caruso, Graf Igor 248
Cassirer, Ernst 124
Chrysipp 21, 166
Cicero 25, 131, 132, 235
Cioran, E. M. 200
Comte-Sponville, André 122
Cusanus 176, 183

**D**

Dávila, Nicolás Gómez 123, 132, 133, 171, 172, 177, 187, 199
Descartes, René 167
Diderot, Denis 109, 166
Dilthey, Wilhelm 242
Diogenes von Sinope 217-219, 221, 229
Domizi, Donata 9
Dörner, Klaus 10, 249
Dostojewski, Fjodor Michailowitsch 174, 208, 236

**E**

Ebner, Ferdinand 242
Eckehart, Meister 24, 114
Epiktet 23, 151, 153, 214, 235, 241
Epikur 21, 229
Erasmus von Rotterdam 166
Etzioni, Amitai 122

**F**

Feuerbach, Ludwig 67, 242
Feyerabend, Paul 44, 175
Fontane, Theodor 236
Foucault, Michel 22
Frankl, Viktor 248
Franz aus Assisi 44, 236
Freud, Sigmund 186, 187, 188, 248
Fromm, Erich 248
Funk, Agnes Elisabeth von 237, 238

**G**

Gadamer, Hans-Georg 242
Galen 34
Gebsattel, Viktor Emil 248
Gehlen, Arnold 26, 123, 172
Gerhardt, Volker 119
Gernhardt, Robert 139, 140
Goethe, Johann Wolfgang von 16, 26, 41, 47, 50-53, 89, 109, 113, 123, 166, 184, 185, 193, 195-197, 200, 205-207, 222, 236, 237
Gracian, Baltasar 236
Grillparzer, Franz 231
Grisebach, Eberhard 242, 248

253

# Personenregister

## H

Häberlin, Paul 188
Habermas, Jürgen 28–30, 108
Hadot, Pierre 22, 166
Han, Byung-Chul 50, 53
Haydn 60
Hebbel, Friedrich 237
Hegel, Georg Wilhelm Friedrich 16, 22, 30, 59, 67, 71, 72, 77, 99, 108–110, 167, 174, 176, 180, 182, 183, 204, 216, 224, 226, 238, 242, 246, 247
Heidegger, Martin 34, 142, 223, 242
Heinz, Rudolf 33
Hentig, Hartmut von 35
Herbert, Maria von 204
Herhaus, Ernst 237
Hinske, Norbert 121, 122
Hippias 221
Horkheimer, Max 65, 237
Horstmann, Ulrich 200
Hufeland, Christoph Wilhelm 34
Humboldt, Wilhelm von 114, 116
Husserl, Edmund 242

## I

Ionesco, Eugène 65

## J

Jaspers, Karl 44, 249
Jores, Arthur 34
Joubert, Joseph 39
Jung, C.G. 191

## K

Kafka, Franz 236, 237
Kamlah, Wilhelm 205
Kant, Immanuel 15, 26, 33, 34, 69, 103, 188, 191, 202-204, 214, 225, 227, 228, 244, 237
Kierkegaard, Søren 10, 26, 68, 77, 105–108,
112, 113, 173, 174, 209, 236-238, 246
Knigge, Adolph 236
Koch, Richard 34
Kolakowski, Leszek 128
Konfuzius 44, 236
Krauß, Jirko 251
Kudszus, Hans 44

## L

Landmann, Michael 26
Landsberg, Paul Ludwig 204, 205, 207
La Rochefoucauld, François de 51, 175, 185
Lavater, Johann Caspar 53
Lessing, Gotthold Ephraim 236
Lichtenberg, Georg Christoph 10, 182, 183, 184, 189, 190, 236
Lindseth, Anders 251
Löwith, Karl 204, 205, 242
Lübbe, Hermann 21, 122, 121
Luther, Martin 219

## M

Macho, Thomas 196, 201, 204, 208
MacIntyre, Alasdair 126
Mainländer, Philipp 200
Maio, Giovanni 10
Mann, Thomas 90, 163, 236
Mao Zedong 29
Marcuse, Herbert 33
Marinoff, Lou 251
Marquard, Odo 15, 129, 181, 191
Marx, Karl 29
Maturana, Humberto R. 248
Meinecke, Friedrich 27
Mesmer, Anton 26
Minsky, Marvin 190
Montaigne, Michel de 10, 15, 24, 25, 120, 166,
235, 237, 241
Moralisten, Französische 235
Moritz, Karl Philipp 26
Müller, Adam 60
Musil, Robert 236

## N

Nazaret, der Mann aus 44, 137, 138, 152, 197, 202, 220, 236
Neubauer, Patrick 251
Nietzsche, Friedrich 10, 17, 26, 27, 30, 34, 37,
38, 57, 103, 106, 108, 110, 111, 121, 125, 152, 186, 191, 209, 238-240, 242
Novalis 33, 34, 66, 71, 90, 97, 236

## P

Panaitios 22
Pascal, Blaise 10, 33, 55, 241
Perls, Fritz 248
Picht, Georg 142
Pilatus 202
Platon 16, 108, 131-135, 201, 229, 238, 239
Plessner, Helmuth 95
Plotin 185
Plutarch 93, 166, 167, 179, 180, 235
Polednitschek, Thomas 251
Popper, Karl 16, 67
Poseidonios 22
Putnam, Hilary 120
Pyrrhoniker 229

## R

Ricœur, Paul 61, 242
Reinhardt, Max 53
Rosenzweig, Franz 27
Rothacker, Erich 242
Rougemont, Denis de 128
Rousseau, Jean-Jacques 124, 172, 237
Russell, Bertrand 69, 70, 72–75

## S

Schefczyk, Michael 174
Scheler, Max 128, 246
Schelling, Friedrich Wilhelm Joseph 34, 99, 109
Schiller, Friedrich 236, 237
Schleiermacher, Friedrich 52, 242
Schnädelbach, Herbert 59
Schopenhauer, Arthur 10, 15, 27, 32, 90, 109, 111, 121, 138, 145, 147–156, 158–161, 185, 208, 237, 238, 249
Schulz, Walter 100, 101
Schuster, Shlomit C. 251
Seidel, Alfred 200, 201
Seneca 23, 166, 217-220, 235
Seuse, Heinrich 24
Shakespeare, William 131, 236
Simmel, Georg 26, 242

Sloterdijk, Peter 31, 54, 83, 117, 124, 222, 223
Sokrates 15, 21, 40, 44, 57–59, 73, 100, 105, 108, 115, 120, 131, 133-137, 166, 216, 221, 228, 229, 238, 239, 241
Sophistik/Sophisten 21, 109, 147, 240
Spaemann, Robert 58, 97, 132
Spinoza, Baruch de 10, 25, 26
Staupitz (Abt) 219
Steiner, Rudolf 29
Stierlin, Helm 248
Stoa/Stoiker 21, 22, 150, 151, 153, 154, 166, 201, 203, 229,
Stöcklein, Paul 41
Szondi, Leopold 248

## T

Tauler, Johannes 24
Theunissen, Michael 242
Thibon, Gustave 57, 185
Thielicke, Helmuth 186, 189

## V

Valéry, Paul 121
Vattimo, Gianni 243
Vonessen, Franz 135

## W

Wallace, David Foster 223, 224, 230
Walser, Martin 174
Watzlawick, Paul 21, 248
Weil, Simone 185
Weizsäcker, Viktor von 33, 34, 81
Wittgenstein, Ludwig 204, 208, 209, 211, 224-226, 227, 238, 243

## X

Xenophon 44

## Z

Zenon 151, 229
Zuckmayer, Carl 53
Zwierlein, Eduard 205